Sanctionner sans punir

Dire les règles pour vivre ensemble

La ***Chronique sociale*** est à la fois un organisme de formation et de recherche et une maison d'édition. Fondée à Lyon en 1892, elle s'est préoccupée dès ses origines de sensibiliser aux évolutions de la société et de suggérer une organisation de la vie collective plus solidaire et plus respectueuse des personnes.

Actuellement, les ***Éditions de la Chronique sociale*** publient des ouvrages et des jeux pédagogiques qui contribuent à mettre en œuvre ces orientations. Issus de pratiques professionnelles et sociales, ils sont au service de tous ceux qui s'efforcent de mieux comprendre le monde.

Chacun pourra s'approprier ces outils et les utiliser, tant pour son développement personnel que pour une action collective efficace.

Pour plus d'informations :
www.chroniquesociale.com

Dessins Étienne Lécroart

Couverture : 3M2A

Responsable des Éditions : André Soutrenon

Correction : Marie-Hélène Bergeret-Deal

Chronique sociale, Lyon, Dépôt légal : avril 2015

Imprimé en France - Numéro d'impression : 01692150302

IMPRIM'VERT®

PEFC™ 10-31-1470 / Certifié PEFC / Ce produit est issu de forêts gérées durablement et de sources contrôlées. / pefc-france.org

Élisabeth Maheu

Une production IFMAN Normandie

Sanctionner sans punir

Dire les règles pour vivre ensemble

6e édition

Savoir communiquer

l'essentiel

Chronique Sociale 1, rue Vaubecour - 69002 Lyon
Tél. : 04 78 37 22 12

Je tiens à remercier chaleureusement mes parents, mes quatre filles et leur père, pédagogue passionné, leurs nombreux copains, les jeunes que j'ai côtoyés en vacances ou à l'école, mes collègues et amis de l'*IFMAN Normandie*, formateurs ou membres du groupe de recherche *Éducation du jeune citoyen,* qui n'ont jamais cessé d'encourager et d'amender parfois mon travail.

La rédaction de cet ouvrage a bénéficié du concours de *La Fondation de France, de Non-Violence XXI* et du *Conseil Général de l'Eure*.

Sanctionner sans punir

Introduction

Incivilités, violences ou simplement petites transgressions de la vie quotidienne, comment réagir concrètement ? Ce livre est destiné à toute personne ayant une mission officielle d'éducation, mais aussi à toute personne ayant une autorité de fait : grands-parents, oncles, gardiens d'immeubles, voisins... dès que cette personne a le souci de faire en sorte que ses rencontres avec des plus jeunes soient, autant que possible, éducatives !

Nous voudrions que les enfants comprennent **l'utilité des règles** que nous posons. Nous voudrions nous sortir des récidives et de la répétition de punitions inefficaces. Nous sommes préoccupés par cet enfant désobéissant, oublieux des règles et par ces adolescents, rebelles ou bien désabusés. Ils nous placent nous-mêmes en difficulté et gênent leur entourage. Leur mal-être et leur devenir nous inquiètent. Ils sont aussi quelques-uns à n'accepter aucune règle. Leur histoire, familiale, sociale, scolaire et un avenir sans perspective, en ont fait de farouches opposants à tout représentant du système scolaire ou du monde adulte en général. Leur violence fait peur.

Dire la Loi, c'est un moyen pour **vivre ensemble,** pour mettre des **limites à la violence,** tout en régulant les inévitables conflits de la vie quotidienne. Garantir la règle établie est incontournable. Dans cet ouvrage, nous cherchons face aux transgressions, des réponses qui véhiculent le plus possible le sens porté par la loi et les règles, afin d'en rendre efficace leur intégration par l'enfant. Nous souhaitons aussi que ces réponses manifestent à cet enfant le respect scrupuleux de sa personne et du citoyen qu'il est en train de devenir. La sanction éducative est un acte qui oblige l'enfant à réparer les dommages causés, à réfléchir sur le sens de la règle bafouée et à se questionner sur ses motifs. Cette contrainte n'a pas pour objectif d'être pénible et doit nécessairement être accompagnée d'une écoute et d'une aide dans la recherche de solutions aux problèmes manifestés.

Pour que le sens des lois et des règles soit compris, il apparaît comme indispensable que celles-ci soient pratiquées, qu'elles soient portées par des adultes qui expriment clairement à l'enfant ce qu'ils choisissent de lui imposer, sans négociation possible. Il semble tout aussi important, dans des espaces bien délimités, que ces mêmes adultes puissent, en toute loyauté, partager le pouvoir et considérer, à cet endroit-là, les jeunes comme des interlocuteurs valables pour décider ensemble.

L'autorité des adultes est d'autant plus reconnue qu'ils sont eux-mêmes des citoyens responsables et exemplaires, jusque dans la façon d'assumer leurs contradictions ! Les plus jeunes observent les façons de vivre des « grands » et essaient de comprendre. L'enfant n'attend pas de ses éducateurs la perfection, mais une ligne de conduite déchiffrable : des principes sur lesquels on ne lâche pas, des promesses tenues et une cohérence entre les différents adultes d'une même communauté.

Vous avez dit « autorité » ! Le sujet n'est pas nouveau ; il y a aujourd'hui pléthore d'ouvrages définissant l'autorité, de l'Antiquité à nos jours, démontrant sa nécessité dans l'éducation. Notre ouvrage n'est pas un livre de philosophie, un traité de psychologie ou une étude sociologique de plus. Il s'agit avant tout d'une démarche pédagogique. C'est pourquoi le lecteur est invité à **approfondir la pertinence de la sanction éducative,** pour ensuite en voir de nombreux exemples pratiques. Au gré des chapitres, des *récits* font écho aux situations concrètes qui nous interrogent au quotidien. Une partie importante des exemples cités provient du milieu scolaire. Comme chacun le sait, la question de la sanction y est actuellement posée avec acuité. Mais les réflexions contenues dans ce livre s'appliquent à toute rencontre éducative et chacun saura transposer les questions posées aux situations particulières qui sont sa réalité quotidienne.

Des *exercices* et des *jeux* font de ce livre un véritable *outil de formation.*

Cet écrit est le fruit de réflexions d'éducateurs, réunis régulièrement pour confronter leurs pratiques quotidiennes à leurs choix éthiques, au sein du groupe de recherche *Éducation du jeune citoyen* de l'Institut de Formation du MAN (*Mouvement pour une Alternative Non-Violente*). Chacun y parle de son tâtonnement expérimental. L'explication des réussites comme l'analyse des échecs permet de réajuster ensuite ses pratiques, d'essayer, d'évaluer, de recommencer et, de conflit en conflit, de progresser.

Nous remercions particulièrement tous les enfants et tous les adolescents de nos familles, de nos écoles et de nos associations. Ce sont eux qui, avec assez de patience, il faut le dire, nous apprennent à devenir, nous l'espérons, des pères, mères, enseignants, éducateurs, « suffisamment bons », selon l'expression de Winnicott, c'est-à-dire ni trop mauvais, ni trop parfaits.

Ces enfants et adolescents, « graines de citoyens », forcent souvent notre admiration par leur vitalité, dans des situations parfois bien difficiles pour eux. Malgré les réputations dont les affublent certains médias, malgré le stress de leurs éducateurs, nous ne pouvons taire la capacité des adolescents à comprendre, à s'adapter, à questionner, à revendiquer de la cohérence et, en même temps, à nous faire sortir des sentiers battus. Leur « éducabilité » n'est pas seulement un postulat, mais un constat. Ce livre est donc relatif aux enfants, depuis l'âge de la parole (même si *« infans »* signifie « qui ne parle pas » !), jusqu'aux jeunes qui arrivent à l'âge du vote républicain. En ce qui concerne ceux qui demandent une approche particulière, quand le « pathologique » devient dominant dans le comportement, les situations n'y sont pas fondamentalement différentes et les démarches pédagogiques proposées dans ce livre restent souvent valables. Mais elles peuvent s'avérer insuffisantes et l'éclairage des éducateurs spécialisés et des professionnels de la santé devient indispensable pour traiter correctement certaines situations.

L'enfant a besoin de reconnaissance pour se sentir exister dans un groupe. Il a besoin de sécurité pour y grandir protégé des autres et de lui-même. Il a besoin d'un regard bienveillant pour progresser. Il a besoin de trouver du sens pour prendre des initiatives et une part active au fonctionnement et à l'évolution de son lieu de vie, depuis la cellule familiale jusqu'à l'humanité entière, le jour où il se sentira « citoyen du monde ». La sanction, telle qu'elle est préconisée ici, se comprend dans une démarche globale.

Mais, pour accompagner au mieux l'enfant dans son **apprentissage de la loi,** pour réagir efficacement quand la règle n'est pas respectée, il faut pouvoir diagnostiquer rapidement l'enjeu d'une situation, détecter les motifs réels d'une transgression, avoir des repères clairs pour choisir des sanctions ajustées. Il faut aussi réveiller sa capacité à imaginer des solutions nouvelles, au-delà des routines qui s'installent parfois dans les institutions ou dans les familles.

Si l'adulte reconnaît l'émotion qui parfois le perturbe face à la transgression qu'il constate ou face à la sanction qu'il doit poser, il pourra s'interroger sur cette émotion, comprendre ce qu'elle lui indique et active en lui, pour ensuite prendre du recul en se centrant sur le véritable intérêt de son interlocuteur.

Cet ouvrage n'a pas l'intention de culpabiliser les parents et les éducateurs en général. Il est vain de les juger de façon péremptoire, car les actes qu'ils posent ne trouvent leur signification que dans une histoire, un contexte et sont impossibles à évaluer de l'extérieur. La majorité de ces adultes voudraient tant réussir, qu'il leur arrive parfois de trop s'inquiéter ! Cette peur n'est-elle pas l'autre face de leur désir de faire au mieux, pour le bonheur des enfants et des adolescents qu'ils accompagnent ?

Il s'agit ici de *lire des expériences*, des *grilles d'analyses*, des *repères* qui aident à prendre un peu de distance, à se rassurer, à regarder dans nos façons de faire habituelles ce qu'elles contiennent déjà de juste, d'efficace ou de légitime intention. Je souhaite partager quelques « biscuits », pas seulement de survie, mais pour améliorer les recettes, équilibrer les ingrédients que les uns et les autres connaissent déjà et qui sont les éléments de base d'une nourriture éducative saine. C'est ensuite à chacun, en fonction de sa culture, de sa sensibilité particulière, de sa position par rapport à l'enfant et en fonction de ce qu'il a découvert par l'expérience et la réflexion, de choisir comment **modifier son comportement** pour être le plus en accord avec ce qu'il ou elle croit juste !

Je ne dois pas sauter la barrière

Histoire de Jonathan, 9 ans, en classe de CM1

Les enfants de cette école savent bien qu'il est interdit de sauter par-dessus la barrière pour se rendre au terrain de jeu. Mais c'est tellement tentant ! Michel, l'instituteur, a expliqué maintes fois les risques… Une fois de plus, Jonathan passe outre.

– Jonathan, combien de fois devrais-je le répéter ? Tu le sais bien, que faut-il donc que je fasse pour que tu comprennes ?

Les autres, un peu perfides :

– Des lignes, Monsieur, des lignes !

– En voilà une bonne idée ! Donc, Jonathan, si tu copies 30 fois « on ne doit pas sauter la barrière », tu arrêteras ?

– Oui !

– Allons-y pour les lignes ! (quelques secondes de silence…) Mais, au fait, si tu recopiais cette phrase seulement 20 fois, serait-ce suffisant pour que tu ne sautes plus la barrière ?

Jonathan, une lueur d'espoir dans les yeux :

– Oh si, Monsieur, avec 20 fois, j'aurai compris !

– 20 fois donc, à moins que… Dis donc, Jonathan, si tu ne la copiais que 10 fois, que se passerait-il ?

– Oh, monsieur, avec 10 fois, je suis sûr que je me rappellerai que je ne dois pas sauter la barrière.

Pendant ce temps, le maître réfléchit : comment s'en sortir ? Ce n'est quand même pas à l'enfant de choisir la sanction. Et puis, s'il n'a rien à copier, rien à faire, l'enfant risque d'enregistrer qu'il suffit d'attendrir un peu l'adulte et que l'on peut donc reproduire la transgression sans trop de risques !

– Tu vois, Jonathan, je trouve un peu bête de te donner 30 fois à copier la même chose. Je préférerais que tu réfléchisses à ce que l'on a expliqué sur les dangers qui nous ont amenés à interdire de passer par là. Alors, tu ne copieras que trois fois la phrase ; mais tu le feras lentement, en t'appliquant, en te demandant ce que j'essaie de te faire comprendre, et, si tu ne recommences pas, je saurai que je peux te faire confiance.

Le lendemain, Jonathan arrive, tout sourire, avec un paquet-cadeau. Dedans, sur une feuille cartonnée joliment décorée d'une barrière et d'un sens interdit, il est écrit, en trois fois et de toutes les couleurs : « On ne doit pas sauter la barrière » !

Chapitre I

Dites-moi « NON » !

« Le non structure. »
Françoise Dolto

Poser une contrainte : un acte non-violent ?

« Nous sommes obligés de surveiller sans cesse notre adolescent ; cela le bute contre nous et nous met, lui et nous, dans le stress et la méfiance. Pourtant, jusqu'à ses 14 ou 15 ans, mon mari et moi-même, nous avons été très exigeants. Nous l'avons obligé à travailler à l'école, à respecter les horaires, à ranger sa chambre, à être poli. Il savait qu'il était puni sinon. Il craignait son père. Maintenant il ne veut plus rien entendre. Cela devient dur d'être ses parents. »

Parents, éducateurs, enseignants, certains d'entre nous pensent qu'on écoute trop les enfants de nos jours et que ceux-ci ont à obéir sans discuter. Mais poser fermement des exigences indispensables, n'empêche pas à d'autres moments de trouver les conditions d'un dialogue chaleureux. Les uns et les autres auront bien besoin de ce capital de confiance pour traverser sans dommages irréversibles la tempête qu'est parfois la crise d'adolescence. On pourrait croire en effet que le comportement difficile des adolescents est le résultat d'une éducation trop permissive. C'est parfois au contraire le constat de l'échec d'une éducation trop punitive, quand le parent est à un moment donné privé de son pouvoir et que le rapport de forces bascule. Ce qui semble marcher en maternelle ou en primaire devient impossible au collège et au lycée ! Il est un âge où les enfants deviennent trop forts pour accepter la soumission, si ce qu'on leur demande n'a pas pris sens « à leurs yeux à eux ».

Au contraire, certains adultes aimeraient éviter de sanctionner. Ils voudraient garder cela en extrême limite, quand ils ne peuvent vraiment plus faire autrement, comme si c'était le constat d'un échec de leur relation éducative. Ils rêvent d'une éducation où il suffirait de s'expliquer !

Mais parfois, ces éducateurs en arrivent, après s'être beaucoup retenus, à leur seuil de l'insupportable. Ou bien, ils réalisent que le petit dépasse les bornes du moralement ou socialement acceptable. Ils risquent alors de tomber à pieds joints dans les **pièges** qu'ils voulaient éviter : le geste qui soulage la colère de l'adulte, la punition dont le sens va d'autant plus échapper à l'enfant que son parent n'en est pas coutumier. On peut se consoler en se disant que c'est mieux que de ne rien faire, qu'il faut bien mettre des limites, que c'est exceptionnel, qu'on lui expliquera… Ou bien, on se culpabilise.

Nous hésitons à faire de la peine à cet enfant que nous aimons. Nous craignons d'endosser le rôle du méchant et de déplaire. Nous avons l'impression de passer dans le camp des adultes trop autoritaires que nous avons souvent critiqués : ce n'est pas facile, pour des militants de l'éducation nouvelle, par exemple ou d'une éducation non-violente, qui revendiquent les pratiques de Célestin Freinet[1]. Non, **ce n'est pas toujours facile de sanctionner.**

Mais il faut bien lui dire « stop ! » à ce petit citoyen en herbe… Alors nous lui mettrons peut-être une toute petite fessée. Ou bien nous en viendrons de temps en temps à le menacer « de choses suffisamment désagréables pour lui passer l'envie de faire ses bêtises », en imaginant ne jamais avoir à mettre à exécution la menace. Mais ce petit deviendra grand et mettra peut-être son père au défi de faire ce qu'il lui promet. En plus positif, nous faisons parfois un échange de bons procédés : « tu acceptes de te tenir tranquille et moi je t'encourage en te promettant la permission de sortir samedi ». N'est-ce pas… un tout petit chantage ? Même après avoir réfléchi à la distinction entre sanction et punition, même en étant convaincus de la nécessité de garantir la règle posée, nous restons culturellement conditionnés. Nous voudrions éviter de sanctionner, mais quand nous en arrivons là, parce que nous avons atteint nos limites, il arrive paradoxalement que les sanctions posées prennent la forme de punitions vengeresses, humiliantes ou simplement mal comprises. Comment faire ?

1. Célestin Freinet disait que la punition est autant humiliante pour celui qui la donne que pour celui qui la reçoit.

Paroles et actes qui donnent sens à la loi

Le moyen, qui par excellence conduit à la compréhension, est la **parole :** parole qui explique, parole qui rassure, parole qui dit fermement les limites et les valeurs qui les dictent. Mais parfois, la parole n'est pas ou ne peut pas être entendue, et la contrainte s'impose. Quand parler ne suffit pas ou quand trop parler prend la forme d'un discours moralisant et accusateur, souvent inefficace, il est incontournable de passer aux actes. L'efficacité ne peut venir que de paroles et de sanctions qui font accéder au sens de la loi qu'elles entendent garantir.

Quand on croit aux ressources de l'être, il ne s'agit pas de condamner la personne. Il s'agit plutôt de **sanctionner l'acte de transgression** dont un citoyen s'est rendu responsable, à un moment donné. La transgression est plus qu'une « envie de », une intention, elle est un passage à l'acte. Il est important que la sanction soit, elle aussi, plus qu'une « envie de », un souhait, une lamentation ou un discours de morale. Elle doit être, en réponse, un acte posé. Non pas un acte vengeur et destructeur, mais un acte qui se veut constructif. Un acte qui signifie : « Là, tu avais une limite, tu l'as transgressée, je mets en place quelque chose pour que cela cesse ». Il s'agit d'opposer un acte qui permet à la fois la **réparation,** la **déculpabilisation,** et la **réinsertion.** Nos sanctions parlent toujours de nos **valeurs.** Elles en parlent malgré nous, car nos gestes sont signifiants.

L'objectif n'est pas de blesser ni de faire de la peine

Ce n'est pas la souffrance infligée qui rend la contrainte efficace. La souffrance engendre colère ou peur. Et si l'adulte est tenté de se venger ou de soulager son trop plein de colère, il aurait intérêt à réfléchir aux autres moyens d'utiliser cette colère. Il risque sinon de se laisser aspirer dans une spirale de violence et de transgresser la loi, lui aussi[2].

Garantir la loi en posant des **contraintes,** ce n'est pas faire acte de violence, c'est donner l'occasion au futur citoyen de se positionner de façon plus réaliste et plus responsable par rapport à la communauté où il vit. Il y a lieu de contraindre celui ou celle qui transgresse la loi ou les règles, volontairement ou non ou même parfois pour des raisons légitimes. Et il ne s'agit pas de menacer de contraindre un autre jour, mais bien de poser un acte ici et maintenant.

2. Cf. chapitre 19, où il est question des émotions de l'adulte.

L'objectif de la sanction n'est pas non plus d'éviter à tout prix d'être désagréable. La sanction peut être vécue comme très gênante par le sanctionné, mais ce n'est pas cette gêne qui en est l'objectif. Et une sanction plaisante, agréable à réaliser, peut quelquefois parfaitement remplir sa fonction.

Un acte ou un comportement violents doivent être fermement dénoncés. Dans la réponse à cette violence, l'adulte pense le plus souvent agir « pour le bien de l'enfant ». Mais le fait que l'intention de l'adulte ne soit pas la violence n'implique pas que l'enfant le recevra ainsi. Les châtiments infligés par les adultes varient d'un pays à l'autre et d'une époque à l'autre. La loi, dans de nombreux pays, donne des limites aux punitions infligées par les parents et les éducateurs : châtiments corporels, privations de nourriture… Ailleurs, les mêmes pratiques semblent justifiées. Les parents n'en aiment pas moins leurs enfants ; ils ne veulent pas les laisser « mal tourner ». Leurs enfants eux-mêmes disent parfois l'avoir bien mérité et ne remettent pas en cause l'amour parental. *A contrario*, certains enfants confient qu'ils se sont sentis complètement humiliés, rabaissés, niés, par une simple remarque orale de leur père.

Quelle que soit **l'intention** de l'auteur, l'effet d'un acte dépend de la **perception** qu'en a le destinataire. D'autre part, un acte, au regard de la loi ou de la règle, est ou n'est pas une **transgression.** Dans de nombreuses situations, entre le point de vue de l'auteur, celui du destinataire et celui de la loi, il est inévitable que ces trois points de vue diffèrent. Il est difficile de définir d'une façon unanime et indiscutable le degré de violence d'un acte. S'en tenir à l'un des points de vue, sans prendre en compte les autres, c'est refuser de reconnaître l'existence de personnes concernées par l'histoire.

La violence « zéro » n'existe pas. Mais on peut se donner comme objectif de faire globalement baisser le niveau de violence. Le moyen par excellence est de **réintroduire de la parole et du sens.** Une parole qui circule entre les différents acteurs, l'auteur de l'acte, la victime, le garant de la loi. Cet échange entre les différents points de vue enrichira la connaissance de chacun. Mais, nier un des points de vue, faire un procès d'intention (« je suis sûre que tu fais cela exprès pour m'embêter ! »), banaliser les effets (« c'est pas grave, t'as même pas mal ») ou encore faire fi de la loi, (« du moment qu'on est d'accord entre nous »), ces attitudes amènent une surenchère de violence : c'est manquer de respect à une partie de la communauté, c'est prendre le risque d'une plus grande violence.

Une triple contrainte !

L'acte commis est donc souvent la somme de trois éléments : un dommage à réparer, une transgression vis-à-vis des règles du groupe et un message qui questionne la responsabilité de l'auteur sur sa propre vie. Responsabiliser l'enfant, c'est à la fois lui « répondre » et exiger qu'il « réponde de ses actes ». En conséquence de quoi, l'éducateur ne doit donc pas poser une, mais ***trois contraintes :***

1. L'obligation de la réparation : réparation concrète, réparation compensatoire ou réparation symbolique[3]. La mise hors d'état de nuire peut être indispensable pour protéger des victimes potentielles ; mais si elle n'est pas accompagnée d'une mesure d'aide, de soin, de rééducation, destinée à supprimer le danger à la source, elle n'est qu'une mesure d'exclusion. L'assurance par un tiers, l'assureur professionnel, mais aussi le parent qui paiera les dégâts, assurent de fait à la victime d'obtenir réparation, mais quand ce recours est systématique, il n'est pas très éducatif, car ce n'est pas l'auteur du dommage lui-même qui pose l'acte de réparation.
2. La transgression doit être suivie d'une conséquence qui rappelle la règle, qui oblige à un travail de meilleure compréhension de cette règle et de ce qu'elle permet au groupe.
3. Enfin, il est indispensable que l'auteur de l'acte essaie de mettre des mots sur les intentions, les motifs, les malaises, les souffrances ou les besoins non satisfaits qui ont entraîné son comportement.

Histoire

S'il te plaît, ferme la porte !

Histoire de Nicolas, en classe de CE2

Nicolas ne ferme jamais la porte derrière lui. S'il a eu besoin d'aller aux toilettes ou de sortir pour une autre raison, quand il revient, il faut toujours lui rappeler de fermer la porte ; ou bien il faut que la maîtresse ou un autre élève ferme la porte à sa place. Et répéter… cela commence à bien faire !

Au moment du conseil de classe, il est alors demandé à Nicolas, en guise de sanction, de devenir le « portier » de la classe. Cette responsabilité consiste à vérifier que les portes sont bien fermées et à les fermer si besoin. La réaction de Nicolas est immédiate : « Non ce n'est pas la peine, j'ai compris… Je vais fermer la porte maintenant ! » De fait, Nicolas a ensuite toujours fermé la porte derrière lui !

3. Ces notions sont précisées au chapitre 12.

Contraindre à réfléchir

Il s'agit d'inciter l'enfant à se poser des questions et à l'accompagner dans sa propre réflexion. Mettre des mots devient l'opportunité de « s'en sortir ». Parler, « sortir des mots », pour sortir de ce moment difficile, c'est un chemin vers autre chose.

Personne n'est coupable de son histoire, ni de ce qu'il reçoit des autres, mais chacun est **responsable** de ce qu'il en fait, qu'il soit auteur ou victime d'une transgression. Si la personne est écoutée et aidée, elle peut décider de chercher des solutions. Prendre en charge ses problèmes, ce peut être aussi demander explicitement de l'aide, plutôt que rester dans une plainte passive ou projeter sur d'autres sa propre violence.

Contraindre à réfléchir, ce n'est pas faire avouer de force « en quoi ce que tu as fait est inacceptable ». Ceci est la dérive des aveux tristement célèbres dans certains camps de rééducation. Il s'agit de se demander : « Comment en sommes-nous arrivés là ? Quelles sont les conséquences de cet acte, de ce comportement, pour les autres et aussi pour toi ? ». Ne cherchons pas à obtenir à tout prix l'accord du sanctionné ; il a son libre avis sur la question. Ne lui demandons pas non plus de décider ce qu'il mérite. Il y a le règlement et ses garants officiels pour cela.

Offrons-lui seulement l'espace qui rende possible une réflexion et une évolution. Entretien, travail écrit, exposé sur les conséquences de tel comportement, attribution d'une responsabilité en lien avec la règle à respecter, questionnement sur le règlement, recherche de solutions avec le groupe…, les moyens ne manquent pas. Évitons d'ajouter : « pour la peine, tu me copieras ce que dit la loi à ce sujet », car le but n'est pas la pénibilité mais bien la **prise de conscience.** Par exemple, l'évocation des risques pris lors d'une transgression aide l'enfant, qui vit très au présent, à anticiper et prendre conscience des conséquences de ses actes. Il s'agit des risques pris pour quelqu'un d'autre, le destinataire de ses actes : qui va souffrir à cause de son comportement irréfléchi ? Il s'agit des risques pris par le groupe ou face au groupe : qui va être privé individuellement ou collectivement de ce que permet la règle, quand elle est respectée ? Pouvait-il prévoir la réaction du garant de la règle dans le groupe ? Quelle va être la réaction du groupe lui-même ? Enfin, il pourra réfléchir aux risques pris pour lui-même. Il peut être invité à hiérarchiser ces risques, selon son point de vue : « Faut-il, se demandera alors un jeune conducteur de scooter, mettre son casque pour être protégé en cas d'accident ou bien pour ne pas avoir d'amende en cas de contrôle ? »

La contrainte est souvent nécessaire pour empêcher le contrevenant d'éluder le problème, de rester « la tête dans le sable », comme savent si bien le faire les autruches, dit-on. Il peut être fatigant pour un adolescent de se poser les questions qui l'amèneraient à exercer plus activement ses responsabilités. Nous en connaissons qui préfèrent, dans un premier temps, la punition bête… et qu'on n'en parle plus ! La contrainte est réelle pour l'adolescent à qui l'éducateur énonce : « Avant de reprendre tes activités, nous voulons que tu t'arrêtes et que tu choisisses la manière dont tu te comporteras la prochaine fois que tu te retrouveras dans une situation semblable… Tu peux nous dire ou ne pas nous dire, ce que tu auras décidé. Mais au moins, parle-toi à toi-même. »

Contraindre et respecter

Pour intégrer la loi d'un groupe, il faut se sentir soi-même reconnu dans ce groupe. Il convient donc de poser les actes qui vont **rappeler le cadre,** mais en même temps qui vont **signifier le respect** que l'on porte à la personne, au-delà de son acte, personne bien distincte de son acte. Par exemple, un enfant qui un jour a menti n'est pas un menteur. Il y a même de fortes chances pour qu'il dise plus souvent la vérité que le mensonge ! Sanctionner de façon positive ne peut être perçu comme tel que si le sanctionné reçoit des garanties quant au respect de sa personne et de sa réinsertion dans le groupe, une fois la sanction exécutée.

La transgression est nécessaire

Si la règle est nécessaire pour vivre ensemble, la transgression de la règle est tout autant nécessaire à la construction de la personne. Lorsqu'il transgresse, le jeune enfant expérimente en allant toucher les limites. Il s'agit, au sens le plus concret, d'un tâtonnement expérimental. C'est la réponse de sa mère ou de son père qui le renseigne sur les limites de son espace de liberté. S'il n'obtient pas de réponse, il risque de se faire mal ou de se perdre en allant trop loin !

L'enfant, pour se différencier, pour construire sa personnalité, a aussi **besoin de s'opposer.** Transgresser peut être l'une des manières de s'opposer. Il n'y a pas lieu de s'alarmer, mais de réagir fermement. Avant tout, l'enfant a besoin de trouver une réponse stable.

Parfois, la transgression est la seule manière que trouve quelqu'un, dans un contexte donné, pour exprimer, voire imposer ses besoins. Elle interroge alors un système qui offre trop peu d'autres moyens pour que ces besoins soient entendus et pris en compte.

La transgression révèle un conflit. La transgression, à condition d'être sanctionnée par une réponse intelligente de l'adulte, peut devenir une occasion de progrès. Il s'agit de transformer un désaccord, potentiellement ou effectivement destructeur, en situation positive pour chacun, c'est-à-dire pour la victime, pour l'auteur de l'acte et pour l'ensemble du groupe. Il n'est bien sûr pas facile ni habituel de considérer les transgressions comme des opportunités. Elles peuvent pourtant **amener un ajustement,** une amélioration des règles et des contrats, des fonctionnements et des relations.

La contrainte permet de se réinscrire dans la réalité

Les frustrations naturellement engendrées par les sanctions éducatives et sans qu'il soit nécessaire d'en ajouter, réinscrivent l'intéressé dans la réalité sociale : il n'est pas seul au monde, les autres existent, le groupe existe. L'organisation collective et les règles attribuent à chacun sa place, le protègent, lui assurent un espace de liberté, à **« juste distance »** des autres. Cette distance doit être suffisante pour empêcher la fusion, la confusion. Mais cette distance doit malgré tout permettre au lien d'être tangible, à la parole d'être entendue. Oui, cette notion de « juste distance » est la condition d'une relation qui respecte chacun. La loi ne s'oppose pas au dialogue. C'est au contraire elle qui le permet. La sanction sort le sanctionné de la toute-puissance. Sans pour autant installer celui qui sanctionne dans cette toute-puissance. Une sanction bien choisie, en redisant la loi, remet un élément tiers entre l'éventuel agresseur et sa victime. Elle permet aussi de sortir du face-à-face entre l'adulte et l'éduqué.

Les frustrations imposées à l'enfant le gênent dans la réalisation immédiate de ses désirs. Mais elles lui apportent aussi sécurité et reconnaissance. Elles l'empêchent d'aller de plus en plus loin dans le risque qu'il prend pour vérifier qu'il existe à nos yeux et qu'il est protégé. Poser des règles pour mettre des limites aux comportements gênants, puis sanctionner pour faire appliquer les règles, c'est rendre service à l'enfant et à son entourage. Si la loi et les règles protègent de la violence, obliger à les respecter, par des actes eux-mêmes conformes à cette loi et respectueux des personnes, c'est faire reculer la violence. Il reste aux adultes à assumer pour eux-mêmes cette nécessaire frustration. Une non-violence constructive passe aussi par là !

Négociable ou non, il faut savoi

« Le plus difficile pour un honnête homme,
n'est pas de faire son devoir, mais de le connaître. »
Louis de Bonald[4]

Non c'est non, oui c'est oui !

Chaque éducateur, parent, enseignant, a intérêt à clarifier pour lui-même, dans sa relation à l'enfant, ce qui est négociable et ce qui ne l'est pas. À l'intérieur du cadre non négociable que l'adulte aura clairement posé, il pourra, sans hésitation, laisser une part, bien délimitée, à de vraies négociations ou du moins, à l'apprentissage de la négociation, compte tenu de l'âge et la maturité des enfants.

Exercice

Le jeu du baromètre

Cet exercice peut être proposé à des professeurs, des parents, des animateurs, pour introduire un débat sur les règles qu'ils posent. Les énoncés qui suivent sont tous issus de situations vécues. Les exemples cités ici sont plutôt des préoccupations en lycée, mais on pourrait en puiser de nombreux autres dans les réalités d'une famille, d'une classe maternelle, d'un centre de loisirs, d'un internat.

Non Jamais Négociable	Non Rarement Négociable	Oui Négociable	Oui Toujours Possible

À la lecture de chaque énoncé, les participants sont invités à se positionner physiquement devant l'affichette de leur choix.

L'exercice est à faire rapidement, sans parler et sans porter de jugement sur le positionnement des voisins. En effet, dans la réalité, les enfants nous demandent d'être très réactifs : nous ne réunissons pas une commission à chaque demande d'autorisation. Nous ne pouvons pas toujours répondre « Qu'est-ce que ta mère en pense ? » ou « Comment fait ton professeur principal ? ». Non, nous faisons comme nous le sentons, et, après coup, nous sommes plus ou moins satisfaits de nos choix et nous essayons de comprendre ce qui a motivé notre réaction.

4. Écrivain politique français, 1754-1840.

En cas d'hésitation dans l'exercice, il est bon de choisir mentalement un cas de figure concret. Car il ne s'agit jamais d'une position de pur principe, mais de la manière d'être avec cet enfant-là, cet adolescent-là, cet élève-là, dans ce cadre, ce contexte, à ce moment-là. D'autre part, une réponse du type « ni oui, ni non » est de fait interprétée par le jeune interlocuteur comme « négociable » ; il n'y a donc pas de position médiane, il faut choisir !

1. Garder sa casquette en classe
2. Garder son blouson en classe
3. Rentrer en classe tout en discutant
4. Entrer en retard en cours
5. Parler à voix basse avec son voisin
6. Se déplacer dans la salle
7. Fumer dans la cour
8. Jeter ses mégots dans la cour
9. Sortir de classe pour aller aux toilettes
10. Sortir à l'interclasse pendant un cours de deux heures
11. Mâcher du chewing-gum en classe
12. Cracher par terre dans la cour
13. Frapper un copain qui nous a « traités »
14. Faire du sport quand on a oublié ses affaires
15. Rendre un devoir après la date fixée
16. Déplacer la date d'un contrôle prévu pour aujourd'hui
17. Déplacer la date d'un contrôle prévu pour lundi prochain
18. Être dispensé de contrôle pour cause de migraine
19. Taire l'identité d'un auteur de vol
20. Taire l'identité d'un auteur de racket
21. Faire autre chose en cours
22. Utiliser un téléphone portable en cours
23. Émettre un jugement sur le travail d'un copain
24. Émettre un jugement sur le contenu du cours
25. Arrêter le cours pour discuter d'un problème
26. Au conseil, évoquer les problèmes avec un professeur
27. En classe, évoquer les problèmes avec un professeur
28. Travailler sans surveillance dans une salle d'étude
29. Travailler en musique dans une salle non surveillée
30. Refuser de faire le travail scolaire demandé à la maison

Convergences et différences entre éducateurs

Entre éducateurs intervenant auprès des mêmes enfants, il est important d'harmoniser les exigences, mais il faut aussi assumer des différences de pratiques. L'enfant avec qui on parle des limites accepte assez facilement, par exemple, que ce qui est interdit chez Papa soit possible chez Mamie et *vice versa*, à condition que les contradictions ne soient pas fondamentales et surtout à condition qu'il ne se sente pas l'otage d'un conflit de pouvoir entre adultes. Arrivé à l'école, cet enfant apprendra aussi, par exemple, que dans la classe de Monsieur Pierre, chacun doit apporter son livre, ce qui n'est pas nécessaire avec Madame Dubosc. Adolescent, il prendra conscience que garder sa casquette ne pose aucun problème au club de loisirs de son quartier, alors qu'au collège, c'est un rite obligatoire qui signifie qu'on entre, avec un statut d'élève, dans un lieu destiné au travail scolaire ; tout comme les chevaliers du Moyen Âge ôtaient leur casque de guerre pour entrer en pourparlers.

Cette expérience progressive permet à l'enfant de prendre conscience de *trois réalités* importantes :

1. Des lois s'imposent à tous, au-delà des limites des territoires de vie.
2. À l'intérieur de chaque territoire, il existe des règles qui traduisent les conventions du lieu et qui trouvent leur sens dans son histoire ; il existe des contraintes qui varient en fonction de la raison d'être de ce territoire.
3. En croisant des adultes différents dans leurs pratiques, mais qui ont les uns et les autres le sens de leurs responsabilités, l'adolescent va s'autoriser à construire sa propre ligne de conduite, en s'appropriant les règles qui l'aideront le mieux dans sa vie.

En jouant au baromètre, bien sûr à partir des questions qui se posent dans notre contexte particulier, nous repérons facilement les points de convergence et nous prenons conscience des différences, dans les pratiques éducatives, dans les seuils de tolérance, dans les limites imposées habituellement et spontanément. Reprendre ce qui fait matière à débat peut aider chacun à identifier les éléments sur lesquels il s'appuie, plus ou moins consciemment, pour justifier que telle affirmation est négociable ou non. Les coéducateurs (c'est-à-dire qui ont une tâche éducative auprès des mêmes enfants) pourront essayer de rapprocher leurs points de vue et de décider ensemble de règles désormais communes. Mais sur certains points, ils maintiendront leurs positions différentes, tout en ayant une vision plus lucide de leurs désaccords.

Avec les enfants des autres

« Nous avons souvent confié nos enfants mineurs à d'autres adultes, en laissant à ceux-ci une grande part d'initiative dans la façon d'éduquer nos petits, pendant la durée du séjour. Nous ne voulions pas les inonder de recommandations, nous répondions seulement à leurs demandes d'information concernant les habitudes des plus jeunes. Nous avons toujours considéré comme une grande richesse le fait que nos enfants puissent côtoyer d'autres adultes que leurs parents, avec des idées politiques, religieuses, des habitudes alimentaires et des rythmes de vie différents. Il fallait bien sûr, pour que nous leur confiions nos enfants, que ces adultes nous semblent sains de corps et d'esprit et en accord sur quelques grands principes tout de même. »

« Nous sommes nous-mêmes partis en vacances avec des neveux, les enfants de nos copains ou les copains de nos enfants. Il n'y a pas de réelle prise de responsabilité sans le pouvoir de décision qui va avec. Nous revendiquions donc d'appliquer chez nous, les règles de notre territoire : en voilà une, par exemple, que nos enfants s'amusent encore à réciter et appliquent maintenant quand ils ont eux-mêmes la garde de jeunes enfants : « ici, au repas, on goûte de tout, on choisit sa quantité et on vide son assiette ». Imaginez les scènes qui peuvent découler de cette règle non négociable ! Si vous ajoutez les questions d'heure de coucher, les règles pour contenir l'effet télé, le fait de dire bonjour et merci, l'interdiction de fumer dans la maison, vous comprendrez aisément que nous puissions parler d'inter culturalité pour d'aussi petites choses de la vie quotidienne. L'intégration est plus facile à 5 ans qu'à 15 ans ! Les autorisations posent d'ailleurs autant de problèmes que les interdictions : selon les âges, bien sûr, nous avons donné des permissions telles que « oui, si vous acceptez de préparer le repas pour toute la famille demain midi, c'est vous qui choisissez le menu et qui faites les courses correspondantes » ; « oui, vous choisissez vos habits pour partir en vacances » ; « oui, vous pouvez utiliser le lave-linge et son mode d'emploi, puisque vous savez lire » ; « oui, vous vous débrouillez pour traverser la ville par les transports en commun » ; « oui, vous gérerez le budget entier de cette semaine de camping ».

Denis et Geneviève, parents de grands adolescents

Témoignage

Non négociable, pourquoi ?

Il convient de distinguer dans les arguments qui fondent le non négociable, ce qui relève des lois et des règles, ce qui est du domaine des us et coutumes, des conventions sociales tacites, ce qui dépend d'un arbitrage personnel et ce qui est motivé par la prise en compte ou non du point de vue de l'interlocuteur mineur. Ces repères peuvent aider à lâcher prise par rapport aux habitudes, pour **concentrer l'énergie sur l'essentiel.**

« C'est négociable, parce que de toute façon, je ne pourrais jamais le tenir ! ». Cette réaction souvent entendue pose la question du choix de règles réalistes, mais aussi celle de l'exercice de l'autorité, quand garantir la loi s'impose[5]. Ce qui est laissé à la négociation doit être choisi par l'adulte, pour être assumé et perçu comme du vrai négociable. C'est alors pour l'enfant l'occasion d'être acteur dans le groupe, dans son lieu de vie. Ce qui est gênant, c'est que l'adulte soit amené contre son gré, dans le feu de l'action, à tolérer ce qu'il avait énoncé comme impossible !

« C'est comme ça, c'est un principe sur lequel je ne transigerai pas ! ». Certains éducateurs ont besoin de s'appuyer sur des arguments solides et raisonnables pour accepter, tout honneur étant sauf, de changer dans les exigences qu'ils imposent à leur entourage ! Mais on ne se discrédite pas à remettre en cause ses positions, quand il s'agit, non pas d'un aveu de faiblesse, mais d'un réajustement réaliste pour une attitude plus juste, plus cohérente, plus éducative. Ne pas imposer d'inutiles contraintes à l'enfant, cela permet d'être plus crédible et plus efficace dans le maintien de règles incontournables ou prioritaires.

5. Les chapitres 18 et 19 y sont consacrés.

Lois et règles

Les lois s'imposent autant aux adultes qu'aux mineurs dont ils ont la charge. Ce sont par exemple :

- **Les lois de la nature et les besoins vitaux :** aucun être humain ne peut négocier les lois de la pesanteur, empêcher le feu de brûler, ni nier le besoin de sommeil d'un enfant. Dans les programmes de rééducation d'adolescents grandis « hors la loi », les activités de plein air à risques sont des occasions d'expérimenter qu'il est inutile de faire du chantage, affectif ou violent, pour faire céder le chef et exercer sa toute-puissance. L'intérêt d'obéir à celui qui a l'expérience ne se discute pas très longtemps, quand on est suspendu à une corde d'escalade au-dessus du vide !

- **Les lois fondamentales :** elles structurent notre humanité. Nous y reviendrons au prochain chapitre.

- **La *Déclaration universelle des droits de l'homme* :** tout pays souverain l'ayant ratifiée s'oblige à la respecter et autorise la communauté internationale à l'interpeller. Cette déclaration est un énorme progrès pour l'humanité. Encore faudrait-il se doter d'une force d'application suffisante. L'ONU et la Cour Pénale Internationale en sont les prémices. La proclamation de la décennie internationale « de promotion d'une culture de la non-violence et de la paix au profit des enfants du monde »[6], permet sans aucun doute quelques avancées dans le respect des droits de l'enfant. Il n'est pas inutile de regarder de quelle façon ces déclarations sont concrètement mises en œuvre sur le terrain éducatif.

- **La constitution et les lois du territoire français** s'imposent à toute personne qui est sur cet espace géographique. L'enseignant dans sa classe, le père dans sa famille ne sont pas des législateurs en train de voter une loi. Ils ne peuvent négocier avec les mineurs qui leur sont confiés quelque chose d'illégal.

- **Les décrets qui régissent la mission officielle** de l'adulte, les responsabilités des uns et des autres, amènent l'éducateur à poser des obligations dont il n'est pas l'auteur et pour lesquelles il n'a donc pas à se justifier sans cesse.

- **Le règlement intérieur** d'un établissement éducatif est négociable au moment où sa révision est mise à l'ordre du jour du conseil d'administration.

---

6. L'Assemblée Générale de l'ONU, fin novembre 1999, à l'appel de nombreux lauréats du Prix Nobel de la Paix, a proclamé les années 2001-2010 comme étant « la Décennie internationale de la promotion d'une culture de la non-violence et de la paix au profit des enfants de monde ». De nombreuses associations agissent pour que cette décennie réponde à cette attente. Se renseigner auprès de la Coordination française pour la Décennie, 148 rue du Faubourg Saint-Denis, 75010 Paris. Tél. : 01 46 33 41 56 – Site : *http :/www.decennie.org*

Mais, une fois voté, il devient effectif et non négociable sur le territoire de l'établissement, jusqu'à la prochaine réunion de l'instance de décision.

La culture du lieu

Les conventions sociales, les rites religieux, les habitudes alimentaires, les habitudes de l'établissement sont une réalité à prendre en compte. Le besoin de s'affirmer est légitime. Chacun a le droit de se singulariser, de refuser de se conformer aux us et coutumes ; mais il vaut mieux le faire consciemment, en anticipant les conséquences auxquelles un tel choix s'expose. Implicites, ces normes n'en sont que plus pesantes. La pression socioculturelle est implacable pour qui risque la différence. Et il est douloureux d'être marginalisé comme un provocateur, quand on n'a que l'intention naïve de suivre ses convictions ou ses goûts. Combien de jeunes sont-ils refusés lors d'une embauche à cause de leur apparence ? Il serait sans doute judicieux que certains jurys d'embauche sachent reconnaître, au-delà de choix vestimentaires pour eux « inhabituels », des personnalités riches qui pourraient rendre de grands services à leur entreprise. Mais il serait utile aussi que certains jeunes purs et durs estiment plus lucidement les conséquences pour eux-mêmes de la perception de leur interlocuteur. On ne peut prétendre s'insérer quelque part sans tenir aucun compte de la culture du lieu.

L'arbitrage personnel de l'adulte

Un adulte officiellement missionné est en droit et en devoir d'imposer de façon non négociable tout ce qui va garantir la sécurité du groupe qui lui est confié. Il doit mettre en œuvre les meilleures conditions pour atteindre l'objectif fixé (par exemple, pour un enseignant, l'objectif d'apprentissage). Il a autorité pour **fixer lui-même** les **exigences** qu'il juge utiles à cette fin.

En tant que personne cette fois, il va aussi donner des consignes qui dépendent de ses priorités personnelles, de ses fonctionnements habituels ou qui sont liées à sa personne physique et sensible. « Comme je suis un peu malentendant, je suis naturellement plus exigeant sur le silence qui doit accompagner toute prise de parole personnelle dans la classe ». Ces besoins personnels sont légitimes et méritent d'être assumés comme tels.

Une situation nouvelle, un réajustement des objectifs d'apprentissage, l'augmentation de la compétence de l'adulte, son expérience dans le métier, l'évolution de son opinion suite à un échange, une remise en cause de ses habitudes personnelles dans la perspective d'un travail d'équipe, voilà autant d'éléments qui peuvent induire un changement de position de sa part, que ce soit dans le sens d'une plus grande fermeté ou bien vers plus de souplesse et de tolérance.

L'interlocuteur mineur

Si l'adulte a passé un contrat avec un jeune, ils se sont donnés des obligations réciproques. Les re-négocier suppose de dénoncer ce contrat pour en ré-écrire un autre.

Bien souvent, le non négociable est lié à ce que l'adulte juge indispensable pour le mineur ou à ce qu'il le juge capable d'assumer, de comprendre, de faire. C'est ce jugement de l'adulte qui va dicter la marge de liberté, l'espace d'autonomie du jeune. L'écoute du point de vue que le jeune a lui-même sur son intérêt, sur ses besoins, sur son potentiel, peut fournir des indications utiles. **Écouter n'est pas céder,** c'est accepter de regarder une part de réalité qui nous échapperait autrement. C'est améliorer notre entendement de la situation pour prendre nos responsabilités de façon plus pertinente. Cette capacité à faire « avec » le jeune, plutôt que contre lui, fait souvent la différence entre l'autorité non-violente et l'autoritarisme.

L'interlocuteur mineur est quelqu'un qui change, qui mûrit. En fonction de notre connaissance mutuelle, de son âge, de l'évolution de l'ensemble du groupe, nous adultes, allons aussi changer. Notre relation pourra passer par les phases normales : la dépendance du petit que l'on protège, puis le conflit avec l'adolescent qui s'oppose pour se construire et enfin, le partenariat avec le jeune adulte qui profite encore de l'expérience de ses aînés, mais en lui apportant ses nouvelles compétences, qui parfois, émerveillent l'un et l'autre !

Témoignage

Laisser seuls des jeunes à la maison pour une fête ?

« Je ressens à la fois de la crainte et de l'admiration quand je pose le cadre et que je négocie avec mes filles l'organisation d'une fête entre jeunes, sans adulte physiquement présent. La négociation porte sur des points très précis : limitation à une bière par personne, participation de chacun aux frais, préparation du buffet, rangement et nettoyage, informations aux parents des mineurs, etc. La réussite de la fête, autant que la qualité de notre relation, tiennent à l'art de trouver la juste mesure, le dosage optimal, entre d'une part ce que mes filles sont capables et rêvent d'assumer seules et d'autre part ce filet que je tends encore pour les protéger du pire. L'énergie qu'elles déploient pour gagner le pari de qualité et de confiance réciproque fait toujours mon admiration. »

Marie, mère de quatre grandes filles

Chapitre 3

Nul n'est censé ignorer... l'intérêt de la loi

« La liberté, c'est le droit de faire tout ce que les lois permettent. »
Montesquieu[7]

La loi permet la vie

Pour beaucoup, la loi apparaît d'abord comme une limite à la liberté. Cette représentation est accentuée, quand est maintenue une distance trop grande entre les décideurs et le reste de la population ; quand les déficits d'explications et de concertations dépossèdent les acteurs de toute initiative sur leur vie. La liberté individuelle est un bien précieux à défendre contre tous les abus de pouvoir.

Mais il existe nécessairement une tension entre les besoins de chacun et les besoins de ceux qui l'entourent. En collectivité, ces besoins personnels se confrontent aussi aux besoins du groupe ou de l'institution en tant que tels. C'est dans cette tension que s'inscrit la loi. La loi crée du lien et préserve le groupe. La loi fait distance et préserve la personne. Seule la loi permet la vie en société. L'absence de lois admises et respectées conduit à la violence et à la mort.

La loi a pour **fonction sociale** d'organiser et de formaliser les distances, les liens et les statuts pour prévenir les prises de pouvoir sauvages. La loi facilite le « vivre ensemble » : il n'y a pas de « vivre avec autrui » qui ne soit articulé à un « vivre devant la loi ». La loi fait référence en cas de litige. Elle permet la régulation du fonctionnement collectif. La loi organise le jeu de la société en fixant les droits et devoirs. C'est dans cet espace structuré que s'inscrit la liberté de chaque citoyen.

La loi a pour **fonction politique** de traduire des principes, par exemple la garantie d'un espace de liberté et de dignité à chacun. La fonction politique de la loi est d'autant mieux assurée qu'en sont rappelés le sens, le motif et les valeurs. Quand, par exemple, la vitesse est limitée sur les routes, c'est pour que chacun préserve sa sécurité et la vie des autres. Comme le dit

7. Montesquieu, *De l'esprit des lois (1748)*, Flammarion, 2008.

B. Chavaroche, « Parler de lois, règles et consignes dans une perspective d'éducation nouvelle, dès lors que l'on reconnaît la parité de droits et de devoirs, d'obligations entre les personnes, c'est les penser en termes politiques comme repères au service de l'épanouissement, de l'autonomie et de la responsabilité des personnes. »[8]

La loi est ce tiers qui a pour **fonction psychologique** d'aider la personne à se structurer, à échapper au désir de toute-puissance. La loi permet de sortir de la fusion. Elle crée une séparation, une distance. La loi met une limite qui permet de différer le plaisir, de surseoir à ses impulsions, par une prise en compte de l'autre. Elle permet d'apprendre à penser, elle permet de structurer ses capacités intellectuelles et relationnelles pour les amplifier : « Qui suis-je ? Que puis-je décider ? Avec qui ? Quel est mon désir ? Comment peut-il s'articuler avec le désir de l'autre ? »

Pour remplir ses fonctions, la loi doit être **signifiée.** Premièrement, la loi doit être **dite.** « L'inter-dit », en jouant sur les mots, c'est ce qui est dit entre nous. La loi doit être parlée, expliquée. Mais pour prendre du sens, la loi doit aussi être **portée** par des citoyens, **pratiquée** par les adultes et par l'institution. C'est ainsi que la loi peut devenir l'outil de la prévention des violences, l'outil de la non-violence. Pour agir face aux situations de violence, il y a donc lieu de discerner tout ce qui relève de la méconnaissance ou de la négation de la loi.

8. La revue *Vers l'Éducation Nouvelle,* éditée par CEMEA, n° 495, avec son dossier « Lois, règles et consignes », juin 2000.

La Loi fondamentale

Loi constitutive de la construction de notre humanité, principe éthique fondamental de la civilisation, **l'interdit majeur de violence** se décline principalement en trois tabous : l'interdit de l'inceste, l'interdit du meurtre et l'interdit du cannibalisme.

L'intégration des normes et des valeurs est liée, pour chacun, à son rapport à la culpabilité, à l'amour parental et à la séparation. Cette intégration nécessite à la fois le sentiment d'être aimé et l'existence d'interdits clairement manifestés dans la famille. C'est précisément l'intégration de **la notion de distance** qui rendra l'enfant capable de respecter le corps de l'autre et de faire respecter le sien.

L'intégration de la Loi passe par **l'acceptation de la réalité :** « je ne suis pas tout, je n'ai pas tous les droits, je dois attendre, maman vit, aime et pense ailleurs que pour moi… ». Cette acceptation est possible si elle a du sens, sinon elle n'est que souffrance. Dès le plus jeune âge, l'enfant a besoin de recevoir des informations vraies et des assurances. L'apprentissage de la frustration est facilité par le jeu et par les contes : jouer au loup pour rire, faire mine de s'attaquer, de se dévorer, de se cacher, « coucou, je disparais – coucou, je reviens ! ». Il est très important d'apprendre progressivement à faire le deuil de la satisfaction **immédiate** des désirs : « Oui, je t'aiderai à réparer ton jouet… dès que j'aurai fini d'écrire ce courrier » ; « Nous achèterons des croissants dimanche, pas aujourd'hui, ce n'est pas la peine d'insister » ; « Non, tu ne coupes pas la parole pour intervenir »…

La Loi fondamentale établit le lien entre l'individu et la société. Elle ouvre le lien familial à la dimension de groupe social. Elle fait **tiers** en empêchant la fusion. Elle permet la parole entre moi et cet autre distinct et différent. La Loi protège chaque personne dans son intégrité et comme sujet dans une généalogie : la filiation distingue l'enfant des parents, codifie les rapports, établit des repères pour grandir, en assurant que chacun aura sa part.

Les lois territoriales

Une loi, c'est un accord au sein d'une communauté souveraine – la nation – qui s'est dotée d'une institution – l'État –. Cette loi s'impose à tout individu autorisé à entrer **sur le territoire de cette communauté,** par la naissance ou par l'immigration. La loi ne peut être modifiée que par l'instance souveraine. Le mode de souveraineté peut être variable : monarchique, dictatorial ou démocratique dans le cas d'un peuple ayant pris les moyens d'assurer l'accès de tous aux décisions collectives. Quel que soit le mode, l'instance souveraine se donne les moyens d'élaborer la loi et d'en garantir l'exécution.

Certains peuples subissent la loi arbitraire d'un régime autoritaire. Cette loi, qui peut paraître illégitime, est de fait respectée tant qu'elle n'est pas remise en cause par un mouvement populaire fort. « L'autorité de l'État est le toit de la maison. Nous en sommes les murs ; c'est nous qui le portons au faîte. »[9]

Les lois ne sont pas immuables. Elles sont les traductions des valeurs dominantes d'une société à un moment donné, le produit d'un rapport de forces. Elles s'inscrivent dans le temps et dans une culture. Mais l'expérience apportée par les conflits indique qu'il vaut encore mieux une loi insatisfaisante que pas de loi du tout.

C'est au corps législatif de promulguer les lois et au juge d'en être le garant.

Les règles

Les règles ne sont pas la loi. Pourtant elles véhiculent symboliquement la nature de la loi. Règles et lois ont les mêmes fonctions, psychologique, politique et sociale. Mais la loi est générale alors que la règle est particulière. Les règles ont une **fonction pédagogique.** Les règles sont comme de petites lois de proximité, accessibles et régissant les préoccupations quotidiennes. Les règles non négociables précisent les lois dans les cas particuliers. Elles ne peuvent contrevenir à la loi de la communauté souveraine ou à la règle de la communauté supérieure.

Les règles non négociables d'une institution ou d'une famille sont ce legs dont on hérite en y arrivant. Mais les membres d'un groupe peuvent aussi participer à l'élaboration de certaines règles : en devenant acteurs, autorisés à peser sur les choix de leur communauté, ils apprennent à être des citoyens responsables, conscients de l'intérêt des lois et capables de les critiquer. Ils font l'expérience du législateur et des questions que celui-ci se pose pour établir des règles efficaces. Cette expérience aide à passer d'une posture de soumission à la loi-héritage, à un rapport à la loi perçue comme contrat social, cette loi à laquelle chacun peut adhérer.

9. Propos de Norbert Kenné, Président fondateur du Service Œcuménique pour la Paix au Cameroun, dans une intervention sur les droits humains, en 1999.

Expérience en maternelle

Quand les photos se promènent

Après un travail sur les règles, la maîtresse et les enfants eux-mêmes se sont accordés sur un fonctionnement. Deux panneaux sont affichés dans la classe :

– le premier est vert, avec les photos de tous les enfants de la classe et leur nom.
– le deuxième est orange : sur ce panneau sont symbolisées les principales transgressions : bruit, bagarres…

Lorsque dans la journée un enfant transgresse une règle aux yeux de toute la classe, la maîtresse déplace sa photo du panneau vert au panneau orange, près du pictogramme correspondant à la règle transgressée. Elle parle discrètement avec l'enfant. Elle peut poser une sanction, mais le plus souvent, le déplacement de la photo suffit pour que l'enfant change de comportement, répare, parle moins fort ou range le matériel qu'il a laissé en désordre. Lorsque les choses sont rentrées dans l'ordre, la photo retourne sur le panneau vert.

Tous les soirs, avant de se séparer, le point est fait. Des mots sont dits, qui permettent de réintégrer chacun dans le groupe. Toutes les photos retrouvent leur place, le groupe a mieux compris, la règle a pris du sens. Toute histoire est close. Demain est un jour nouveau, on repartira à neuf !

Le rapport à la loi se construit dès le plus jeune âge par la pratique de la règle… De plus en plus, les enseignants de maternelle et de primaire élaborent des règles de vie avec les élèves. De nombreux centres de vacances, se référant aux valeurs de l'éducation populaire, le proposent également. Les règles décidées sont écrites. Les enfants peuvent s'y référer et les transgressions sont l'occasion d'en reparler, de les réaffirmer ou de les ajuster. Dans certaines familles aussi, le tableau de la répartition des services est une étape dans l'apprentissage de cette notion de loi au service de la vie commune.

Bien qu'elles aient des points communs, il est donc important de **distinguer lois et règles.** Les lois républicaines sont votées par les députés et les sénateurs. Elles s'imposent à tous, à l'extérieur comme à l'intérieur d'un établissement scolaire, d'une famille ou d'une communauté. « Il est interdit de voler » n'a pas à figurer comme un article de règlement intérieur mais comme un rappel de la loi. Si l'enjeu est important, ce délit peut être porté devant la justice. Il est passible d'une peine prononcée par un juge.

La règle est fixée au sein d'un groupe, entreprise, collectivité, école, famille, association, groupe lui-même inclus dans une communauté souveraine plus large. La règle s'applique à tout individu autorisé à entrer au sein du groupe. Elle ne peut être modifiée que par le processus prévu à cet effet, selon sa nature : décision du chef d'entreprise, délibération du conseil d'administration, conseil de classe ou toute autre instance où certaines règles sont coélaborées par les membres de la communauté. Établir ou modifier une règle ne doit jamais se faire dans l'urgence, mais selon les procédures prévues, dans les espaces-temps réservés et institués à cet effet.

Pour qu'une règle produise du sens

Il s'agit dans ce paragraphe d'une collectivité d'enfants ou d'adolescents.

Conception et faire-part de naissance

Pour qu'une règle reste vivante, il est nécessaire qu'elle ait du sens aux yeux de tous les membres de la communauté. Il est utile de se souvenir des circonstances de sa conception. Dans quel contexte, au nom de quelles valeurs, avec quel objectif, pour préciser quelle loi, cette règle a-t-elle été conçue ou adoptée ? À qui s'adresse-t-elle ? De quelle négociation a-t-elle été l'aboutissement ? Une règle bien décidée a plus de chances d'être bien respectée !

Demandons-nous aussi si toutes les catégories de la population concernée peuvent trouver un intérêt à respecter cette règle. Mesurons les contraintes que cette règle impose. Quand une minorité impose sa loi au plus grand nombre, sans explication, il ne faut pas compter sur la coopération de l'ensemble. Quand une majorité crée brutalement une règle invivable pour une minorité, elle risque d'induire une logique d'exclusion. La règle, pour être bien vécue et appliquée, doit prendre en compte avec nuances les différents besoins exprimés.

Le manquement à la règle ne doit pas bloquer tout le fonctionnement, on risque sinon de laisser les provocateurs à leur désir de toute-puissance. « Le cours d'éducation physique ne commencera que lorsque tous les élèves auront leur tenue réglementaire » : c'est une impasse dans laquelle l'enseignant se piège lui-même ! Il risque de s'attirer l'animosité de tous, alors que seuls quelques individus sont concernés par le problème !

Les règles doivent être connues. À qui la naissance de la règle a-t-elle été annoncée ? A-t-elle été énoncée de vive voix, écrite, commentée, affichée ? Quels moyens ont-ils été mis en place, pour vérifier que cette règle soit suffisamment simple pour les usagers et univoque, c'est-à-dire comprise de la même manière par toutes les personnes concernées ? Il est en effet gênant qu'il puisse y en avoir des interprétations différentes. Des élèves de 5e ont expliqué un jour à leur prof comment ils comprenaient la règle « être tolérant avec autrui », laquelle figurait dans leur règlement : « ne pas chercher d'ennuis aux élèves pour un petit quart d'heure de retard » ! Était-ce le point de vue de ceux qui avaient mis en place cette règle ? Une consigne comme « lever la main avant de prendre la parole » est plus repérable, elle ne prête pas à malentendu.

Période d'apprentissage

Publier un règlement ne suffit pas. Il ne sera intégré que progressivement. La mise en place des règles tiendra compte des possibilités de mémorisation, d'apprentissage et de contrôle. Les règles ne doivent pas non plus régenter tous les aspects de la vie d'un groupe. Évitons également le perfectionnisme et prenons en compte les capacités du public auquel cette règle s'adresse. Les premières transgressions, par oubli ou interprétation erronée, seront l'occasion de redire et d'assimiler la règle. En revanche, une sanction doit s'appliquer dès que la transgression est délibérée.

L'âge mûr de la règle : elle joue son rôle d'outil au service d'un objectif

La règle s'applique à tous : on sait que l'exemple de l'adulte sera plus fort que ses injonctions ! Nous l'avons dit, la règle doit être **construite, pratiquée, soutenue, instituée et garantie.** Mais il est des situations exceptionnelles où le bon sens invite à ne pas appliquer la règle. Les exceptions sont d'ailleurs des occasions de confirmer la règle, en énonçant clairement qu'il s'agit d'une exception dans un contexte particulier. Mais les exceptions sont aussi l'occasion de manifester que la règle n'est qu'un outil au service d'un objectif et d'un système de valeurs et non un but en soi. Une règle doit être appliquée non pas à la lettre mais avec intelligence, c'est-à-dire dans l'esprit de sa conception. C'est précisément ce que recommandait Aristote en parlant de la *phronésis*, comme le fit plus tard Thomas d'Aquin avec la *prudentia*, termes grec et latin que l'on traduit communément par sagesse pratique[10].

Mort annoncée d'une règle devenue inutile

Quand l'objectif est atteint, la règle qui en était le moyen peut devenir inutile, au profit d'un espace de gratuité et de spontanéité. Quand, à la halte garderie ou dans un centre de vacances, l'objectif « manifester son attention à l'autre » est atteint, la règle « dire bonjour en entrant », en tant que règle

10. Cf. François Vaillant, *La non-violence. Essai de morale fondamentale*, Le Cerf, 1990, p. 211 et suivantes.

stricte n'a plus d'intérêt et pourrait même sembler très puérile. À la maison, les enfants devenus des étudiants devraient avoir le souci de mettre le couvert, de ranger ou de s'occuper du linge sans qu'il soit nécessaire de maintenir des tours de rôle obligatoires. Il arrive qu'un groupe entier, garants et usagers compris, oublie une règle, tout en continuant à vivre de son esprit. Sa suppression officielle peut être l'occasion de dire que la règle formelle est devenue inutile, car le sens de cette règle est intégré par le groupe ; c'est verbaliser un progrès en qualité relationnelle, en solidarité et en autonomie. Car être autonome, c'est justement se donner ses propres règles, c'est marcher droit tout seul, en connaissance de cause et sans tuteur.

Le contrat

Contrats d'assurance, de mariage, de vente, de location, de travail, de copropriété, mais aussi contrat d'aide, contrat d'insertion... Le contrat est un engagement entre deux parties (personnes ou communautés) fixant les droits et obligations de chacun. Le contrat ne peut contrevenir à la loi ou la règle de la communauté au sein de laquelle il est établi. Le contrat se noue et se dénoue comme en décident les contractants. Passer contrat est un acte libre. Aucun contrat ne peut être établi contre la volonté d'un individu. Cet accord définit des obligations réciproques qui lient les contractants à égalité. Cette égalité porte sur la force d'obligation mutuelle. On pourrait parler d'égalité de statut vis-à-vis de ce contrat, tout en ayant par ailleurs des statuts professionnels ou sociaux différents (maître-élève, etc.). D'où l'importance d'un tiers faisant autorité, garant de cette égalité : notaire, maire, conseiller principal d'éducation, tribunal administratif, prud'homme... Le contrat doit être rendu visible : écrit et signé ou accord verbalement prononcé devant un témoin officiel. Pour être efficace et avoir « force de tiers », le contrat doit être facilement identifiable, indépendamment des deux parties concernées et préciser de façon univoque les clauses, la durée de validité, les échéances d'évaluation.

Une règle n'est pas un contrat. Il y a souvent confusion, comme dans certains établissements scolaires, lorsqu'on demande à des collégiens d'avoir en première page de leur carnet de liaison « Le contrat de vie scolaire », lequel doit être lu et approuvé par la signature de l'élève et celle de ses parents. De fait, il s'agit souvent du règlement intérieur. Nul n'est obligé de signer un contrat ! Il conviendrait mieux de proposer au jeune et à ses parents un texte appelé sans démagogie « Règlement intérieur », tout en demandant à chacun d'ajouter à côté de sa signature : « J'ai pris connaissance de mes obligations et des sanctions que j'encours en ne les respectant pas. J'ai également lu mes droits et connais les instances auxquelles je peux faire appel si besoin est ».

Ce qui fait sens

Lois, règles, contrats seront davantage respectables et respectés quand, parmi les personnes censées les appliquer, une large majorité aura pu les comprendre et y adhérer. Le garant officiel se sentira d'autant plus légitimé et d'autant moins isolé, qu'il pourra s'appuyer sur des citoyens participants capables eux-mêmes d'expliquer et de rappeler la règle, même s'il n'est pas dans leur statut de sanctionner les contrevenants.

Mais c'est aussi le besoin de sens qui va conduire des personnes ou des groupes à vouloir améliorer la loi ou la règle, à la faire changer. Et c'est encore le besoin de sens qui, exceptionnellement, va conduire un ou des citoyens à désobéir ouvertement, à une loi ou à une règle, avec le risque assumé de recevoir les sanctions applicables : l'objectif de la transgression est alors la suppression ou la modification de cette loi ou de cette règle, pour la mettre en accord avec ses convictions profondes. Quelqu'un qui transgresse une loi, pour la faire modifier, agit par objection de conscience et commet un acte de désobéissance civile. Face aux règles d'une institution ou d'une famille, certains membres peuvent également choisir d'objecter, nous y reviendrons.

L'éducateur face à la transgression

Face à une transgression, tout éducateur est invité à se poser les questions suivantes :

- Y a-t-il un dommage, quelle est donc la responsabilité vis-à-vis de la victime ?
- Quel message nous envoie, consciemment ou non, l'auteur de la transgression ?
- Quelle règle précise a été bafouée, quelle est donc la responsabilité de l'auteur vis-à-vis du groupe où cette règle est posée ?

Dès qu'il y a dommage à autrui, la sanction devrait comporter un volet « réparation exigée ». Signe de reconnaissance apportée à la victime de l'acte, la **sanction-réparation** est aussi l'occasion pour le contrevenant de prendre conscience des conséquences sur autrui de ses actes.

La sanction doit amener le contrevenant à s'interroger sur lui-même : a-t-il simplement négligé la règle pour se faciliter la vie ou bien son comportement est-il une réaction à un problème personnel non résolu ? Cette **prise de conscience** le guidera vers une recherche de solutions plus efficaces.

La responsabilité « pénale » concerne les infractions à la loi. Les transgressions de règles internes à un groupe ne sont pas du même niveau. Mais expérimenter la **responsabilité vis-à-vis des règles** du groupe est un apprentissage de la responsabilité pénale.

Chacun sait que les règles d'un jeu sont faites pour permettre de jouer, que ce soit pour un jeu de société sur table ou bien une partie de rugby. Respecter et faire respecter les règles, c'est autoriser chacun à jouer. Les sanctions sont un moyen de faire respecter les règles. Elles rappellent que celles-ci ne peuvent être ignorées ou bafouées, sans provoquer une réaction de représentants du groupe. En sanctionnant l'enfant, le parent ou l'éducateur réaffirme ce qui assure la cohésion de ce groupe. En même temps, il donne à cet enfant la possibilité de **se réinscrire dans le groupe,** à l'inverse de la logique du bouc émissaire, qui rejette celui que le groupe ressent comme une menace.

Dans la vie quotidienne auprès d'enfants, l'adulte est parfois agacé par des tâches non exécutées, des retards, des objets cassés involontairement, des devoirs non rendus, du bruit, un flacon de peinture renversé maladroitement... et il réprimande. Il serait pourtant cohérent d'intervenir plus vigoureusement face à un non-respect de la loi fondamentale, qu'il s'agisse d'un propos raciste, d'une moquerie ou de mots qui condamnent durement. Ne faut-il pas, en hiérarchisant les erreurs et en graduant la réaction, manifester que **l'interdit de violence est absolument premier ?**

Code civil et code pénal

Un acte qui cause un dommage engage la responsabilité civile. Elle implique, d'après le Code civil, la réparation du dommage. Un acte qui bafoue une loi engage la responsabilité pénale. L'auteur, d'après le Code pénal, encourt une peine. Cette peine ne peut être assumée par un tiers, parent ou assureur.

La responsabilité civile

En France, elle est définie par l'article 1382 du Code civil. Elle est établie au regard des liens de cause à effet entre l'acte et le dommage. Ce lien de conséquence doit être attesté par un tiers expert. La responsabilité civile implique la réparation du dommage. En cas de dommages matériels, on peut acheter les services d'un assureur pour assumer sa responsabilité civile. Dans le cas d'une relation contractuelle, si le dommage est le non-respect d'une clause du contrat, il peut entraîner la rupture du contrat.

Les parents assument la responsabilité civile pour leurs enfants mineurs en même temps que leur autorité parentale. Parfois ils peuvent déléguer cette autorité à l'État, en la personne du préfet, dans le cas par exemple d'un centre de vacances dûment déclaré, d'une école publique ou d'un établissement privé sous contrat. Le préfet confie au directeur la mission d'appréciation et de prise de décision concernant ces mineurs. Il confie aux inspecteurs la mission de surveiller si les lois et décrets sont respectés et, d'une façon générale, si le fonctionnement de l'établissement garantit aux mineurs le respect de leur intégrité physique, psychologique et morale.

Le Code de l'éducation[11] précise la responsabilité civile d'un établissement public d'éducation.

La responsabilité pénale

La communauté souveraine, c'est-à-dire l'État, établit les lois, les mêmes pour tous. En aucun cas, un citoyen ne peut utiliser la violence pour se faire justice lui-même. En France, le juge, tiers garant de la loi, et les jurés, sont chargés d'établir le degré de responsabilité pénale. Ils l'établissent au regard d'éléments factuels, d'éléments juridiques, d'éléments intentionnels qui définissent des circonstances aggravantes ou atténuantes. La préméditation, la violence exercée sur un subalterne sont des circonstances aggravantes. La légitime défense est une circonstance atténuante.

Le non-respect d'une loi est une infraction. Il existe trois sortes d'infractions :

- la contravention qui est jugée par le Tribunal de Police : injure non publique, tapage nocturne, vente forcée par correspondance…
- le délit qui est jugé par le Tribunal Correctionnel : vol, escroquerie, violences légères, homicide involontaire…
- le crime qui est jugé par la Cour d'Assises : attentat, viol, violences graves, homicide volontaire, vol à main armée…

C'est pourquoi nous parlerons dans ce livre de « transgression » quand il s'agit d'un manquement à une règle, pour la distinguer de l'« infraction » qui est le non-respect d'une loi.

11. Code de l'éducation : cf. à « personnels de l'éducation », l'article L 911-4.

Chapitre 4

Construire le rapport à la loi

« La loi est là pour permettre à chacun
d'exister aux yeux des autres. »
Maryse Vaillant[12]

4

Tu seras un homme, mon fils !

Toute attitude éducative découle des représentations mentales de l'éducateur, de sa conception de l'enfance et de son idée de l'homme en société. Quelle attitude l'adulte peut-il avoir ? La discussion avec l'enfant, pour qu'il comprenne sa soumission, pour qu'il ne discute pas trop ou la liberté qui le laisse expérimenter par lui-même ? Dans tous les cas, il y a souvent la volonté sincère d'aider l'enfant à devenir quelqu'un de bien, de bon et d'heureux. Mais inévitablement, il s'agit de ce que l'éducateur croit être le bien, le bon et l'heureux.

L'enfant naît dans une tribu pygmée ou dans une smala italienne catholique ; au sein d'une famille déchirée par l'immigration ou dans une caste de musulmans indiens ; dans un quartier de banlieue ou dans une ferme normande… Dans ce cocon plus ou moins confortable, l'enfant va se forger ses premières représentations. Ce cocon, tissé dans la culture, l'histoire, le système de valeurs et toute la subjectivité de sa famille, le protège, dans le meilleur des cas, du grand monde où il serait perdu. Nous pourrions dire que l'enfant a d'abord besoin d'être nourri, puis, ensuite, d'être « mis au monde ».

Ses besoins fondamentaux de sécurité et d'appartenance étant satisfaits[13], l'enfant a aussi besoin d'être reconnu pour lui-même et de s'épanouir comme un être volant de ses propres ailes, hors du nid. Certains cocons conforment, enferment, étouffent. D'autres permettent à l'enfant de s'équiper efficacement pour partir à l'aventure de sa vie, à la découverte de tous ces autres, différents, sans y perdre sa sécurité et son identité. Est éducatif tout ce qui est structurant, c'est-à-dire construit de l'intérieur, charpenté.

12. Maryse Vaillant, in *Cahiers Alfred Binet*, n° 668, 2001, article « La réparation, une sanction éducative », p 92.

13. Abraham Maslow, *Vers une psychologie de l'Être*, Fayard, 1989.

Qu'est-ce que l'éducation ?

Le mot « éducation » vient du latin *educatio*, qui signifie « action d'élever », dans le sens d'élever des animaux ou de faire pousser des plantes. *Educatio* dérive lui-même de deux verbes latins, proches mais différents : *educare*, qui signifie « nourrir » et *educere*, qui signifie « faire sortir de » (l'épée de son fourreau), « mettre en marche » (une armée), puis dans un troisième sens « mettre un enfant au monde ».

De nos jours, le mot « éducation » englobe les aspects physiques, moraux et intellectuels. Pour Olivier Reboul, en effet, « l'éducation est l'action qui permet à un être humain de développer ses aptitudes physiques et intellectuelles ainsi que ses sentiments sociaux, esthétiques et moraux, dans le but d'accomplir autant que possible sa tâche d'homme ». Et il note juste après que « c'est aussi le résultat de cette action »[14].

Comment se construit le rapport à la loi ?

Le pire, vis-à-vis d'enfants ou d'adolescents, est sans aucun doute la non-exigence, la non-existence, la vie sans loi ni parole. Cela le fait douter de l'importance qu'il a aux yeux de ceux qui lui ont donné la vie et aux yeux de la société censée le protéger. Cette pseudo-liberté de mouvement le prive de reconnaissance, de sécurité et de sens, c'est une grande violence !

D'autres jeunes, quant à eux, sont pris en considération, ils sont suivis dans leurs demandes, on leur répète même ce que dit la loi, mais ils n'en tiennent pas compte car ils ne sont jamais sanctionnés. On laisse ces jeunes en infraction, dans leur toute-puissance, terrorisant leur entourage et risquant de devenir de plus grands délinquants. Leur impunité est vécue par certains comme une injustice et par d'autres comme un feu vert pour faire de même. Ici, c'est l'enfant qui commande, qui soumet l'adulte à son bon vouloir, qui se met au-dessus des lois, donc au-dessus du respect des autres. Il arrive, dans les cas extrêmes, que ce soient des parents qui demandent eux-mêmes le placement de leurs enfants, tant cela devient dur à vivre !

La manifestation de l'autorité du garant de la loi, même maladroite ou impulsive, est d'une manière générale moins désastreuse que le laisser-faire total. Même si elle n'est pas toujours des plus pédagogiques, la punition, codée dans un « code pénal », a le mérite d'introduire de la mesure et de faire exister un élément tiers, défini préalablement au conflit. Eirick Prairat[15]

14. Olivier Reboul, *La philosophie de l'éducation*, PUF, 1989, p. 12.

15. Eirick Prairat, *La sanction, petites méditations à l'usage des éducateurs*, L'Harmattan, 1994, rééd., 2000.

dresse un inventaire croustillant des punitions infligées du Moyen Âge à nos jours, tout en soulignant les évolutions qui manifestent une prise de distance de l'adulte par rapport à ses propres émotions. Ainsi, le maître savait le nombre de coups de baguette mérités pour une leçon non apprise et les instructions officielles lui recommandaient de respirer profondément pour frapper avec calme et mesure et non sous l'emprise de la colère !

Subir ou intégrer la loi ?

Il faut tenir la loi. Parfois, l'enjeu du « résultat à obtenir » est tel, que l'adulte exigera de l'enfant la **soumission** immédiate. Il est « mis sous » l'autorité de l'adulte, dont l'objectif est bien de le **dominer,** de tout faire pour « avoir le dessus » dans le rapport de force. Dans les situations d'urgence et de mise en sécurité, il est clair que cette attitude est préférable au laisser-faire. Mais si ce mode de fonctionnement se répète et dure, on risque d'installer un lien de maître à sujet dépendant. Quand les mesures employées inspirent une réelle peur du gendarme et que « ça marche », la transgression est évitée, mais ce mode de fonctionnement fabrique des êtres soumis… ou tricheurs. C'est la **loi subie…** Cette logique suppose des gendarmes présents, nombreux et toujours plus forts, au fur et à mesure que l'enfant grandit. Quand le coût des mesures prises est jugé supportable par le contrevenant, ses récidives obligent à des surenchères de tarif. L'intéressé peut aussi se révolter, rejeter en bloc toutes les règles, se retourner contre son chef et devenir le plus fort : c'est la **loi contestée.** Loi contestée ou loi subie, c'est de toute façon la **loi du plus fort.**

Si la situation permet de donner du sens, de faire le lien avec des valeurs fondamentales, il sera utile d'obliger l'enfant à écouter et à réfléchir. « Obéir » vient de *oboedire*, qui veut dire « prêter l'oreille à », de *ob* (devant) et *audire* (écouter), prêter de l'attention à ce qui est devant…

Si, dans la durée (mais pas toujours dans l'émotion des crises), la loi semble juste au citoyen, on peut espérer son adhésion. Il est même possible que l'enfant ou l'adolescent devienne porteur de cette loi auprès de ses proches et soit capable d'en expliquer le bien-fondé : c'est la **loi acceptée.** La compréhension et l'adhésion active aux lois, règles et contrats supposent questions et expérimentations. Il n'y a intégration durable d'une loi que lorsque le sens en est compris. Et si ce qu'on demande au jeune lui semble profondément injuste, il gardera malgré tout sa liberté d'objection de conscience et militera à sa façon pour obtenir une transformation de cette loi. Vouloir la modification de telle ou telle loi n'empêche pas d'être convaincu de la nécessité d'une législation. Si telle loi particulière est acceptée et telle autre critiquée, on pourra dire que le jeune citoyen a intégré le sens de la loi.

Du choix éducatif au rapport à la loi

Chaque modèle éducatif induit un rapport particulier à la loi. De ce rapport découle des tendances qui vont apparaître chez l'enfant, lesquelles peuvent laisser présager des comportements chez l'adulte qu'il va devenir. C'est ce que nous avons tenté de schématiser ci-après :

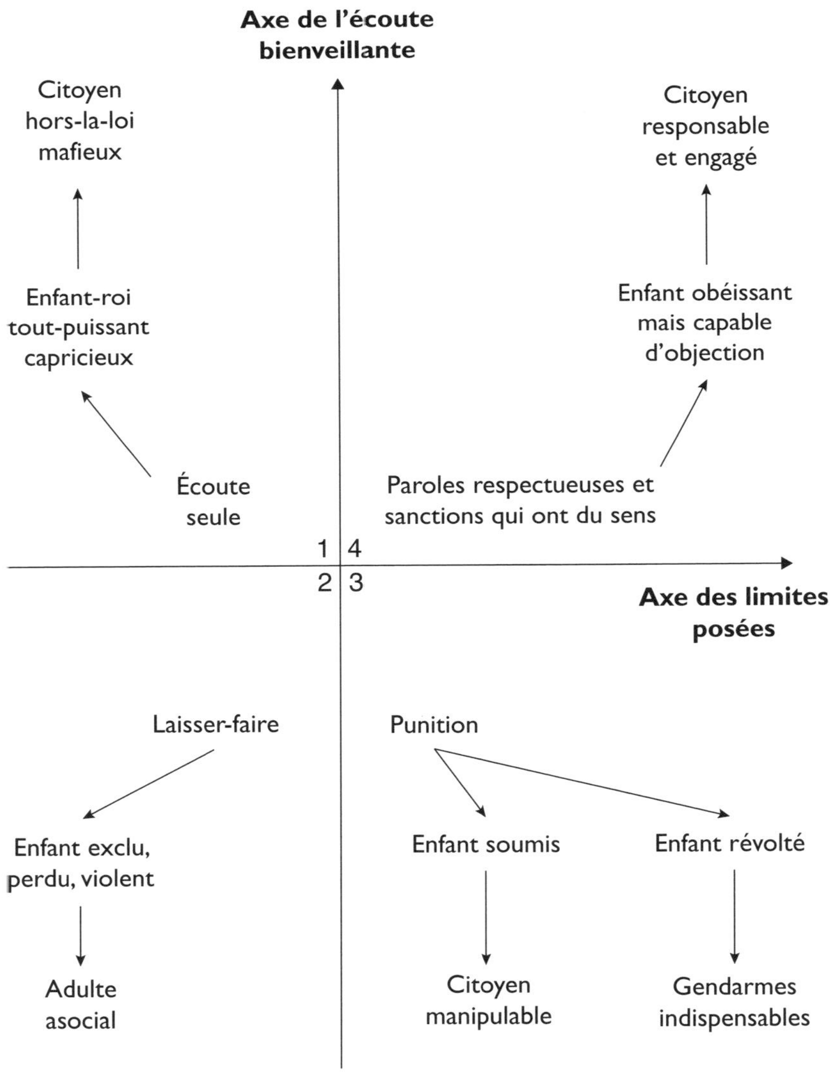

Du choix éducatif au rapport aux autres et à soi-même

« L'enfant construit son rapport à l'autre par les limites qui s'imposent à son désir de toute-puissance et de satisfaction immédiate. »[16]

Il est à noter que chacune des quatre attitudes évoquées dans le tableau précédent induit un regard particulier sur soi et sur les autres. L'enfant qui n'a été qu'écouté (1) aura tendance à se surestimer et à se fermer aux autres. L'enfant laissé à lui-même (2), non seulement risque d'être fermé à l'autre, en qui il ne croit pas, mais il n'aura pas assez existé aux yeux des adultes pour croire en ses capacités personnelles. L'enfant régulièrement soumis aux punitions (3) se verra lui-même comme nul, attendant que son entourage lui dicte la façon de penser et de se conduire. À moins qu'une forte vitalité et un tempérament rebelle ne l'amène à refuser, même intérieurement, cette dépendance. Mais alors, dans son ressentiment, il risque de se priver *a priori* de l'expérience et des ressources de son entourage, ce qui est encore une fermeture.

Le citoyen responsable (4), serein et engagé correspond à une personnalité qui a tranquillement confiance en ses capacités personnelles et se tient prêt à entrer en coopération avec d'autres, en les regardant comme autant de ressources complémentaires. J'ai suffisamment éprouvé de bonheur à côtoyer ces citoyens-là, pour préférer cette direction, même si les aléas de la vie quotidienne m'enseignent que ce n'est pas toujours simple !

16. Serge Lesourd, « L'apprentissage de la frustration », in *Revue Enfances et Psy,* n° 11, 2000, p. 43.

Le père dit la loi, mais ce n'est pas « sa » loi

Plusieurs livres, comme par exemple : *Sanctions et socialisation*[17] et *Conflit, mettre hors jeu la violence*[18] rappellent à juste titre que la sanction doit être posée pour rappeler la primauté de la loi et non la prédominance du maître. À la maison, dans l'immeuble ou dans le quartier, ce ne sont ni le père, ni l'enfant, ni le caïd, ni le chien, qui font la loi, c'est toujours le législateur ! Dans l'établissement scolaire, le règlement intérieur doit servir de tiers entre l'enseignant et le jeune qui transgresse. L'adulte est bien le garant du règlement, mais ce n'est pas à lui de l'improviser dans l'instant, dans l'énervement ou la colère ! La référence à un écrit préalable permet de sortir de la dualité, évite la démesure, le chantage, la vengeance et donne davantage de sens à l'interdit.

Il est vrai que l'enfant considère d'abord la règle de son parent ou de son tuteur comme la loi. Le psychopédagogue Jean Piaget constate une évolution dans le développement moral de l'enfant avec une période charnière vers 7-8 ans. Dans une perspective psychologique et génétique, il précise que pour le jeune enfant, la faute est toujours acte de désobéissance, car « est juste ce qui est conforme aux consignes imposées par l'autorité adulte »[19].

Mais si l'enfant trouve des lieux de vie différents et cohérents, il va peu à peu rencontrer des occasions de distinguer la loi de celui qui la lui rappelle. Les oppositions que l'adolescent vit face à ses parents ne sont d'ailleurs pas toutes des crises par rapport à la loi, mais aussi des prises de distance par rapport à sa dépendance affective, souvent maladroites, mais nécessaires pour avoir accès à d'autres liens affectifs. Il n'est pas rare, en effet, de croiser des adolescents qui, avec d'autres adultes, acceptent très bien certaines règles, celles-là mêmes qu'ils refusent à la maison. Cela affecte d'autant plus leurs parents : « et dire qu'à l'extérieur, il rend service, range, respecte les consignes ! ».

L'apprentissage de la loi par la pratique de la règle se fait progressivement en fonction de l'âge. Le règlement intérieur d'un collège ne doit pas être identique à celui d'un lycée : «…le règlement intérieur, dans les collèges, bien souvent n'est pas très accessible aux élèves, en termes de compréhension immédiate et quotidienne. Il faut donc, non pas amenuiser ce règlement intérieur, mais le décliner en quelques principes simples qui vont régir la vie dans les classes ou dans l'établissement »[20].

17. Eirick Prairat, *Sanctions et socialisation*, PUF, 2002.

18. Non-Violence Actualité, *Conflit, mettre hors jeu la violence*, Chronique sociale, 2010.

19. Cf. Jean Piaget, *Le jugement moral chez l'enfant*, PUF, 1992.

20. Extrait de l'intervention de Françoise Leluyer, au Colloque CEMEA « Élève aujourd'hui, citoyen demain », Compiègne, 1998.

Ainsi s'ouvre progressivement une attitude d'autonomie et de collaboration possible avec l'adulte : une transgression expliquée pourra être exceptionnellement admise ; une sanction cohérente pourra être acceptée.

Au seuil de sa vie adulte, le jeune va devenir capable, dans le meilleur des cas, en ayant cette loi comme point de repère fort à l'intérieur de lui, d'établir ses propres règles de conduite et de confronter sa jeune autorité à celle des adultes qui l'entourent. Alors, selon les situations, il y aura ou bien accord ou bien négociation ou bien acte d'autorité, de part et d'autre…

Exercice personnel

Mon rapport à la loi, au quotidien

Voici un petit QCM[21]. Il s'agit, en réponse à chaque affirmation citée ci-dessous, de choisir le plus rapidement possible une des réponses proposées. Il est possible, après coup, de relire ses réponses et de réfléchir à ce qui fait sens pour soi-même, au regard des lois, des règles et des usages et ce qui guide les réactions spontanées. Chacun pourra mesurer l'écart entre son discours et sa pratique.

Cet exercice pourrait également se faire à plusieurs, dans le but d'introduire un débat sur la citoyenneté et la civilité. Il mettrait sans doute en évidence les différences entre les uns et les autres, dans leur rapport à la loi.

La vitesse est limitée en agglomération

- À cet endroit la visibilité est excellente.
- C'est embêtant, mais j'en comprends la raison.
- Je maîtrise très bien mon véhicule.
- À cette vitesse, sur cette ligne droite, ça gêne tout le monde !

Il faut traverser sur les passages pour piétons

- Les voitures nous doivent priorité.
- C'est plus sécurisant pour les enfants.
- Cela demande parfois un trop grand détour.
- Quand il n'y a personne, je passe.

Il faut dire bonjour, bonsoir, merci...

- Je salue les personnes que je rencontre, mes collègues…
- Les enfants doivent saluer les adultes.
- Les adultes doivent saluer les enfants.
- Le matin, il ne faut rien me demander, je ne suis pas réveillé.

À la maison, il faut frapper avant d'entrer dans une pièce

- Cela me permet de fermer mon livre et me mettre au travail.

21. QCM, Questionnaire à choix multiple.

- Il faut bien ranger le désordre dans la chambre des ados !
- Je ne pénètre pas dans la chambre des enfants sans frapper.
- Frapper à la porte permet de se préparer à la rencontre.

Il faut attendre son tour pour parler
- Les enfants n'interrompent pas les adultes.
- Ce que j'ai à dire est vraiment important !
- Chacun a le droit d'être entendu jusqu'au bout.
- Si on ne s'impose pas, personne ne nous écoute.

Si on bouscule quelqu'un, on présente ses excuses
- J'étais pressé, je ne l'ai pas vu, je n'ai rien senti.
- Il est normal de s'assurer que l'on n'a pas fait mal
- Je suis en colère si l'on me bouscule.
- On ne va pas « en faire un fromage », pour si peu !

Il est interdit de frapper
- Une petite gifle n'a jamais fait de mal à personne.
- Il faut bien se défendre et ne pas se laisser faire.
- Si je frappe, c'est que j'ai mes raisons !
- Taper, ça fait mal.
- Si je m'autorise à les toucher, je ne suis pas sûr de contrôler ma force, un jour de colère.
- C'est un interdit essentiel, qui nous protège de l'escalade !

Pas de grossièretés !
- Les gros mots sont très vilains dans la bouche d'une fille.
- En cas de colère, un gros mot vaut mieux qu'un coup.
- Les mots n'ont pas la même valeur suivant les générations.
- Les enfants, de nos jours, sont vraiment impolis.
- C'est par habitude, on ne pense pas vraiment ce qu'on dit.

Beaucoup de tarifs sont modulés en fonction de l'âge ou des revenus
- Cela permet de démocratiser les loisirs.
- En diminuant un peu l'âge des enfants, je fais des économies.
- Je paie des impôts, je ne vais pas payer pour tout le monde.
- Je paie le tarif indiqué sans me poser de questions.

Le travail au noir
- Cela dépanne tout le monde.
- Je ne vais pas faire un bulletin de salaire pour deux heures de baby-sitting.
- Cela lui fait un peu d'argent de poche.
- C'est une concurrence déloyale pour les professionnels.

- Je risque un contrôle.

Notre rapport à la loi vient en partie de notre culture, en partie des premiers adultes qui nous ont éduqués, en partie des expériences vécues, heureuses ou douloureuses. Et, quand nous sommes en présence d'enfants, c'est ce rapport à la loi que nous leur montrons de fait. Une meilleure lucidité sur notre propre rapport à la loi peut nous amener à mieux comprendre les comportements des enfants, des adolescents ou des collègues, que nous côtoyons.

Le lecteur qui aura tenté cet exercice pourrait peut-être repérer chez lui une tendance, en se posant ces trois questions :

- Est-ce que ma conduite est d'abord guidée par ce que je ressens, ce qui fait sens pour moi, ce qui me semble bon pour moi ?
- Est-ce que je me soucie en premier lieu de l'effet produit, de la gêne ou de l'intérêt pour l'autre ?
- Est-ce que je fais les choses parce qu'on me demande de les faire, parce que c'est comme cela, parce que c'est la loi, la morale ou bien c'est la règle de la collectivité dans laquelle je vis ?

Papa, tu roules à 150 !

Les adultes n'auraient-ils jamais besoin d'être éduqués pour devenir de meilleurs citoyens ? Il y a lieu de s'interroger sur les transgressions d'adultes : les chiffres de la délinquance des adultes, les dysfonctionnements de la justice pour les « cols blancs », la corruption financière, le dopage, etc. Que dire à un adulte quand il transgresse ? Que faire quand, en présence d'enfants, un adulte, quelquefois leur adulte référent, ne respecte pas la règle et que d'autres éducateurs en sont témoins ? Comment dénoncer la transgression, demander une sanction ? Ce n'est pas un autre débat. Cela met en évidence de façon plus crue nos contradictions et ce que nous sommes prêts à risquer ou non dans une intervention au nom de nos convictions. Dans les institutions éducatives, les timidités, la diplomatie vis-à-vis des adultes contrevenants ne ressemblent-elles pas à de la discrimination ? Prenons-nous autant « de gants » pour dire à l'enfant notre désaccord ? Les pères, qui parfois, voudraient tant que leurs fils deviennent des hommes qui leur ressemblent, feraient bien de se rappeler que leurs enfants les regardent et que sans doute, ils réaliseront ce rêve… Que leur donnent-ils à voir, dans leurs pratiques familiales, citoyennes, professionnelles ?

Les plus mûrs des adolescents observent les fonctionnements de la société des adultes. Des exemples positifs peuvent être donnés avec les actualités politiques. C'est le cas des « repentances » engagées par des représentants d'États ou d'Églises pour les crimes ou malversations du passé. Ces excuses publiques ont un sens, même si elles arrivent tardivement, à condition que le motif soit réellement la réhabilitation de personnes, la reconnaissance de victimes, à condition que les discours s'accompagnent de gestes de réparation concrets, matériels et symboliques et que la motivation ne soit pas simplement des ambitions électoralistes ou autres calculs d'intérêt.

Éducation, transgression, sanction, que mise chacun ?

Toute institution éducative se doit d'avoir un projet cohérent, clairement énoncé. Un bel exemple intéresse toute l'Éducation nationale. En effet, la Loi d'Orientation sur l'Éducation du 10 juillet 1989 stipule, dans son préambule, que *« L'éducation est la première priorité nationale. Le service public de l'éducation est conçu et organisé en fonction des élèves et des étudiants. Le droit à l'éducation est garanti à chacun afin de lui permettre de développer sa personnalité, d'élever son niveau de formation initiale et continue, de s'insérer dans la vie sociale et professionnelle, d'exercer sa citoyenneté »*[22]. L'orientation institutionnelle est clairement définie dans ce texte. Il importerait que chaque enseignant la prenne au sérieux, pour admettre enfin que le temps passé à éduquer n'est pas en concurrence directe avec le temps passé à instruire. Il s'agit non pas de moins instruire, mais d'instruire de façon éducative et efficace. Il est d'ailleurs étonnant qu'on parle à propos du rapport Thélot d'une redéfinition du statut d'enseignant[23], quand il propose d'inclure *« Outre la mission fondamentale de l'enseignement, d'autres missions telles que le suivi des élèves, les relations avec les parents, le travail en équipe... »*. L'allongement du temps de présence dans l'établissement, par exemple, n'est que l'affirmation de la nécessité de nouveaux moyens pour mettre plus efficacement en œuvre les orientations de... 1989 ![24]

Il est incontournable pour chaque institution éducative, mais aussi pour chaque éducateur, pour chaque parent, grand-parent, beau-parent, de **mettre au clair son projet global.** Ce n'est pas nécessairement compliqué : il suffit de clarifier ses priorités dans les exigences éducatives que l'on pose et ne pas traiter de la même façon une peccadille et un manquement grave à ces exigences prioritaires. Puis, dans chaque situation, en fonction de l'enjeu, de son statut par rapport à l'enfant, de l'objectif qu'il vise, de l'intérêt personnel qu'il porte au progrès de l'enfant, chacun choisira son degré d'implication dans la transaction que représente l'événement

22. Loi d'Orientation sur l'Éducation du 10 juillet 1989.

23. Article du Monde du 12 octobre 2004 : « Le rapport Thélot ébauche l'école du XXIe siècle ».

24. À l'heure où nous écrivons ces lignes, le débat parlementaire n'a pas eu lieu et nous ne savons pas ce qui sera pris en compte dans les propositions de cette commission Thélot.

« transgression-sanction ». Parfois, le résultat immédiat sera prioritaire. Dans certains cas, l'objectif éducatif à long terme amènera l'éducateur à laisser l'enfant expérimenter la transgression et ses conséquences, plutôt que d'intervenir pour l'en empêcher. Éducateur et éduqué, qu'attendent-ils de cet événement « transgression-sanction » ? Que visent-ils et que misent-ils ? Que sont-ils prêts à risquer ? Pour quelle relation ? Pour quel projet de vie ?

L'éduqué aussi fait des choix. L'enfant, l'adolescent vit avec chacun de ses éducateurs une relative dépendance affective. Il reconnaît à chacun d'eux plus ou moins d'autorité. Les règles imposées ont plus ou moins de sens à ses yeux. Il aura trouvé ou non des lieux pour dire les souffrances qui sont les siennes, pour exprimer ses multiples interrogations personnelles. En fonction de tous ces facteurs, l'enfant, comme le jeune adolescent, aura plus ou moins besoin d'utiliser la transgression pour vérifier qu'il est bien protégé, reconnu et invité à progresser[25].

Nous sommes tous héritiers d'une morale. Mais en ayant compris l'intérêt de la loi, puis en prenant la responsabilité de nos actes dans des contextes particuliers, nous nous acheminons vers la construction d'une **éthique personnelle.** De ce que nous recevons de notre famille, il y a toujours une partie que nous re-choisissons, parce que cela a pris du sens pour nous. Il y a aussi ce que nous laissons parce que cela ne correspond plus à notre réalité personnelle, sociale et culturelle ou bien parce que cela nous cause de la souffrance.

Ne pas reprendre à son compte toutes les règles morales de son milieu d'origine ne fait pas d'une personne un être a-moral (sans morale), ni un « mauvais enfant ». En adoptant d'autres repères, cette personne devient un adulte véritablement autonome, sans qu'il lui soit nécessaire de renier sa filiation et quel que soit le degré d'affection témoigné auprès de sa parenté.

25. Le chapitre 10 donne un éclairage approfondi sur ce qui peut motiver la transgression.

Chapitre 5

Responsables chacun d'un bout du chemin…

5

« Maintenant, je m'en souviens,
c'était toi grand-père,
qui me prenais par la main,
maintenant je m'en souviens,
c'était toi, grand-père,
qui me montrais le chemin. »[26]

De nombreuses questions…

Que répondre aux multiples questions des parents et des enseignants qui doivent faire face à des comportements qui parfois les stupéfient et les laissent dans un sentiment d'impuissance ?

« Que faire face aux grossièretés de mon fils ? »

« Faut-il priver le perturbateur de son sport préféré ? »

« Cela fait plusieurs fois que de l'argent disparaît… »

« Elle me ment… »

« Nous trouvons parfois le truc qui marche, mais c'est le côté exceptionnel qui a fonctionné : cela n'a marché qu'une fois ! »

« J'ai beau faire comme mon collègue, ça ne passe pas ! »

« Je lui explique, je crois qu'il a compris, mais… il recommence ! »

« J'ai voulu faire une médiation, mais ils étaient de mauvaise foi. »

Les recettes sont difficilement transmissibles. Nous sommes contraints à la créativité ! Les exercices, les jeux et les histoires présentés dans ce livre incitent le lecteur à cultiver toujours plus son imagination !

26. Extrait de la chanson de Mannick « C'était toi, Grand-Père », 1976.

Le concours des Droits de l'Homme

L'objectif de cet exercice est de réfléchir aux critères d'efficacité des réponses adultes aux jeunes qui commettent des transgressions.

Tout commence par une histoire vraie !

Des élèves de cinquième préparent une exposition sur les Droits de l'Homme. Cinq d'entre eux, à l'aide du professeur de technologie, ont fabriqué un jeu électrique de questions-réponses. Ce jeu est destiné à un petit concours, auquel seront conviés les visiteurs, le jour de l'exposition.

- Le petit groupe s'entraîne lui-même à trouver les bonnes réponses et commence à s'intéresser aux Droits de l'Homme. Mais lors de ces essais, Sabine, l'une des cinq élèves, « rate » sans cesse l'exercice. Les autres se moquent d'elle.
- Le lendemain, alors qu'il avait été interdit de toucher au jeu, Sabine s'exerce en cachette, dans une petite pièce où le jeu est stocké. Paul entre subitement... et il se moque une fois de plus de Sabine... Celle-ci se jette sur Paul, furieuse ! Paul est légèrement écorché au front et il hurle.
- Au passage, ils bousculent le jeu, qui se brise à terre. Colère générale du groupe !
- L'adulte réussit à calmer le groupe, en promettant de « traiter le problème de façon juste » !

But de l'exercice :

Imaginez que vous êtes ce professeur de technologie. Vous avez donc promis de « traiter le problème de façon juste ». Qu'allez-vous dire maintenant ? Quels actes allez-vous poser ?

Il s'agit d'apporter aux victimes reconnaissance et réparation, d'apprendre à chacun à exercer sa responsabilité, y compris quand des événements s'enchaînent trop vite. Si l'adulte réussit à poser des sanctions réellement éducatives et à permettre que la parole circule, il parviendra peut-être à ce triple résultat : la restauration, autant que faire se peut, de la relation entre les agresseurs et les agressés, la réinsertion des contrevenants dans le groupe et la possibilité donnée à chacun de se réconcilier avec lui-même.

L'éducation est un échange

L'éducation est avant tout un échange entre deux personnes, l'éducateur et l'éduqué. Le désir de l'éducateur se heurte parfois au désir et à la liberté de l'éduqué. Dans la rencontre éducative, comme dans toute rencontre, **chacun est responsable d'une partie du chemin** et seulement d'une partie du chemin. Pour ne pas s'épuiser en harcèlements inefficaces, ni étouffer son interlocuteur, l'adulte aura intérêt à prendre assez de recul et se demander par exemple :

- « Qu'est-ce qui dépend de moi et que je peux changer ? »
- « Qu'est-ce que je peux et dois imposer ? »
- « Qu'est-ce que je vais seulement proposer, suggérer ? »
- « Qu'est-ce qu'il m'est impossible d'obtenir sans le consentement de l'autre ? »
- « Qu'est-ce que mon interlocuteur m'invite à changer dans ma pratique ? »

L'éducateur accompagne

Contraindre n'est qu'un préalable. Tout en étant d'abord le garant de la loi et de la règle, l'adulte est là pour accompagner le contrevenant, afin que la transgression, suivie de sa conséquence, devienne une occasion de progrès. Un « bon » éducateur est nécessairement un « bon » pédagogue.

1. L'objet abîmé est réparé, rendu à son propriétaire. Ou bien, après l'insulte, des excuses ont été exigées. Cela ne se discute pas. Mais tout reste à faire pour **restaurer la relation** entre « agresseur » et « agressé ». L'adulte peut faciliter la reconnaissance de l'un par l'autre, proposer une médiation. Mais il ne peut imposer aux protagonistes de se réconcilier. Ceux-ci peuvent préférer rester à distance l'un de l'autre. Ils savent qu'ils n'ont pas le droit de « se rentrer dedans », mais ils ne sont pas obligés de s'aimer…
2. Une règle avait été posée pour répondre à des besoins du groupe. Elle est transgressée. En expliquant l'histoire de cette règle, l'éducateur en donne ou redonne le sens. En donnant une responsabilité à l'enfant, concernant la garantie de cette règle par le groupe, il lui manifeste de **la confiance en ses capacités de citoyen.**
3. En écoutant avec bienveillance le contrevenant parler de lui et de ses difficultés, éventuellement en lui proposant de l'aide dans la recherche de solutions à ses problèmes, l'éducateur va lui permettre de devenir davantage **acteur de sa propre vie.**

Pour mener à bien ce triple accompagnement, il est préférable, quand cela est possible, de s'impliquer à plusieurs adultes. La notion d'équipe éducative prend ici tout son sens !

Jalons

Qu'est-ce qu'un pédagogue ?

Étymologiquement, le mot « pédagogie » vient du rapprochement de deux termes grecs – *pais*, enfant et *agein*, conduire. On appelait « pédagogue », dans l'Antiquité grecque, l'esclave qui avait pour tâche de conduire l'enfant dans la cité, mais surtout aux écoles. Son rôle est en principe modeste, mais, comme l'a admirablement montré H.-I. Marrou, c'est un rôle qui revêtira assez tôt un aspect moral. « Si bien, écrit-il, qu'à côté de l'instruction d'ordre technique qu'assurent les maîtres (maître de lecture, maître de musique, etc.), c'est toute l'éducation morale qui est confiée au pédagogue ». Et, remarque cet auteur, « à partir de la période hellénistique, cet humble esclave jouait, dans la formation de l'enfant, un rôle plus important que celui du maître d'école ; celui-ci n'est qu'un technicien qui s'occupe d'un secteur limité de l'intelligence »[27]. On voit donc que « pédagogue » perd peu à peu son sens étymologique de simple accompagnateur, pour prendre celui d'éducateur.

C'est au tour de l'éduqué de s'impliquer

Si nous considérons l'enfant comme une personne non encore pleinement responsable et ayant le droit à l'erreur, nous ne pouvons pas avoir avec lui les mêmes exigences qu'avec un adulte. Mais comment peut-il apprendre à être responsable si nous ne lui fournissons jamais d'occasions de s'entraîner à l'être ?

Philippe Meirieu a montré que l'on peut échapper à un tel dilemme par la dialectique de l'être et du devoir-être : « Sanctionner, c'est bien en effet attribuer à l'autre la responsabilité de ses actes et même si cette attribution est constitutivement prématurée, même si elle est, *stricto sensu*, au moment où elle est faite, un leurre (puisque l'enfant n'est précisément pas déjà éduqué), elle contribue à son éducation en créant chez lui progressivement cette capacité d'imputation par laquelle sa liberté se construit. Celui qui a commis la faute n'aura peut-être pas agi de son plein gré, il aura peut-être été le jouet de l'influence de son entourage ou, simplement de ses impulsions… Mais le fait de lui attribuer la responsabilité de ses actes le mettra, en quelque sorte, en situation de s'interroger progressivement sur ceux-ci et d'en être, de plus en plus, le véritable auteur. Plus radicalement, peut-être, en anticipant une situation sociale future, on anticipe le sujet libre et on lui permet d'advenir. »[28]

27. Henri-Irénée Marrou, *Histoire de l'éducation dans l'antiquité,* Seuil, 1965, p. 219-221, rééd., 1981.

28. Philippe Meirieu, *Le choix d'éduquer,* ESF, 1991, p. 110, rééd., 2012, cité par Eirick Prairat, dans l'article « Sanction éducative, sanction reconstructive », paru dans la revue *Alternatives Non-Violentes,* n° 125, janvier 2003.

Si nous avons la volonté d'aider un sujet à devenir responsable de ses actes, **parier sur sa liberté,** c'est déjà le considérer comme responsable, pour qu'il apprenne à le devenir vraiment. Quand l'éducateur a fait sa part du chemin, à savoir qu'il a posé les contraintes et offert sa présence et son aide, c'est à l'éduqué contrevenant qu'il revient de s'impliquer, de prendre le relais. Il va par exemple, accepter la médiation ou choisir d'éviter l'autre un moment. Il va se soumettre à la règle ou se rebeller, objecter, s'absenter, physiquement ou mentalement. Il peut aussi manifester son adhésion. Il va plus ou moins prendre en charge sa vie et ses problèmes, autrement qu'en en faisant porter le poids à son entourage, qui n'y est peut-être pour rien. Il peut éventuellement décider de demander de l'aide.

Le groupe témoin est aussi un acteur

La plupart du temps, la transgression a lieu dans le cadre d'un groupe. Celui-ci est alors impliqué, au moins en tant que témoin de ce qui s'est passé. La transgression n'est pas seulement un problème individuel. La réponse de l'éducateur à ceux qui ont manqué à la règle doit être expliquée à tous ceux qui ont eu connaissance de la transgression. Faire ce que l'on dit provoque le respect ; mais dire ce que l'on fait, cela donne accès au sens de la démarche et permet la compréhension.

L'éducateur peut aller plus loin encore avec le groupe quand il invite celui-ci à améliorer son fonctionnement, dans son cadre actuel ou bien en agissant sur le cadre lui-même : si la règle transgressée relève du pouvoir de décision du groupe, celui-ci se posera la question de la réajuster ou de la réaffirmer. Si l'instance de décision est hors du groupe, celui-ci peut devenir une force de proposition, voire de revendication légitime.

Si des membres du groupe se sont sentis agressés par d'autres, quels sont les **espaces de régulation** où il va leur être possible d'exprimer leur ressenti, leurs questions, d'être personnellement reconnus par l'ensemble, pour que les petites crises soient l'occasion de mises au point et de prévention de crises plus violentes ? Au lieu de transformer les contrevenants en boucs émissaires, les actes qu'ils ont posés peuvent être des **signaux d'alarme,** qui invitent à opérer les améliorations nécessaires au bien-être de chacun et du groupe lui-même.

Enfin, la manifestation d'un problème chez l'un des membres du groupe peut être l'occasion de gestes de solidarité qui visent la réinsertion et l'épanouissement de celui qui a été momentanément en délicatesse. Cet état d'esprit va exactement à contre-courant de la logique d'exclusion du « maillon faible »[29].

---

29. Allusion au titre d'une émission télévisée des années 2002-2003, fonctionnant sur le mode de l'exclusion successive et solennelle des perdants, nommés « les maillons faibles ».

La limite est un espace de parole

C'est aux frontières d'un pays que l'on accueille l'étranger ou qu'on le rejette. En entrant dans une institution, on décline son identité et on prend connaissance des statuts, des règles, des droits et des obligations de chacun. C'est sur le seuil que l'on se dit « bonjour », qu'on se précise pour quoi on est venu ou à quoi on est invité.

Parler aux limites, parler des limites, c'est entendre jusqu'où... l'enfant a envie d'aller, jusqu'où il est capable d'aller seul. C'est lui dire jusqu'où il est autorisé à aller ; c'est aussi se demander jusqu'où il prendra la responsabilité de transgresser. Qu'a-t-il à nous dire en agissant ainsi ? Que cherche-t-il à se prouver ? Et puisque les non-dits sont sources de malentendus, un éducateur se doit de les décoder en cherchant à mettre des mots dessus.

Tuteur provisoire

Éduquer l'enfant, c'est lui fixer des limites repérables pour qu'il puisse faire connaissance avec son territoire de liberté et avec lui-même et c'est exiger qu'il les respecte. Mais c'est aussi accepter de repousser ces limites au fur et à mesure qu'il grandit, puisqu'il s'agit bien de l'amener au-dehors, capable de se conduire tout seul. Ses éducateurs cessent alors de devenir indispensables. « Devenir inutiles le plus rapidement possible » est l'esprit dans lequel travaillent beaucoup d'associations humanitaires. Ce pourrait être aussi la perspective des assistants sociaux, des médecins, des enseignants et des parents : inutiles, mais sans doute reconnus, un jour, longtemps après quelquefois, comme des « passeurs de vie »[30].

Répondre à la transgression, en trois actes et quatre étapes !

En résumé de ce chapitre, le tableau ci-joint propose de répondre à la transgression... en trois actes et quatre étapes ! Cela fait-il douze opérations à faire chaque fois qu'un acte gênant est posé ? Rassurons-nous, il s'agit plutôt d'un aide-mémoire pour se poser les questions appropriées !

30. En référence au titre de Jacques Salomé, *Passeur de vies*, Pocket, 2003.

	S'il y a eu dommage… **Apprendre la responsabilité civile**	S'il y a règle bafouée… **Apprendre la responsabilité pénale**	Pourquoi as-tu fait cela ? **Apprendre la responsabilité sur la vie**
L'éducateur exerce une contrainte	Obligation de réparation Mise hors d'état de nuire	Privation d'un droit Travail sur la règle Attribution d'une responsabilité Parution devant le garant officiel	Interpellation Arrêt pour le temps de réflexion
L'éducateur accompagne	Aide à la réparation Proposition de médiation	Explications Accès au sens de la règle	Écoute active Proposition d'aide
L'intéressé s'implique	Médiation (acceptée ou non) Retrait ou concialiation	Nouveau choix : acceptation de la règle, soumission, démission, rébellion…	Prise en charge du problème Demande d'aide
Le groupe est impliqué	Rendez-vous de régulation Espace de parole	Réaffirmation ou réajustement de la règle	Solidarité Aide mutuelle

Pour, autant que possible :

Restaurer *la relation entre auteur et victime,* ***restaurer*** *la confiance en soi et la sécurité de la victime.*

Restaurer *une relation positive entre auteur et groupe ;* ***restaurer*** *l'autorité du garant.*

Restaurer *la confiance en soi de l'auteur.*

Exercice

Résultats du concours !

Voici quelques-unes des nombreuses idées mises en commun par des stagiaires ayant « planché » sur « Le concours des Droits de l'Homme »[31].

L'analyse de l'histoire montre que la responsabilité de chacun – les cinq élèves et le prof de techno – se trouve engagée à un moment de l'enchaînement des faits.

31. L'exercice « Le concours des Droits de l'Homme » est en début de chapitre (page 56).

1. Les moqueries, celles du groupe et celles de Paul, supposent des excuses. Le jeu brisé doit être réparé par ceux qui l'ont fait tombé, exprès ou pas exprès, c'est-à-dire Paul et Sabine… Les trois autres élèves sont responsables des moqueries, mais pas du bris du jeu ; sans y être obligés, ils peuvent proposer de le réparer collectivement. Certains pensent même demander à Sabine d'aller chercher du désinfectant pour le front de Paul. Par ailleurs, Paul a été obligé d'écouter en silence le point de vue de Sabine, sans l'interrompre et réciproquement. Dans l'histoire vraie, qui sait ? Paul et Sabine ont peut-être choisi de s'éviter ou bien ont-ils posé les premières pierres discrètes et timides d'une réconciliation ou encore ont-ils peut-être demandé l'aide d'un élève médiateur ? Là, c'est leur choix et non celui de l'adulte.
2. Tous ceux qui se sont moqués ont eu un travail à faire sur l'enchaînement des faits ou bien à fabriquer de nouvelles questions-réponses sur l'application des Droits de l'Homme au quotidien de la vie au collège. Il a fallu pour cela qu'ils travaillent une heure supplémentaire : ce n'était pas une retenue comme une fin en soi, mais seulement le moyen de réaliser leur travail obligatoire. Sabine a dû fabriquer un panneau rappelant les règles du groupe. Dans une des versions imaginées pour la suite de l'histoire, Sabine semble d'ailleurs avoir compris pourquoi l'enseignant avait interdit de toucher au jeu hors de sa présence.
3. Dans un dialogue avec le prof d'histoire, moins impliqué dans la situation, Sabine a pu évoquer ses problèmes de mémoire qui la font rater au jeu de questions, mais aussi à toutes ses interrogations scolaires. Le professeur lui a même donné quelques conseils de « gestes mentaux » pour mieux retenir ses leçons. Paul a pu dire que d'autres se moquaient de lui parce qu'il bégayait…
4. Le professeur de technologie a réuni le groupe, il a exprimé le regret de n'être pas intervenu dès les premières moqueries. Chacun a pu dire comment il vivait cette expérience, ce qu'il y apprenait. Ensemble, ils ont écrit des règles du jeu, règles de fonctionnement à cinq, mais aussi règles du jeu électrique, pour le jour de l'exposition, en le transformant en jeu d'équipes. Les élèves se sont rendu compte de l'intérêt de mettre ensemble des capacités différentes, comme la dextérité des uns et la mémoire des autres.

5) Désormais est instauré un petit temps de bilan hebdomadaire, très court, mais qui permet de faire le point et de résoudre les petits malentendus.

Tout cela n'est-il que de la fiction ? Il n'en demeure pas moins que ces idées peuvent inspirer l'imagination de tout un chacun pour trouver des alternatives à des comportements trop habituels !

Chapitre 6

Sanction ou punition ?

« Après l'incontinence verbale,
la punition est l'arme la plus chère aux redresseurs d'enfants.
Et le plus triste, c'est que les enfants prennent goût à
ces vices de grandes personnes. »
Fernand Deligny

6

Acte ou parole ?

Comment appeler correctement l'acte que l'on pose en réponse à un comportement qui porte atteinte aux normes, aux lois, aux valeurs, aux personnes d'un groupe constitué ? Et d'abord est-ce un acte ou une parole ? À moins que la parole ne soit aussi un acte et l'acte une façon de dire. Dire est un verbe d'action, un verbe incarné par un être de relation, qui signifie la loi et la garantit. Mais dans le langage courant le mot « parole » désigne le discours plutôt que l'acte. Cette parole est souvent indispensable pour accompagner l'acte qui sanctionne la règle ; une parole qui donne du sens, qui respecte, qui répare, une parole qui ouvre sur des perspectives meilleures. Il serait intéressant que ce soit la parole de chacun, pas seulement celle de l'adulte, mais aussi celle du contrevenant qui pourra dire son malaise ou son besoin, la parole de la victime et si possible celle de ceux qui ont été témoins… Pour que la parole devienne dialogue, échange et propositions.

Les mots pour le dire

Les mots utilisés ne sont pas anodins : sanction, punition, mesure, réponse, réaction, suite, conséquence, conclusion, etc. Ils ont une connotation plus ou moins négative, traduisent une réaction fermée sur le passé ou au contraire, tournée vers un rebondissement possible. Ces mots parlent tantôt d'un fautif, tantôt de la portée de son acte ou plutôt de l'action de l'interlocuteur adulte… On punit un coupable ou bien on sanctionne une infraction ? Dans tous les cas, ne pas ré-agir à une transgression, c'est être inconséquent. Nos amis éducateurs et enseignants québécois ne parlent, dans leurs règlements intérieurs, ni de punitions, ni de sanctions, mais de conséquences. « Conséquences » ou tout simplement « mesures à prendre », semblent des suites logiques à donner plutôt que des mouvements d'humeur.

Point de vue

Châtiment, punition, sanction

Le point de vue du dictionnaire...

Châtiment : peine, sévère en général, correction infligée à quelqu'un – *le coupable mérite un châtiment*

Punition :

- action de punir : *la punition des crimes et des délits*
- peine infligée : *punition corporelle*

Sanction :

- confirmation, approbation en vertu de quelque autorité : recevoir la sanction de l'Académie, de l'opinion, de l'usage ;
- peine ou récompense destinée à confirmer un jugement sur l'action d'une personne : les sanctions pénales, les études secondaires sont sanctionnées par le baccalauréat ;
- conséquence naturelle d'un acte – *l'échec est la sanction de la paresse ;*
- mesure répressive infligée par une autorité – *prendre des sanctions contre les grévistes.*

Larousse en trois volumes, 1966.

En allant consulter les différents dictionnaires de la langue française, il apparaît dans « punition » l'idée première de « peine », alors que « sanction » évoque une mesure prise pour rendre irrévocable la loi. S'il est vrai qu'une punition permet d'obtenir la soumission par la peur, une sanction vient plutôt pour conduire à la compréhension active des règles et des lois.

Que dit le *Bulletin officiel de l'Éducation nationale* ? Il spécifie clairement que « Le Ministère organise les procédures disciplinaires dans les établissements scolaires publics. La circulaire de juillet 2002[32] précise que, par commodité de langage, les punitions scolaires sont distinguées des sanctions disciplinaires. Les punitions scolaires concernent certains manquements mineurs aux obligations des élèves et les perturbations de la vie quotidienne de la classe ou de l'établissement par des incivilités. Les sanctions disciplinaires concernent les atteintes aux personnes et aux biens et les manquements graves aux obligations des élèves. Sanctions et punitions doivent faire référence au règlement intérieur. Si possible la sanction doit être prise par un collectif, après instruction contradictoire et jamais à chaud. »

Il est indéniable que ce texte a l'intérêt de mettre du droit dans l'école, en luttant contre l'arbitraire qui a cours dans certains établissements scolaires. Mais il est profondément regrettable que les moyens restent encore ceux

32. La circulaire parue au BO de l'Éducation nationale n° 8 du 13 juillet 2002 définit l'« organisation des procédures disciplinaires dans les collèges, les lycées et les établissements régionaux d'enseignement adapté ».

de la démarche punitive. La sanction y est d'ailleurs présentée comme plus grave que la punition !

Ce que nous appelons dans ce livre **sanction éducative** ne se présente ni comme un châtiment ni comme une punition, mais comme une **contrainte non-violente** qui s'applique au contrevenant, visant à ce qu'il assume concrètement sa responsabilité vis-à-vis d'autrui, vis-à-vis du groupe et de ses règles et vis-à-vis de lui-même. Dans cette même logique nous pouvons désigner par sanction positive, le signe de reconnaissance valorisant l'action d'une personne qui contribue au bien-être d'autrui, à un fonctionnement plus juste du groupe ou bien l'acte qui consacre un progrès de cette personne vers un objectif qu'elle s'est donné pour elle-même.

Les punitions sont sources de violence

La punition sert à exprimer la colère de l'adulte, souvent en reproduisant ce qu'il a connu. La punition est aussi un moyen rapide de faire pression sans trop réfléchir. Elle s'appuie sur la représentation de l'enfant mauvais qui a besoin d'être corrigé. Mais à observer les punitions données par certaines personnes, on s'interroge même sur une tentative inconsciente de **se déculpabiliser** de leur échec éducatif. Dans certains cas, il s'agit peut-être de **se venger** de ce qu'on a soi-même subi, autrefois ou bien de ce qu'on subit soi-même actuellement de la part de sa hiérarchie.

La punition est souvent surprenante, elle marque sur le moment. Elle vise à blesser, châtier. Elle semble empreinte de l'idée de vengeance et de règlement de comptes : « Tu as mal fait, tu as fait du mal, tu dois avoir mal ; ainsi nous serons quittes ».

Une punition humilie celui qui la reçoit. Le puni est abaissé, soumis. Il s'installe dans la dépendance, la récidive est provisoirement évitée, par peur du gendarme, par crainte de voir sa peine aggravée. Le puni paie pour sa faute, se soumet mais n'accède pas à la conscience autonome. Les motivations qui font respecter la loi sont extérieures à lui. Une fois la punition exécutée, le puni en ressort souvent avec une image d'autant plus négative de lui-même qu'on se plaît à lui rappeler ses échecs, ses transgressions et punitions précédentes. Le puni récidive parfois pour perpétuer cette image de « toujours puni », pour continuer à exister aux yeux des autres. Si la punition est le seul signe de reconnaissance qu'il reçoit, elle peut devenir l'épreuve qu'il recherche pour se valoriser. On imagine le cercle infernal, mais vital, dans lequel un enfant peut ainsi s'installer. Il fait la « une » en salle des profs, on s'en plaint, on rit des histoires qu'on a eues avec lui. Tout concourt à renforcer ici l'image de « puni-toujours-puni-et-à-punir ».

Le pouvoir de coercition de l'adulte peut écraser l'enfant. Le sentiment de **peur** ou d'**humiliation** blesse et détruit. L'enfant peut aussi être tenté de tricher ; sa soumission ne tient alors qu'en présence du gendarme, qui devient indispensable... À moins que la peur soit intégrée au point de se sentir surveillé par un « œil ». Il serait sans doute préférable de l'encourager à prendre confiance en lui et à éveiller sa propre conscience de citoyen.

Un adolescent, en parlant de son ancienne institutrice devenue âgée et dont il garde un souvenir terrorisé, a même pu dire un jour très calmement : «... et si je la vois tomber dans la rue, je ne me baisserai pas pour la relever ». La rancœur et le sentiment d'injustice génèrent de la **colère** et de la **haine,** incitent à la vengeance. C'est l'escalade, alors que des sanctions alternatives à la punition auraient probablement évité la spirale de la violence.

Certains mots sont violents

Les humiliations, les vexations, la dévalorisation systématique, la condamnation de la personne peuvent être reçues comme des violences, parfois pires que certaines gifles qui ont échappé à une mère fatiguée. Le rappel du passé, de la réputation, la présomption de culpabilité, entretiennent la peur et la soumission pour les uns, la colère et la rébellion pour les autres. C'est malheureusement une pratique encore courante dans certains commissariats ou collèges ou même dans certaines familles, pendant que d'autres éducateurs mettent tous leurs efforts dans l'instauration de pratiques respectueuses qui responsabilisent le citoyen en herbe.

Certaines leçons de morale culpabilisent l'enfant sans lui donner de solutions pour s'améliorer. Parfois même, au contraire, elles ridiculisent l'adulte qui les donne, car elles ne sont pas prises au sérieux. La lamentation de l'adulte et son discours incantatoire en font **une victime** aux yeux de l'enfant et ils risquent de pousser celui-ci à jouer **le rôle du persécuteur** – « Madame Discours va encore nous pleurnicher pendant un quart d'heure... » – ou bien **le rôle du sauveur** – « Heureusement qu'on a été sympa avec elle, la pauvre ! » – Dans tous les cas, l'adulte est discrédité en tant que tel.

Ne jugeons pas trop vite...

La frontière entre punition et sanction n'est pas toujours visible de l'extérieur. Le contexte culturel, les rites du groupe peuvent expliquer le choix d'une sanction. Un même geste commenté d'une manière différente, dans le ton, le regard, l'explication de l'intention... n'aura pas la même signification. Il s'inscrit toujours dans l'histoire et les codes de la relation de cet adulte-là avec cet enfant-là. Ne faisons donc pas de procès d'intention et ne ridiculisons pas telle ou telle sanction, ni ceux qui l'ont donnée…

Nous sommes tous très conditionnés par la notion de châtiment, représentation d'origine judéo-chrétienne et pas seulement judéo-chrétienne : nous répétons ce que les arrière-grands-parents ont subi et nous ont appris. Lors d'une formation pour des enseignants de collège, axée sur l'apprentissage de la sanction éducative, des stagiaires rapportent des exemples de sanctions ayant de fait abouti au respect de la règle. D'autres enseignants ont alors immédiatement réagi par ces remarques :

- « Mais cet élève, en plus il va réussir son devoir et recevoir une bonne note. Après tout ce qu'il nous a fait de mal, vous ne croyez pas que ça lui fait trop plaisir ? »
- « C'est presque agréable, cette sanction. Pour un élève qui a désobéi, il n'a plus qu'à recommencer ! »

Pour eux, il était de toute façon choquant que les élèves transgresseurs ne souffrent pas. Quand un éducateur cherche à établir une sanction bien appropriée, ne faut-il pas qu'il se pose inlassablement **deux questions essentielles :** « Ai-je abandonné l'idée de vengeance ? » ; « Le but de cette sanction est-il sa pénibilité ou une prise de conscience de la part du contrevenant ? »

Des croyances à déraciner…

La sévérité de la punition apparaît souvent comme ce qui va soulager le mieux les victimes. N'y a-t-il pas à déraciner certaines croyances en prenant conscience que ce n'est pas la douleur du puni qui répare le dommage, mais la prise en considération, par le garant de la loi, par le groupe entier et si possible par l'auteur de l'acte, de la personne qui a souffert. Il faut être reconnu dans ce statut de victime, se sentir dédommagé pour que la douleur s'apaise et qu'il soit possible à nouveau de **distinguer besoin de réparation et désir de vengeance.**

Une sanction ne doit pas être nécessairement pesante, mais suffisamment signifiante. Les punitions non comprises par l'intéressé ne lui apparaissent pas comme des sanctions qui donnent le sens de l'obéissance, mais comme des sévices.

Par ailleurs, ce ne sont pas les lignes de copie mais des conditions de travail et de gestion mentale spécifiques qui favorisent les apprentissages. Le sentiment de sécurité, le plaisir et l'étonnement permettent davantage d'accepter de se questionner et de s'ouvrir à de nouvelles façons d'être, que la peur, la colère et la honte.

La peur de la punition, comme celle du gendarme, maintient peut-être l'ordre à court terme. Mais c'est l'intégration de la loi et le sentiment d'avoir chacun sa place et d'en être responsable qui garantissent à long terme la qualité de vie d'une communauté.

Exercice

Je punis ou je sanctionne ?

Entre les punitions et les sanctions qui sont réellement appliquées et ce que les auteurs acceptent d'en dire, il y a parfois de grands décalages. Cet exercice permet à chacun de se tester. À chaque attitude, sanction ou punition mentionnée dans la liste, nous vous proposons de réagir en songeant à vos propres expériences, en évaluant votre degré d'adhésion selon quatre choix possibles :

— « moi, ça jamais ! » (--),

— « je l'ai fait, mais j'aimerais trouver plus efficace » (-),

— « cela peut être une mesure intelligente, dans certains cas » (+)

— « c'est une bonne idée à laquelle j'adhère » (++)

— Ne rien faire, faire mine d'ignorer la transgression

- Donner le choix de la sanction à l'intéressé
- Vexer et dénoncer devant tous la transgression
- Regarder de travers, fusiller du regard, intimider
- Bouder
- Contrôler l'identité, présumer la culpabilité
- Faire copier des lignes
- Priver de récréation
- Exclure momentanément dans le couloir, mettre sur la touche
- Mettre au grenier, au sous-sol, au coin
- Mettre en retenue le samedi habituellement libéré
- Faire copier le règlement
- Donner une fessée, un coup de pied
- Donner du martinet ou des coups de bottin
- Mettre une claque « et puis c'est tout ; on en reste là »
- Avoir mis une claque et puis après, « causer »
- Mordre s'il a mordu ; cracher s'il a craché
- Mettre au piquet ; exiger des tours de cour
- Mettre au régime bébé celui qui fait le bébé : sieste, priver de la sortie des grands…
- À table, obliger à finir la quantité que l'enfant s'est servie
- Donner une tâche d'intérêt collectif
- Donner un exercice supplémentaire, un verbe à conjuguer

Exercice

- Demander une rédaction sur le sujet
- Mettre une amende
- Mettre des mauvais et des bons points, une note de conduite
- Retirer des points sur la note du devoir
- Envoyer chez le directeur
- Convoquer les parents ; avertir sur le carnet de liaison
- Exiger que le contrevenant fasse son autocritique
- Envoyer en internat sévère, en centre éducatif fermé
- Exiger que le contrevenant prenne un moment de réflexion
- Réunir le conseil de discipline
- Renvoyer définitivement
- Mettre « au vert » dans une structure partenaire
- Formuler un avertissement
- Priver de sports d'hiver, de télé, de vélo, d'ordinateur
- Exiger la réparation d'un objet abîmé
- Exiger le remboursement de la casse
- Exiger des excuses
- Supprimer l'argent de poche, tout ou partie…
- Faire un « petit sermon »
- Déchirer la punition après réception
- Évoquer la sanction naturelle : « le feu, ça brûle »
- Menacer d'une malédiction : « Allah – ou Jésus – va te punir »
- Administrer une punition collective
- Désigner au hasard un coupable pour faire réagir le groupe
- Coller le chewing-gum dans les cheveux

Toute sanction porte un message

Quand un adulte choisit une sanction, son but est d'être efficace, c'est-à-dire de réduire le décalage entre ses intentions et les effets produits, à court terme et à long terme. Le plus souvent, son vœu est tout simplement d'empêcher la récidive.

Au-delà d'une généralisation qui n'aurait aucun sens et aucune utilité, au-delà d'une répartition aléatoire entre bonnes et mauvaises sanctions, nos expériences nous amènent à une première tentative de classification, en des catégories que nous approfondirons dans la suite de l'ouvrage.

- **La non-sanction :** sanction non appliquée, sanction au choix du contrevenant ou absence totale de réaction. Cela risque de donner un sentiment d'impunité à l'auteur de l'acte et de provoquer un sentiment d'injustice chez la victime et chez les témoins. C'est ce qui peut se passer quand un enseignant, qui n'est pas en service à ce moment-là, traverse la cour du collège en feignant d'ignorer une transgression. En revanche, il est souvent utile de différer le moment de choisir la sanction, mais sans laisser imaginer qu'il y aura impunité.

- **La parole seule :** parole sans acte posé, rappel de la loi, propos moralisateurs, avertissement oral, demande d'explications. Si cela suffit pour les transgressions bénignes de la part de personnes qui s'en excusent elles-mêmes ou quand il s'agit d'un simple oubli de la règle, la parole seule demeure inefficace dès qu'il y a récidive. Cela use les adultes et mine leur autorité, avec parfois un effet pire que la non-sanction.
- **L'acte de dissuasion :** avertissement écrit, chantage, menace. Le sursis peut permettre de redonner une chance, de faire appel à la raison, à condition que celui qui promet soit en mesure de passer à l'acte et que ce qu'il promet ait un sens !
- **La privation :** il y a lieu de distinguer entre la privation d'un bénéfice directement lié au respect de la règle (que ce soit une privation de plaisir, de liberté ou de droit) et une privation dont le but est d'être d'abord désagréable, sans nécessairement de lien avec la règle transgressée, comme la privation de cadeau à Noël quand on travaille mal au lycée.
- **L'expiation :** peine corporelle, amende, mauvais points, travaux forcés d'inutilité collective, acte d'humiliation, vexation.
- **La réparation :** elle peut être matérielle, compensatrice ou symbolique.
- **La suppression de la cause :** mise à l'écart, mise sous contrôle ou sous protection, proposition d'aide, obligation de soin.
- **La contrainte de réflexion :** travail d'évaluation, travail d'information, recherche de solutions, réflexion sur les motifs et sur les conséquences de l'acte.

- **L'exclusion :** l'exclusion provisoire du groupe, de la relation avec l'adulte, la rupture ou la suspension de contrat ou bien l'exclusion définitive du groupe ou du territoire.
- **La sanction collective :** conséquence inévitable pour le groupe, comme l'arrêt obligé de l'activité commune, à différencier de la punition collective, corvée que l'adulte inflige à tous.
- **Le recours à un tiers :** le tiers, ce peut être l'autorité du lieu, le garant de la règle, la personne qui détient l'autorité parentale, un tiers témoin, un conseil prévu dans l'institution, le recours au tribunal et au juge, le tiers médiateur…, à chacun sa fonction particulière.
- **La publicité :** la transgression de l'un est l'occasion de s'adresser à tous. Mais la publicité sera-t-elle faite autour de la règle à rappeler, autour du fauteur de troubles, autour des dommages causés ou autour de la sanction posée ?

Il semble impossible de prévoir systématiquement et objectivement que telle sanction sera la réponse la plus adaptée à telle transgression, ni d'être certain que tel geste ou tel mot provoquera tel effet. Les réponses adaptées aux transgressions viennent au cas par cas, d'autant plus efficacement que nos repères sont clairs et notre imagination exercée.

De la punition à la sanction alternative non-violente

De la punition à la sanction éducative, il n'y a quelquefois qu'un pas à franchir, un petit pas, mais c'est déjà un mouvement vers une alternative non-violente. Ce pas sera d'autant plus facile que les adultes auront pris le temps de l'échange, de la formation, du ressourcement, ce qui les rendra capables de disponibilité, de dédramatisation, d'humour et d'imagination, sans abandonner une nécessaire fermeté.

Il importe toujours d'accompagner l'acte d'une parole qui maintient le lien ou qui va rétablir la relation. Il s'agit ensuite de vérifier le degré de compréhension et d'adhésion à la règle ou à la loi, puis d'observer comment celui qui a exécuté la sanction en a saisi le sens et se reconnaît responsable de son acte. On sait combien la réparation permet la déculpabilisation et la reconnaissance de l'autre dans sa dignité d'être.

Nous ne pouvons pas toujours inventer des solutions totalement originales. Mais en partant des « punitions classiques », en en gardant les aspects positifs et parfois même l'idée, chacun peut imaginer des améliorations, voire des « détournements positifs de la signification », où l'humour peut même avoir sa place.

Le petit banc qui fait grandir

En cours préparatoire

Anne-Marie est institutrice en cours préparatoire, dans une école de campagne. Ludovic, un élève de cette classe, perturbe fréquemment le déroulement des activités. Au moment de « la réunion », qui se présente comme un temps de régulation avec tous les enfants, chacun s'exprime. On y entend ceux qui sont gênés par l'agitation de Ludovic, la maîtresse qui rappelle la règle, celui qui n'a pas envie de travailler et ceux qui réclament que la maîtresse soit plus sévère, comme Madame P., l'année dernière, « qui mettait au coin ». D'ailleurs, les parents aussi, réclament plus de fermeté à cette nouvelle institutrice « qui écoute trop les enfants ».

Ah ! « le coin »… Anne-Marie pense aussitôt bonnet d'âne, cachot, humiliation, « mise au ban ». Elle ne veut pas « punir » Ludovic. Mais Anne-Marie sent bien qu'elle doit tenir compte de la culture du lieu pour faire un peu évoluer les choses, que sa crédibilité dépendra de sa capacité à se faire accepter et à trouver un langage commun avec ses interlocuteurs. Elle s'interroge sur ce qui était apprécié dans les pratiques de Madame P. Mais elle décide en même temps de ne pas se renier et de se laisser guider par ses convictions comme par ce qu'elle ressent.

Dans « le coin » de la salle de classe, elle installe donc un petit banc, derrière une grande plante verte pour le soustraire un peu aux yeux du public. Quand Ludovic, une fois de plus, chahute et embête son voisin qui, lui, a envie de finir la fabrication de son cartonnage, Anne-Marie dit, calmement et fermement : « Ludovic, tu vas aller au coin. Tu vas bien t'installer sur le petit banc qui fait grandir. Tu vas te calmer et réfléchir dans ta tête. Quand tu penses que tu pourras revenir près de Nicolas sans le gêner dans son travail, tu reprendras la place qui est toujours la tienne ».

Confortablement assis sur son petit banc, Ludovic n'est pas mis au ban de la classe ! Et quand il regagne de lui-même sa place près de Nicolas, en silence, chacun sent bien dans la classe qu'il s'est passé quelque chose. Oui, c'est comme si chacun avait un peu grandi !

Une autre enseignante a mis en place dans sa classe le « petit coin pour réfléchir ». Un jour, elle a même dit : « Oh, je me suis trompée. Je crois que j'aurais dû aller au petit coin pour réfléchir ».

Chapitre 7

Dehors !

« Être viré de sa classe n'est jamais anodin,
c'est toujours la fin de quelque chose.
C'est être privé de sa famille d'accueil. »
Annie Déan, enseignante spécialisée

7

De l'intention de celui qui exclut à la perception qu'en a l'exclu lui-même…

Beaucoup d'adultes sont stupéfaits de constater combien certains adolescents manquent de respect à leurs éducateurs, à leurs enseignants par exemple. Mais, diront certains, pourquoi ne pas exclure tout simplement ces élèves qui n'en font qu'à leur tête ? Cela signifierait clairement à tous que perturber la classe n'est pas négociable ! et cela soulagerait le prof pour lui permettre enfin de concentrer son énergie pour les élèves qui veulent travailler…

Éduquer, exclure, il s'agit toujours de « conduire au-dehors »…

Éduquer, ce serait « prendre l'enfant par la main pour l'emmener vers demain »[33], ce qui est d'ailleurs plus facile à chanter qu'à vivre au quotidien !

Exclure signifie plutôt « enfermer dehors » : enfermer l'élève dans son passé et ses agissements en le privant de la relation aux autres.

Mais c'est vrai, si l'élève ne comprend pas pourquoi il est exclu, les autres, au moins, enregistrent que ce comportement est inadmissible. Exclure est parfois inévitable et indispensable.

Cela dit, quelle que soit l'intention de celui qui décide d'exclure, les perceptions que l'on a de cet acte d'exclusion sont différentes, selon que l'on est l'auteur de la transgression, son ami ou bien les victimes soulagées, les témoins ou bien encore ceux qui vont retrouver de fait l'exclu, que ce soient les surveillants du collège, sa famille, les éducateurs du foyer ou les passants de la rue…

Dans les collèges par exemple, l'élève exclu et l'enseignant n'auront pas la même perception. Pour l'enseignant il s'agit, le plus souvent, d'exclure

33. Allusion au titre de la chanson d'Yves Duteil.

momentanément de son cours, alors que pour l'élève, l'exclusion du cours est toujours vécue comme une exclusion du groupe.

Il est donc important de choisir avec précautions les mots pour le dire, pour dire le sens de la sanction et de ne pas omettre la question : « oui, mais après ? ».

Sous le terme général d'exclusion, il y a au moins *quatre réalités symboliquement très différentes* :

- le retour au calme par une mise à distance dans un moment de crise émotionnelle ;
- la rupture d'un contrat ;
- une mesure conservatoire quand le comportement met en danger le groupe ;
- le bannissement.

Le château de cartes

Au collège

Dans une classe de collège, Henri, enseignant d'histoire-géographie de 54 ans, n'envoie jamais un élève perturbateur à la porte, mais il lui demande d'aller derrière « le château de cartes ». Il s'agit d'un coin de la classe où sont suspendues, par des tringles fixes, de grandes cartes de géographie. S'y trouvent une table et une chaise. L'élève, qui est ainsi mis à l'écart, doit y travailler en silence. Henri peut l'apercevoir entre les cartes, mais les autres élèves l'oublient vite. L'élève consigné peut continuer à suivre le cours.

La règle est que l'élève envoyé derrière « le château de cartes » revienne de lui-même à sa place, quand il s'estime capable de reprendre son travail sans gêner ses voisins et de respecter à nouveau les règles citoyennes discutées et ratifiées au début de l'année.

Quand on demande à Henri d'où lui vient « cette idée qui marche », il répond qu'il a toujours trouvé anormal d'exclure un élève, alors que le corps enseignant se demande partout comment il est possible de lutter contre l'absentéisme. Sa préoccupation est de mettre un peu de distance pour gérer un moment de trop vive émotion. L'élève trouve au « château de cartes » l'occasion de s'arrêter pour réfléchir aux conséquences de son comportement. Cette mesure a le mérite de ne pas demander trop d'énergie à l'enseignant qui a toujours la charge des vingt-quatre autres élèves ou plus et un programme à avancer. Henri ajoute, « si j'avais été prof de français, j'aurais certainement trouvé un autre truc pour éviter d'envoyer un élève à la porte ».

L'exclusion temporaire ou le retour au calme

De fait, il s'agit d'**extraire sans exclure :** séparer les bagarreurs, mettre au coin, envoyer sur la touche, au fond, dans le couloir, dans la classe d'à côté ou dans la chambre s'il s'agit d'un conflit familial. L'exclusion temporaire peut avoir comme but de prendre de la distance dans une situation de crise, puis de faire réfléchir. Là où nous exerçons, nous pourrions prévoir un lieu où l'enfant très en colère pourrait se retirer de lui-même ou sur invitation, pour aller taper sur un punching-ball ou des coussins, griffonner un panneau, courir dehors, taper dans un ballon ou jouer avec des balles anti-stress, cela bien entendu, dans un cadre précis, limité en temps et en fréquence. L'exclusion temporaire n'a de sens que pour sécuriser le groupe et calmer l'émotion du transgresseur et celle de l'adulte. Quand cette mise à l'écart reste exceptionnelle, qu'elle est accompagnée d'une invitation à revenir dans le groupe dès que le « perturbé – perturbateur » est apaisé et accepte la règle de ce groupe, il ne s'agit pas d'un bannissement.

Dans la famille, le retour au calme peut prendre la forme d'un **passage de relais** à l'autre parent, plus disponible et plus en distance émotionnelle avec l'événement qui vient de se passer. Ce passage de relais est bénéfique quand les rôles entre les deux parents s'échangent d'une occasion à l'autre. C'est parfois aussi le parent excédé qui va lui-même se mettre à l'écart, dans sa chambre ou prendre un bain pour se reposer et revenir plus calme.

Les exclusions temporaires, quand elles sont à répétition, font souvent le jeu des provocateurs en transformant les « toujours exclus » en vedettes. Ou bien, elles transforment en boucs émissaires ceux qui ne parviennent pas à se soumettre à la discipline du groupe. Quand il y a exclusion pour des faits mineurs qui ne perturbent pas trop le groupe, le message est : « tu as transgressé une règle, donc tu dois partir ». Le problème est que la fonction même des lois et des règles consiste à **garantir une place** et du **respect à tous** au sein du groupe, y compris à ceux qui ne sont pas parfaits. Toute exclusion questionne donc sur l'autorité du garant de la règle. A-t-il d'abord cherché parmi toutes les réponses possibles **au sein du groupe ?**

L'exclusion temporaire peut avoir un sens si elle est le moyen, « toutes affaires cessantes », d'exiger un travail sur la règle enfreinte, la réparation des dommages causés, l'élucidation des motifs réels de la transgression et la recherche de solutions durables.

La rupture de contrat

Avant de se prononcer pour ou contre une exclusion, il y a lieu de s'interroger sur la nature de la présence de l'intéressé dans le groupe, le type de relation entre le groupe et lui : s'agit-il d'une relation contrainte, obligée ou contractuelle ?

- **Une relation contrainte,** c'est quand l'intéressé ne peut physiquement pas s'en soustraire, par exemple à la crèche ou en prison. Dans les deux cas, la fugue est la conséquence d'un dysfonctionnement grave du système de surveillance ! On imagine assez peu l'exclusion de la prison pour indiscipline, sauf à être transféré vers un enfermement plus sévère encore. Et l'exclusion de la crèche de l'enfant trop malade ou trop difficile, s'adresse plutôt à ses parents, priés de trouver une autre solution : il ne s'agit pas alors de sanctionner l'enfant.
- **Une relation obligée,** c'est quand une loi ou une règle impose à quelqu'un d'être là, sans le contraindre physiquement, mais avec le risque d'une sanction : le lycéen de moins de 16 ans se lève le matin et se rend au lycée par ses propres moyens : il est obligé d'y aller, sans y être physiquement contraint.
- **Une relation contractuelle** vient d'un accord entre deux personnes, qui se fixent librement des obligations réciproques. Par exemple : « Tu peux venir jouer au foot avec nous si tu veux, mais il faut pour cela respecter les règles du jeu et si tu ne les appliques pas, tu ne pourras pas rester ! ».

Histoire

Antonio s'est fait virer du camp d'ados !

Antonio refuse de participer aux services mis en place, fait du chantage à sa petite copine pour qu'elle s'occupe à sa place de son rangement, de son linge, du nettoyage de la tente des garçons. Il y a eu des mises en garde, des discussions, des activités différées pour lui quand il refusait le minimum demandé. Maintenant, Antonio rackette les plus jeunes et part en stop sans prévenir avec l'un d'entre eux ! Là, c'en est trop !

Il faut rappeler que ce camp d'adolescents avait été préparé pendant plusieurs week-ends avec tous les participants. Dans le cadre de la réglementation générale, des règles internes avaient été co élaborées et l'inscription était associée à un engagement des participants sur des clauses bien précises. Le retour d'Antonio dans son quartier et dans sa famille avec accompagnement par une des animatrices, s'il a été douloureux pour tous, n'a sur le fond rien de scandaleux. Antonio était tellement habitué à « faire sa loi », qu'il a considéré la décision de la directrice comme un abus de pouvoir.

Mais c'est le contraire qui aurait été un abandon de pouvoir, avec mise en danger des plus jeunes du groupe.

Pour Antonio, déjà un peu caïd dans le quartier, il était urgent de trouver en travers de son chemin quelqu'un pour « le remettre à sa place », sans lui manquer de respect, mais en l'obligeant « à faire de la place aux autres ».

Dans le cadre d'un contrat non respecté, le terme d'exclusion semble inadapté. C'est en fait, la personne elle-même qui, par la transgression d'une règle du jeu, le non-respect d'une clause, rompt le contrat. Elle en porte la responsabilité, même si cette rupture n'est pas toujours un acte réfléchi. Il reste à mettre des mots sur l'acte posé et à y répondre intelligemment. La personne a-t-elle eu le temps et la possibilité de comprendre, d'accepter et d'intégrer tous les termes du contrat ? A-t-on bien réalisé et l'a-t-on aidée à réaliser ce que cela pouvait représenter pour elle comme changement d'habitude, comme décalage culturel ? A-t-elle oublié les règles dans l'émotion, la précipitation ou la passion du jeu ? Ou bien refuse-t-elle délibérément de les appliquer, de jouer le jeu du groupe ? Il serait peu pédagogique et peu efficace, de répondre, *a priori* et dès le premier écart, par le « tout ou rien ».

Quand le comportement met en danger le groupe

Dans certaines communautés fragiles, comme les lieux de vie à vocation de réinsertion ou de désintoxication, le respect des interdits est vital pour la cohésion du groupe. Ne pas boire auprès de personnes alcooliques en cure est une exigence absolument non négociable ! L'exclusion des auteurs de la transgression apparaît quelquefois aux responsables comme la seule solution ; c'est une question de survie pour la communauté. Le message énoncé au fauteur de trouble sera net et compréhensible : « Nous ne pouvons te laisser mettre en danger le groupe et nous n'avons pas actuellement les moyens de « faire avec toi ». Là encore, l'explication de la sanction posée dans une parole authentique donne le sens de la loi.

La loi est faite pour protéger tout un chacun dans le groupe. L'absence de sanction serait pire, ce serait un **déni de la responsabilité** de la personne et un **déni de la menace** qu'il représente pour le groupe. Ce serait de l'irresponsabilité de la part du garant institutionnel. Cette exclusion peut aussi prendre le sens d'une rupture de contrat, si cette exclusion est la conséquence du non-respect d'une clause explicite au moment de l'accueil de la personne, dans le cas, bien entendu, où cette personne est venue de son plein gré et non pas en placement d'office.

Mais ce choix responsable provoque inévitablement un cas de conscience, un conflit de loyauté, chez des acteurs sociaux qui consacrent leur carrière à l'accueil de personnes en détresse. Cette personne est accueillie ici parce qu'elle a été « virée » d'ailleurs ; si elle est encore exclue de cette communauté, y aura-t-il un lieu où elle aura le droit de vivre avec ses blessures, ses faiblesses et ses rechutes ? Au moment de son inscription, a-t-on assez mesuré la capacité de la personne à vivre les exigences du lieu ? A-t-elle été suffisamment accompagnée pendant son parcours dans la maison ? Ses besoins ont-ils été entendus ?

Les responsables de ces communautés d'accueil ressentent toutes ces contradictions quand ils prennent une mesure d'exclusion. Mais ils doivent tenir la règle posée, aux yeux d'un groupe, sur le « qui-vive ». Ce groupe attend du directeur sécurité et cohérence, il a besoin de son autorité et la revendique. Mais ce directeur ne peut renoncer à l'espoir d'une restructuration psychologique de la personne concernée. L'issue honorable sera parfois la réintégration sous conditions particulières contractualisées, avec une période probatoire et une surveillance plus rapprochée, dans une autre communauté partenaire.

Le bannissement

Le bannissement coupe la relation, isole, culpabilise et détruit la personne. Parfois efficace dans l'immédiat pour protéger les victimes, le bannissement ne prend pas en compte la réinsertion du sanctionné.

L'exclusion met-elle fin au conflit ? Le bannissement exprime le pouvoir de celui qui punit, mais il nécessite d'avoir les moyens pour réprimer et surveiller : prison, police des frontières... Il crée une catégorie à risques, tout en fragilisant aussi la communauté qui exclut.

La mise au ban, c'est aussi l'abandon des jeunes enfants par ceux dont ils sont affectivement dépendants. L'abandon et même la menace d'abandon, constituent des atteintes graves à la sécurité et à l'équilibre psychologique. Un abandon est-il préférable à de la maltraitance ? On sait que des mamans complètement démunies sont encore capables de préférer une séparation, si elles croient que c'est mieux pour leur enfant. Certaines les « confient aux services sociaux », afin que l'enfant soit adopté par d'autres parents. Dans ces cas extrêmes et douloureux, l'abandon peut être regardé comme un dernier don, fait avec l'énergie du désespoir. Il revient alors à la famille d'accueil d'être suffisamment maternante et structurante, pour que des mots et des gestes d'amour contribuent à soigner cette grande blessure.

Prenons un exemple moins extrême : les petites phrases comme « vilain ! Maman ne t'aime plus », ne sont pas vraiment pensées par la mère qui les prononce. Son intention est bien sûr de réprimander une erreur de comportement. Ses paroles n'en demeurent pas moins des « bannissements symboliques », aux oreilles de l'enfant qui les enregistre. Soyons donc toujours vigilants en mesurant la portée de nos gestes et de nos mots, afin de ne pas « jouer au yo-yo » avec des peurs aussi fondamentales chez l'enfant que celle de n'être plus aimé, de ses parents de surcroît. Cela touche véritablement à leur peur de mourir. Très souvent d'ailleurs, la menace est levée dans les instants qui suivent : « Mais pourquoi tu pleures ? Tu sais bien que je t'aime ! »... alors, le « Je ne t'aime plus ! » de tout à l'heure, c'était donc une parole en l'air ? À quel moment la parole de l'adulte est-elle fiable et respectable ?

Un parent devrait plutôt apprendre à dire à son enfant : **« Je t'aime et je suis en colère ou triste ou inquiet, quand tu fais cela ».**

Par ailleurs, quand un adolescent se fait « mettre à la porte de chez ses parents », c'est-à-dire, étant donné son âge, se fait « mettre à la porte de chez lui », parce qu'il a fumé du haschich ou insulté son beau-père, il faut savoir que cette punition est tout simplement illégale, car le parent garde l'obligation de nourrir et de loger ses enfants jusqu'à leur majorité. Il est vrai que ceux qui détiennent l'autorité parentale ont aussi une obligation d'éducation et donc celle de sanctionner les transgressions de leurs enfants[34]. Récemment, une mère s'est vu punir elle-même par le tribunal pour manquement à son obligation éducative. Il était normal que la société lui rappelle la loi et son devoir. Mais il n'est pas question d'ignorer la détresse de cette famille, l'engrenage qui l'a menée là ; c'est pourquoi le juge des enfants ordonne dans ce cas une assistance éducative.

En conclusion, le bannissement est la négation de la personne, c'est un constat d'échec pour le groupe et ses responsables. **Le bannissement est toujours une violence.**

L'exclusion scolaire

Dans les faits, l'exclusion scolaire peut être une exclusion du cours, de la classe ou de l'établissement, temporaire ou définitive.

Dans certains cas, l'élève, qui doit être écarté de ses voisins de classe, peut être maintenu dans un espace proche. Cette mise à l'écart participe à la gestion du problème par l'enseignant au sein de la classe. Elle est mise

34. Article 371-1 du code civil (Loi du 4 juin 1970 et Loi n° 2002-305 du 4 mars 2002) : L'autorité parentale est un ensemble de droits et de devoirs ayant pour finalité l'intérêt de l'enfant. Elle appartient aux père et mère jusqu'à la majorité ou l'émancipation de l'enfant pour le protéger dans sa sécurité, sa santé et sa moralité, pour assurer son éducation et permettre son développement, dans le respect dû à sa personne. Les parents associent l'enfant aux décisions qui le concernent, selon son âge et son degré de maturité.
L'article 227-17 du code pénal désigne comme un délit le fait de compromettre la santé, la sécurité, la moralité, l'éducation de l'enfant.

en œuvre, avec beaucoup de finesse, dans les histoires du « petit banc qui fait grandir » et du « château de cartes », citées précédemment. L'exclusion de la classe peut être une mesure conservatoire d'urgence. Quand l'élève surexcité cherche par tous les moyens à déstabiliser l'adulte, que le prof. est « hors de lui » et ne peut plus enseigner, il faut pouvoir réagir ! Dans les textes officiels, l'exclusion de la classe fait partie des « punitions scolaires ».

Quelques enseignants rêvent parfois d'un métier où ils enseigneraient, pendant que d'autres seraient chargés de sanctionner ou de punir, par exemple les Conseillers d'Éducation, autrefois Préfets de discipline. Il faut comprendre la difficulté à gérer en même temps un groupe qui est là pour apprendre, un noyau d'élèves pour qui cette activité n'a pas de sens à ce moment-là et qui ont besoin de manifester autrement leur existence, un programme à traiter et son propre état de stress ou de colère. Si certains professeurs ont tendance à exclure très souvent et quelquefois par volonté délibérée, le plus souvent il s'agit d'adultes qui sont « pris de court » dans l'émotion ou bien qui manquent de temps pour imaginer autre chose. Mais cette exclusion n'est pas en soi un règlement du problème, sauf à être suivie d'autres mesures : l'élève peut en effet être pris en charge par d'autres adultes (CPE, assistants d'éducation,...) qui vont écouter chacune des parties en conflit, instruire l'affaire de manière contradictoire et selon les cas et en fonction de leur statut, arbitrer, poser une sanction, proposer une médiation ou les deux. Mais dans tous les cas et même si une tierce personne a pris le relais en posant des actes de sanction ou de remédiation, il semble plus crédible et plus efficace que l'enseignant qui a décidé d'exclure ne se dessaisisse pas de cette affaire qui le concerne et soit impliqué dans le traitement du problème, jusqu'aux modalités de réinsertion dans son cours.

Parfois, c'est la majorité des membres du groupe, de la classe, qui réclame l'exclusion de l'un des siens. C'est le mécanisme du bouc émissaire, évoqué dans le chapitre 16 « Les victimes ont leurs maux à dire ». Le groupe focalise sur un de ses membres ses malheurs et ses conflits, avec la croyance qu'il se débarrassera de ceux-ci en bannissant un des siens. Il peut arriver qu'un enseignant excédé tombe dans le piège de cette logique, en espérant résoudre les problèmes d'une classe entière par l'exclusion d'un seul. Il m'est arrivé, comme à d'autres collègues, de ressentir un grand soulagement en constatant l'absence d'un élève très difficile.

L'exclusion de l'activité sans exclusion de l'établissement

L'exclusion de l'établissement est difficilement compatible avec la loi de l'obligation scolaire et la mission de service public ; elle devrait n'être qu'exceptionnelle. Dans le cas d'un élève soumis par la loi à l'obligation scolaire, quelle que soit la nature de l'exclusion, celle-ci devrait être accompagnée d'un processus de réintégration. Exclure sans souci de réinsertion les adolescents qui n'acceptent pas la loi, c'est aussi leur confirmer qu'ils sont « hors-la-loi », c'est en quelque sorte les maintenir hors-la-loi. C'est leur dire que la « loi » n'a pas été à la hauteur de leur souffrance et de leur désarroi.

Il est possible d'exclure l'élève en le maintenant dans l'établissement et en lui donnant un travail de réparation correspondant à ce qu'il a dégradé ou des travaux de réflexion sur le problème soulevé par son comportement, voire un travail de « remédiation scolaire ».

On peut aussi l'obliger à passer le matin prendre du travail scolaire et à le rapporter le soir. Des moyens – documentation, ordinateur – peuvent même être mis à sa disposition. À l'heure actuelle, l'« exclusion-inclusion », les classes « Pass », les « Sas », les « semaines-relais », sont autant d'expériences intéressantes d'alternatives à l'exclusion. Mais *deux points importants* restent toujours à vérifier :

- Les moyens mis en œuvre, en termes de ressources humaines, de durée et de fonctionnement sont-ils à la mesure des objectifs annoncés ? Sinon, la mesure devient vite contre-productive !
- La distinction est-elle claire dans les esprits entre ce qui relève de l'inévitable sanction des transgressions et ce qui relève d'une relation d'aide ?

En effet, s'il s'agit d'une mesure d'aide, cette aide pourrait être également proposée à d'autres élèves en détresse, ceux qui ne manifestent pas leur désarroi par la transgression mais par la tristesse, le refus de communication, une conduite auto destructrice, etc. D'autre part, une mesure d'aide ne peut être efficace sans le consentement de la personne aidée.

Au contraire, s'il s'agit de sanctionner des manquements graves aux règles, cette mesure ne peut être facultative ou à la carte. Elle doit être une obligation dans un cadre prévu au règlement intérieur et s'appliquer à tous selon les mêmes procédures.

On voit donc mal une même action jouer les deux rôles. Il y a lieu de considérer comme complémentaires mais dissociées, d'une part les mesures de réparation des dommages et de sanction pour la règle bafouée et d'autre part la prise en compte des besoins de l'élève dans une mesure d'aide personnalisée.

Bannir l'exclusion, c'est possible !

Dans un lycée professionnel qui accueille des élèves majeurs, j'ai assisté à un entretien entre le proviseur et un élève exclu : il lui a été rappelé que dans son cas, l'instruction n'était plus obligatoire et que l'enseignement était un service qui lui était rendu par l'État, moyennant le respect de certaines clauses. Leur non-respect, après plusieurs avertissements et sommations, représentait une rupture de contrat. Il était donc invité, lui et sa famille, à formuler une nouvelle demande d'inscription, laquelle serait acceptée avec un engagement réciproque nouveau et tenant compte du besoin d'un suivi rapproché de l'élève.

Rajdane, enseignante d'économie sociale

De l'exclusion à la violence : l'école désorientée

Un nombre encore trop important d'élèves transite de lycée en lycée, comme « des patates chaudes » dont on se débarrasse quand on ne peut plus les tenir. Dans un certain secteur, suite à des incidents graves et à la demande des enseignants et des parents, des dizaines d'adolescents ont été mis à pied, pour l'exemple ! Comme le souligne Marie-Thérèse Charme, directrice d'un Centre Médico-Pédagogique à Romans, « aujourd'hui, la plupart des considérations sur la violence s'hypnotisent sur la violence physique, socialement insupportable, pour en dénoncer la progression alarmante. Mais il existe d'autres formes de violence, moins visibles, plus insidieuses, produites par l'institution scolaire[35]. Dans un contexte socio-économique difficile, la société se décharge assez facilement de ses dysfonctionnements sur des services et des établissements spécialisés ». Cette directrice fait remarquer que les processus de marginalisation et d'exclusion suppriment pour certains jeunes la possibilité de se faire entendre dans leurs besoins les plus personnels et les plus intimes. Cette aliénation de la parole de l'autre constitue une forme de violence moins spectaculaire, mais qui peut conduire à la dévalorisation de soi, à la révolte et à la délinquance. Ce n'est pas par hasard si de nombreux jeunes se retournent contre l'école, en la rendant responsable de leur sentiment d'insignifiance. Violence et exclusion sont ici étroitement liées. Ces deux phénomènes agissent l'un vers l'autre tantôt comme une cause, tantôt comme une conséquence. C'est donc dans leur globalité qu'il faut les appréhender.

35. On pourra lire des descriptions de cette violence plus sournoise dans l'ouvrage d'Olivier Clerc, *Le tigre et l'araignée, les deux visages de la violence*, Jouvence, 2004.

Il importe de rappeler ici que l'école a dans ses missions officielles de lutter contre les exclusions[36] et en particulier de favoriser la réussite des élèves issus de la grande pauvreté. Or il se trouve que ce sont ces élèves et leurs familles qui ont le plus de difficultés à intégrer les codes de l'école et donc qui s'exposent le plus aux mesures disciplinaires. Sur le terrain, des acteurs de l'école continuent, sans intention délibérée, à exclure ceux qui sont déjà des exclus de la société ! Heureusement qu'en d'autres endroits, une réflexion de fond amène des équipes éducatives à rééquilibrer des inégalités préexistantes, conformément à la loi. Elles s'attachent alors à prendre en compte les besoins particuliers de ces populations et leurs représentations, afin de construire *avec elles* de difficiles mais indispensables partenariats, pour aider au mieux les jeunes à s'en sortir.

L'école reste un lieu de vie

Paradoxalement, certains élèves, qui semblent n'être pas bien à l'école, refusent de quitter leur classe quand l'ordre leur en est donné. Pour ces élèves, être viré est toujours ressenti comme un abandon, même si l'adolescent est encore capable de fanfaronner pour ne pas perdre la face devant ses copains. Ricaner permet parfois de ne pas pleurer !

L'Éducation nationale génère souvent une forte **violence institutionnelle,** laquelle s'ajoute aux autres violences que des enfants et des adolescents subissent. Malgré cela, pour certains élèves, souvent les plus difficiles, parce que les plus en difficulté, l'école reste le milieu le plus sécurisant et le plus épanouissant qu'ils connaissent ! Les adultes qui peuvent les accompagner dans ce lieu de vie qu'est l'école, y compris dans les situations de transgressions-sanctions, sont parfois les rares adultes, voire les seuls, qui peuvent aider ces enfants à grandir.

36. La loi du 29 juillet 1998, dite « Loi d'orientation relative à la lutte contre les exclusions », stipule, dans son article 142, que chaque projet d'établissement doit indiquer les moyens par lesquels l'équipe éducative entend lutter contre les exclusions.

Le droit dans les procédures disciplinaires des écoles françaises

Deux textes officiels posent la question du respect du droit de chacun dans l'analyse de la situation qui aboutit à la décision d'une sanction, en particulier l'exclusion.

La Convention internationale des droits de l'enfant du 20 novembre 1989, adoptée sous l'égide de l'ONU[37] et ratifiée par la France, conforte l'école de la République dans une de ses missions fondamentales : former des citoyens en appliquant deux aspects essentiels, le droit à la parole de l'enfant et de l'adolescent et le respect des lois générales et des règles de fonctionnement qui les organisent.

La circulaire qui redéfinit les procédures disciplinaires dans les établissements scolaires du second cycle[38], évoque une situation qui varie considérablement d'un établissement à l'autre et affiche l'intention d'éviter les exclusions de plus en plus nombreuses et un recours systématique aux procédures de signalement à la justice, qui risquent de devenir inefficaces. Elle précise que l'école ne peut être une zone de non-droit livrée à l'arbitraire et qu'au contraire, les principes généraux de droit qui s'appliquent à toute procédure doivent être mis en application : le principe de la légalité des sanctions et des procédures, le principe du débat contradictoire, le principe de la proportionnalité de la sanction et le principe de l'individualisation de la sanction. Cela n'empêche pas de rappeler également d'autres principes de droit essentiels, notamment que les règles s'appliquent à tous, adultes comme enfants ou jeunes et que nul ne peut se faire justice lui-même.

37. Publiée au BOEN (Bulletin officiel de l'Éducation nationale) n° 37, du 17/10/1996.

38. Circulaire parue au BOEN spécial n° 8, du 13 juillet 2000 – décret modifiant le décret n° 85-924 du 30 août 1985 relatif aux procédures disciplinaires dans les collèges, les lycées et les établissements d'éducation spéciale.

Chapitre 8

« Il aurait besoin d'une bonne correction ! »

« Mon premier souvenir date d'une fessée.
Mon second est plein d'étonnement et de larmes. »
Jacques Vingtras, héros de Jules Vallès

Le corps

Notre corps, c'est notre forme, vivante et sensible, c'est notre personne rendue visible, palpable, existant aux sens des autres. Noyau de pulsions, articulé au psychisme, lieu symbolique de l'expression, notre corps parle, dégage de l'énergie, permet le contact et la relation. Sans lui aucun apprentissage n'est possible, c'est par lui que nous recevons l'autre et ses messages.

Si nous savons écouter notre corps, il peut devenir cet ensemble harmonieux, ami de l'être. Réceptacle des conflits, notre corps nous invite, par les malaises que nous ressentons, à prendre en compte ce qui se passe. Par sa réaction, il nous pousse à prendre soin de nous. Si nous ne l'écoutons pas, nous nous faisons violence à nous-mêmes. Si nous ne respectons pas le corps de l'autre, nous lui faisons violence, en croyant ainsi résoudre nos propres conflits. Dans bien des cas, pourtant, ces conflits auraient pu être transformés en interactions positives pour chacun.

Exercice

Souvenirs !

Je vous propose de vous remémorer une punition corporelle qu'on vous a infligée au cours de votre enfance, de votre jeunesse, en famille, à l'école, en centre de vacances et de vous poser à vous-même ces quelques questions :

- Qu'est-ce que cela m'a fait ? Quel a été mon ressenti sur le moment ?
- Quels ont été les effets sur mon comportement ?
- Avec le recul, qu'est ce que j'en pense aujourd'hui ? Comment je qualifie la mesure prise ?
- Est-ce que cela m'a servi de leçon ? laquelle ?

Exercice

- Est-ce que je pourrais reproduire ce que j'ai reçu ? À quelles conditions ? Pourquoi ?
- *Qu'est-ce que je refuse de reproduire ? Pourquoi ?*

Prenez le temps, si vous le souhaitez, de noter les réponses aux questions avant de continuer la lecture.

« Je ne peux pas m'en empêcher, il me met hors de moi ! »

Nous avons tous croisé des parents hurlant inconsidérément sur leur enfant. Cette attitude manifeste souvent l'incapacité de l'adulte à se remettre en question pour ajuster son comportement face à une situation de vie qu'il maîtrise mal. Il aura tendance alors à projeter sur d'autres ses problèmes, à chercher des justifications pour apaiser sa culpabilité, à faire preuve d'autoritarisme de peur de perdre son autorité, à s'obstiner dans ses positions pour ne pas perdre la face. Dans la relation éducative, il arrive que l'enfant, en cherchant à s'affirmer, déstabilise l'éducateur, lui rappelle trop crûment son histoire et sa fragilité. Cet adulte n'ayant pas lui-même suffisamment de pouvoir sur sa propre vie, se sent agressé. Cela réveille ses blessures et son agressivité, l'émotion envahissante diminue ses capacités d'imagination et de prise de recul.

Le plus souvent, les punitions corporelles ne sont pas choisies comme un mode normal de relation, mais sont données impulsivement, dans l'émotion, par l'éducateur, **pour vaincre son propre conflit intérieur.** Le coup de pied ou le hurlement de colère manifestent l'insupportable pour lui. La gifle échappe à la maman débordée par tous ces petits pleins de vie qu'il faut bien contenir. Tout en comprenant la difficulté de la tâche de ces adultes qui font souvent ce qu'ils peuvent, il serait utile de leur proposer des occasions d'échanger avec d'autres pour chercher ensemble des alternatives : apprivoiser ses émotions ; travailler sur les règles, sur son rapport au cadre et sur son autorité ; connaître les mécanismes relationnels de base ; trouver d'autres moyens de signifier l'insupportable. À chaque fois que j'ai eu la chance de participer à des rencontres où une parole sincère était possible, le bilan fut très positif : les personnes se sont enrichies mutuellement dans la discussion, se sont senties moins isolées et soulagées de repartir avec des perspectives nouvelles.

Désiré l'Intuitif, enseignant au Cameroun

Plusieurs formations de l'IFMAN se sont déroulées au Cameroun, à l'initiative du *Service Œcuménique pour la Paix*, mouvement de défense des droits humains. Une de ces formations s'adressait à des enseignants, des chefs d'établissements et des préfets de disciplines[39].

Le thème de cette session avait été rédigé par les stagiaires africains eux-mêmes, dans le langage fleuri qu'on leur connaît : « Gandhi dit que la fin est dans les moyens comme l'arbre dans la semence. Une transformation sociale est en germe dans les graines de citoyens que sont nos élèves : quels jardiniers sommes-nous ? »

L'analyse des pratiques, la réflexion, l'ouverture à des ajustements de leurs attitudes éducatives étaient de grande qualité et avec les mêmes questionnements que les nôtres, même si les exemples évoqués sont évidemment à resituer dans leur contexte culturel. Par exemple, en France, nous pouvons entendre en stage des justifications de l'exclusion, de la fessée ou des lignes à copier. Dans cette formation au Cameroun, certains stagiaires justifiaient l'emploi de la « chicotte » (équivalent du fouet) ou de la « bible », (équivalent du bottin pour taper sur la tête sans laisser de traces), dans le but de venir à bout des élèves difficiles : « Il faut commencer dès le début ! briser la volonté de l'enfant, avant qu'il ne soit trop tard ! »

Lors d'une improvisation en théâtre-forum, un enseignant camerounais jouait le rôle d'un élève battu à la chicotte par son maître, suite à une bagarre. Complètement pris dans le jeu, il criait à celui qui jouait le maître : « Tape, tape, je suis une brute, je suis une bête, je suis un pauvre abruti et je le resterai ! Tape, tape ! Tu ne changeras pas ce qui est dans ma tête ! ». Une fois l'exercice terminé, je lui demandai s'il voulait bien s'exprimer sur le rôle de l'enfant battu qu'il avait joué si fort : « Ce maître qui me frappait, expliqua-t-il, n'est pas plus méchant qu'un autre, il fait consciencieusement son travail, c'est comme ça chez nous ! ». « Mais, poursuit-il, je veux apprendre d'autres façons de sanctionner mes élèves, car cela n'est bon pour personne, ça ne fait ni réfléchir, ni évoluer ».

La fessée... marquer le corps pour marquer le coup

Les punitions corporelles, préméditées ou infligées froidement, sont de l'ordre du conditionnement : les pompes, le martinet, la fessée, la gifle... La justification donnée est parfois la mémorisation de la règle par impression sur le corps et la dissuasion par la peur de la douleur. Le béhaviorisme

39. Ancienne appellation des Conseillers principaux d'éducation, terme encore utilisé au Cameroun.

en a montré l'efficacité, mais c'est l'efficacité du **dressage,** sans distance et sans accès au sens : « je dévie du droit chemin, donc je reçois un coup ». Cela correspond à une représentation de l'enfant comme petit être à corriger, à dresser, à redresser, en faisant confiance à la mémoire du corps.

Quand des punitions corporelles sont infligées immédiatement, le lien avec le délit peut être aussi clair pour l'enfant que « tu touches ; ça brûle ». Et à très court terme, elles évitent la récidive. Mais le châtiment corporel et même la menace non mise à exécution, justifient la violence physique. Comment expliquer ensuite à un enfant frappé, même si c'est après une transgression, qu'il n'a pas le droit de taper celui qui l'a « traité » ? L'éducateur essaie d'apprendre au jeune à s'exprimer avec des mots plutôt qu'avec les poings, sinon pourquoi ce jeune ne taperait-il pas ensuite son petit frère qui fait une bêtise ou qui l'ennuie ?

N'y a-t-il pas quelque chose de pervers, au sens étymologique de « tourné de travers », à présenter un mal – car cela fait mal –, comme un bien pour l'enfant ? Un enfant qui ne reçoit pas ou reçoit peu d'autres signes de reconnaissance que des coups est tout disposé à assimiler ces messages qui lui donnent malgré tout le sentiment d'exister. Pour continuer à se sentir exister, il va provoquer son entourage pour recevoir de nouveaux messages. Dans le cas de punitions précoces, répétitives et douloureuses, il risque de développer une **tendance masochiste.** On entendra peut-être dire de lui que « c'est une tête à claques ». Il arrive aussi que des adultes trouvent confusément ou inconsciemment un intérêt, voire un certain plaisir, à rechercher la souffrance que la punition produit. C'est l'occasion pour eux de rejouer des scènes traumatisantes de leur propre histoire. Quand l'adulte manifeste, plus ou moins bruyamment, son soulagement personnel, après avoir administré « une bonne correction », ne peut-on pas y déceler une certaine connotation sadique ?[40]

La gifle et puis… après « coup », les explications

Les explications après un coup corporel viennent dire que la limite du supportable a été atteinte, tout en rassurant sur le sentiment du parent : « Je t'aime malgré ton erreur et malgré mon énervement ». L'adulte qui s'excuse d'avoir perdu le contrôle et exprime sa préférence pour d'autres formes de réaction, ne se discrédite pas car il fait preuve d'**authenticité.** Il peut expliquer sa fatigue, tout en reconnaissant son geste comme une

40. On lira avec le plus grand intérêt, mais aussi avec quelques frissons dans le dos, le livre d'Alice Miller, *C'est pour ton bien,* Aubier-Montaigne, 1985. Un débat contradictoire sur la thèse défendue par Alice Miller figure dans le numéro 113, « Quand l'enfant souffre violence », de la revue de recherche *Alternatives Non-Violentes*.

erreur et présenter ses excuses. Mais il doit aussitôt préciser qu'il reste responsable de certaines décisions et, en tant qu'éducateur, qu'il a le devoir de les imposer avec autorité, mais sans brutalité. Ce faisant, il s'autorise et autorise l'enfant à un certain droit à l'erreur… droit à l'erreur, assorti de l'exigence de tout mettre en œuvre pour la corriger : il s'agit là de corriger l'erreur et pas l'enfant ! La parole ne justifie rien, mais elle atténue la violence et répare un peu la blessure, elle rétablit le lien. L'écoute permettra à l'enfant d'exprimer ce que le geste violent aura imprimé en lui : incompréhension, peur, humiliation et de se rassurer sur la qualité de la relation.

La maltraitance

La pire des violences physiques est celle qui, aux yeux de l'enfant qui la subit, n'a pas de lien avec un acte commis. Elle est en général assortie d'une interdiction d'exprimer ses sentiments, sur le moment ou à d'autres personnes par la suite. C'est de la « maltraitance ». Elle est encore plus dangereuse quand elle est vécue dans la petite enfance, venant de ceux dont l'enfant attend sécurité et affection. C'est alors une maltraitance non identifiée, souvent « oubliée » par l'enfant, pour lui permettre de vivre malgré tout, sans en rendre coupable le parent aimé. La mise à jour et en mots, plus tard, sera douloureuse et le chemin de guérison sera long, bien qu'indispensable pour se reconstruire et échapper à la répétition de la violence subie.

Les travaux forcés

Les travaux forcés inutiles à la collectivité sont un exemple type de punition, dans la mesure où ils font subir une peine en expiation d'une faute. Leur but est alors assez nettement l'asservissement : lignes, copie, heures de retenue ou même exercices de grammaire ou de math, donnés par le professeur d'arts plastiques (il est dommage de donner cette image de ces matières, pendant que les enseignants concernés tentent d'en transmettre le sens et d'en donner le goût !). Sans rapport net avec l'acte, ces corvées ne peuvent faire sens, sauf peut-être si elles sont accompagnées d'une parole qui leur rende un tantinet d'intelligence et d'humanité.

Des éducateurs évoquent la méthode « Assimil » du « je ne dois pas... » pour aider l'enfant à mémoriser la règle : cela supposerait déjà qu'il copie la règle plutôt que l'erreur. Et puis le spectacle et les témoignages d'enfants « faisant leurs lignes » devraient faire douter de l'efficacité de la méthode ! Je pense à cette petite fille qui se vengeait en ne copiant que 48 fois au lieu de 50 et qui, de plus, pariait avec sa copine que « cette maîtresse trop bête » ne s'en rendrait même pas compte ! Je pense aussi à cet ado ingénieux qui attachait quatre stylos ensemble pour économiser sa peine.

Si l'objectif – louable – est d'assimiler une règle, il est maintenant de plus en plus largement reconnu que l'on apprend mieux et plus vite, en éprouvant du plaisir et que la mémorisation fonctionne en association à des émotions intéressantes.

Les travaux forcés « d'utilité collective » peuvent au moins introduire une vague notion de réparation, à condition d'être présentés comme une compensation pour le groupe qui a été gêné. Cela suppose que ce soit vraiment utile et que le sens en soit verbalisé face à l'intéressé et face à cette collectivité, ce qui est souvent oublié.

Les châtiments sont-ils efficaces ?

Les punitions corporelles peuvent être perçues comme un tarif clair et net – «... et qu'on n'en parle plus... » ajoute une adolescente ! Mais ce tarif devra être suffisamment fort pour dissuader et même de plus en plus fort peut-être ! L'effet pervers sur les tempéraments rebelles est facilement repérable : défi face à l'autorité, rapport de forces violent...

Une gifle est probablement préférable à l'absence totale de réponse, mais les punitions corporelles, d'une manière générale, portent atteinte à l'intégrité de la personne. Elles sont peu efficaces à long terme, à moins de prendre des formes et des degrés d'intensité tels que la peur du châtiment finisse par être intégrée et aboutisse à une soumission durable. Nous avons déjà évoqué le type de citoyen manipulable que ce régime risque d'induire.

Peu d'adultes d'ailleurs sont prêts à assumer, sans culpabilité ni compassion, un rôle de geôlier implacable, car la culture actuelle de nos pays n'a plus ce regard. Quelques pères essaient encore de mener leurs enfants à la baguette, mais le brassage social, au sein de l'école en particulier, donne l'occasion à ces enfants de croiser d'autres modes de vie et la désapprobation de l'environnement social risque d'affaiblir une autorité basée sur le châtiment corporel. C'est du reste le problème de certains pères maghrébins, consciencieux, à qui leurs gosses répondent : « ici, la loi interdit que tu me frappes ! ». Il est vrai que la loi qualifie ce genre de punition corporelle de « violence par ascendant ou personne ayant autorité ». Qu'avons-nous à leur proposer d'autre, qui ne soit pas la démission de leur autorité parentale ? Il y a urgence à valoriser la sanction éducative et à aider ces pères à trouver en eux-mêmes comment se ré-équiper en autorité, d'une façon nouvelle.

Force physique et violence

L'emploi de la force physique n'est pas synonyme de violence. Tenir de force la main de l'enfant de deux ans qui prétend traverser seul l'avenue ou qui veut explorer la prise électrique, sortir physiquement d'une pièce un enfant en crise, bloquer un adolescent qui en menace un autre dangereusement, cela relève, dans l'urgence, de la mise à l'abri du danger, qui est un devoir de citoyen. Cette contrainte, que l'adulte a la responsabilité d'exercer pour protéger l'enfant, ne peut être que provisoire. Elle ne nécessite ni humiliation, ni reproche, ni coup, ni punition, mais seulement l'engagement de l'adulte dans un rapport de force physique qui peut tout à fait être non-violent. Il reste à accompagner le geste de paroles qui expliquent l'intention et manifestent de la bienveillance, puisqu'il s'agit avant tout de « bien veiller » à la sécurité de chacun. Il faudra peut-être du temps pour que s'apaise la colère du jeune intercepté physiquement qui, lui, a pu percevoir comme violent ce geste de l'adulte.

Le contact physique, qui n'est pas à réprouver systématiquement et sans discernement, n'est pourtant jamais anodin : « gare à toi si tu me touches ! ». Toute personne intervenant physiquement dans une bagarre se doit d'être vigilante, car dans le corps à corps il n'y a plus de distance et le danger est de se laisser aspirer, par mimétisme, dans la colère ambiante. S'il y a parfois urgence à intervenir physiquement, il y a toujours urgence à se dégager de l'emprise physique pour en revenir à d'autres formes d'interposition !

Histoire

« Mon bras ! »

« Lors d'une formation sur la régulation des conflits, j'ai représenté un enfant dans un jeu de rôles. À un moment, j'ai été fermement attrapée par le bras, par celle qui jouait l'adulte. J'ai vraiment ressenti ce geste comme une violence. Il n'y avait pas de danger, ni d'urgence. Le résultat, depuis, est que plus jamais dans ma classe je ne retiens un enfant par le bras ! Je ne me doutais pas que ce geste pouvait parfois être si mal vécu ».

Béatrice, professeur des écoles

Agression d'une surveillante

Une surveillante, nouvellement arrivée dans un collège, a pour mission, ce jour-là, de faire sortir les élèves d'un certain couloir. Un jeune défie visiblement l'autorité de l'adulte, il l'invective :

— De quel droit m'empêcher de rester là ? Pour qui tu te prends ?

La jeune surveillante, lui exprime qu'elle ne cédera pas ! Le jeune réplique :

— *Tu ne connais pas les habitudes et tu veux faire ta loi !*

Il fait monter la pression, comme s'il cherchait la faille, l'endroit qui l'autoriserait à franchir l'interdit ! On remarquera qu'il évoque le droit, la loi et les statuts.

Excédée, la surveillante saisit le jeune par l'épaule pour le dégager du lieu interdit. Son geste n'est pas motivé par la volonté de blesser directement l'élève, mais par le souci de ne pas perdre la face, en tant qu'adulte responsable et au vu de nombreux témoins. À défaut d'alternative, elle est rentrée dans le jeu, dans le « JE » de l'élève, sans d'ailleurs avoir vérifié le rapport de forces entre eux deux. Cet élément déclencheur libère une violence longtemps contenue. Les rôles sont renversés. L'élève *agressé* peut enfin prétendre qu'il *se défend* légitimement, de son point de vue. Dans l'émotion, il « passe à l'attaque » ! La jeune femme reçoit un coup de poing en pleine figure !

Remarques de l'auteur

Dans l'urgence d'un incident grave comme celui-ci, il y a lieu d'abord d'écouter la victime adulte dire sa douleur et sa colère. Un tel acte de violence met à mal l'adulte dans sa personne, mais aussi dans son statut professionnel et interpelle l'institution qui doit logiquement soutenir son personnel dans un dépôt de plainte à la Police. Il y a en effet violence à agent de l'État dans l'exercice de ses fonctions. Condamner l'auteur de cette violence inacceptable est indispensable.

Il n'en demeure pas moins nécessaire de décrypter l'histoire du conflit, de mettre à jour les mécanismes qui ont fonctionné, ainsi que les éléments déclencheurs. Ce travail d'analyse ne peut se faire qu'après coup, avec d'autres, dans une démarche volontaire, qui permettra de prendre davantage de distance par rapport aux émotions et d'éviter peut-être de se remettre dans une situation analogue.

Le fait que la jeune surveillante ait pris le jeune par l'épaule est certainement à l'origine du dérapage et du passage à l'acte physique de la part de l'adolescent. Dans les trois affaires de ce genre que j'ai eu récemment à traiter en formation, l'adulte agressé avait touché physiquement le jeune, même sans intention de violence et la réaction fut explosive.

Il serait évidemment intéressant de proposer un travail de réflexion semblable aux jeunes concernés, une fois les sanctions posées.

Prendre conscience de ce qui est bon pour le corps

Les punitions corporelles ont été imaginées pour que s'imprime, dans le corps et dans l'esprit, le caractère obligatoire de la règle. Dans un instant d'affrontement, le corps parle avant les mots. N'oublions pas que le corps « enregistre » aussi les sensations, avant les mots. Si le langage du corps est important, essayons, dans la logique des chapitres précédents, de **passer de l'idée de punition corporelle à celle de conséquence corporelle!** Nous pourrions donner à l'enfant l'occasion d'éprouver les bienfaits de certaines règles de vie, jusque dans son corps. À la maison, à l'école, au centre de loisirs, nous pourrions :

- Nous arrêter, pour ressentir l'ambiance de calme qui entoure le travail, l'ambiance d'écoute bienveillante qui permet de se comprendre.
- Mettre des mots sur les sensations physiques : « ça me fait quoi de recevoir un coup, d'être soulevé de force, d'entendre des cris de colère ? Cela me fait quoi un sourire ? ».
- Faire la différence entre un câlin où l'on se sent aimé, respecté, protégé et libre de s'en aller et un câlin obligé, où l'on est comme un objet piégé ou bien qui nous fait peur ou qui nous gêne.
- Utiliser le corps pour se saluer sincèrement ; apprécier une bonne poignée de main.
- Sentir la main encourageante du professeur sur l'épaule « quand il m'explique la division, je sens bien qu'il fait ce qu'il peut pour me faire réussir ! ».
- Pratiquer le théâtre ou « l'expression corporelle » pour parler de ses blessures, ses besoins, ses aspirations, ses bonheurs.
- Affirmer sa personnalité en libérant sa voix et ses gestes, par exemple au son d'une musique rythmée, comme en expression primitive.
- Apprendre à respirer quand on est énervé ; crier, chanter ou aller courir dehors. Apprendre à débloquer sa respiration et à *s'enraciner*, par des pratiques comme celle du yoga. Apprendre à contrôler une agression, tout en respectant l'intégrité de son adversaire, comme dans l'Aïkido.
- Comprendre son corps quand il va mal et en prendre soin pour qu'il aille bien. S'intéresser aux programmes d'éducation à la santé et à l'hygiène, aux programmes d'éducation physique et sportive, faits pour aider l'enfant à prendre de saines attitudes et habitudes corporelles.
- Pratiquer des jeux de société où les règles du jeu respectent chacun dans sa personne, sa place et son statut. Expérimenter l'art de la négociation. Vivre un jeu, où chacun, sportif ou non, peut trouver du plaisir et dépas-

ser ses peurs, en intervenant sur les tactiques et sur les règles. Les sports collectifs, selon l'esprit dans lequel ils sont pratiqués, peuvent être des occasions de passer du terrain de l'affrontement au terrain d'entente.

- Utiliser des gestes rituels, pour enrichir la communication, l'art de la négociation ou marquer la signature d'un accord : « tope-la ! » ; « serrons-nous la main » ; « que ceux qui s'y engagent avancent d'un pas ! ».
- Dynamiser le groupe par des jeux, des danses et des chants.
- Échanger pour se rendre compte que les mêmes gestes n'ont pas les mêmes significations pour chacun, en fonction de son histoire et de sa culture.

Cette liste non exhaustive de suggestions invite à comprendre que le corps peut être largement mis à contribution et de façon positive, pour apprendre à vivre ensemble et à se respecter, sans qu'il soit nécessaire de le martyriser.

Chapitre 9

Un mot de trop, et il en vient aux mains !

« La violence est un rapport mimétique parfait,
donc parfaitement réciproque.
Chacun imite la violence de l'autre
et la lui renvoie avec usure. »
René Girard

Ce récit d'un conflit entre deux adolescents introduit trois questions auxquelles ce chapitre tente de répondre :

- *Comment expliquer le déclenchement soudain des hostilités, qui surprend si souvent les témoins ?*
- *Que faire à chaud, dans un moment de crise émotionnelle ?*
- Quelle est la place de la sanction dans le processus de régulation d'un conflit ?

9

L'histoire d'Arthur et Barnabé

La préhistoire

Il était une fois Arthur, avec sa casquette vissée sur la tête et Barnabé, avec son chapeau. Ils avaient chacun leur histoire et leur préhistoire, psychique, familiale, sociale, culturelle. L'occasion, contrainte ou choisie, de se rencontrer, aurait pu être un stage, l'école, un séjour en foyer d'hébergement. Ce fut en centre de vacances.

Dès les premiers instants, Arthur et Barnabé se « reniflent », et, déjà, existent des ressentis. Dans leur cas, ils sont *a priori* négatifs, mais sans plus. Nul n'y fait attention, il y a tellement de choses à faire, à vivre. Entre Arthur et Barnabé, ce n'est ni la passion, ni l'amitié. Mais, pour supporter la proximité du quotidien, disons qu'il y a un « accord de distance », implicitement trouvé et semble-t-il, partagé. Chacun choisit de respecter l'autre, son territoire personnel et sa place dans le groupe, en restant, prudemment, « à bonne distance ».

Les jours passent, l'aventure collective avance. Arthur et Barnabé sont amenés à se dévoiler un peu plus, à se rapprocher, à mieux s'observer. Entre eux, des « objets de désaccord » émergent. Certains provoquent chez eux des émotions. D'autres désaccords, plus distanciés, semblent moins toucher ce qui se joue dans cette relation particulière d'Arthur et de Barnabé. Ces objets de désaccord sont liés à leur façon de penser le monde ou bien à leur manière d'être ou encore, plus simplement, à leurs intérêts immédiats différents. Mais tout cela n'est pas trié, ni élucidé et encore moins discuté.

Au fil du temps, une certaine animosité s'installe entre eux. Cette animosité s'alimente aussi du fait que Domitille, qui s'est rapprochée de Barnabé, est loin de laisser Arthur indifférent. Et puis, Momo, le « pote » d'Arthur, a-t-il peur qu'une nouvelle amitié ne lui porte ombrage ? Il n'arrête pas de distiller à l'oreille d'Arthur que Barnabé n'est qu'un « naze », son père lui a dit que sa famille était arrivée dans le quartier par « un coup de piston », etc.

La crise belliqueuse

Un soir de fête, les participants fatigués résistent au sommeil et une certaine excitation domine. C'est à ce moment-là que, soudain, Arthur agresse verbalement Barnabé : « Tu n'es qu'un « trou du cul, négro en plus ! ». Barnabé fait volte-face, une bagarre s'ensuit. Entre Arthur et Barnabé, la « crise » éclate. Coups de poing… Charlotte, responsable du lieu et de l'équipe d'encadrement, intervient rapidement, sépare les belligérants, leur rappelle haut et fort qu'ici un tel comportement n'est pas tolérable et leur intime l'ordre d'arrêter les insultes. Elle leur demande de l'accompagner dans son bureau pour s'expliquer. Devant l'air renfrogné des deux garçons, elle se ravise et leur donne rendez-vous pour le lendemain, puis les envoie se coucher. Ensuite, elle se rend à la réunion de l'équipe d'encadrement où elle souhaite aborder l'incident, y réfléchir et prendre des décisions.

Dans un premier temps et comme toutes personnes en relation, Arthur et Barnabé avaient trouvé « un accord de distance ». Sans être d'accord sur tous les sujets, ils avaient tacitement convenu de ne pas se chercher, de se laisser tranquilles, de ne pas « se rentrer dedans ». Mais les objets de désaccord sont peu à peu apparus et se sont accumulés, en se chargeant d'émotion, sans que les choses soient exprimées : le conflit était latent… jusqu'à ce que, à l'occasion d'une situation moins maîtrisable et au prétexte d'un élément déclencheur, Arthur passe à l'acte. La crise s'exprime, se manifeste bruyamment : le conflit se révèle, plutôt violemment, même s'il n'y a pas de sang versé. Charlotte, la responsable, intervient alors pour calmer le jeu, « remettre de la distance » entre les deux protagonistes, les extraire de l'environnement et des interactions avec les autres participants. Elle a pu, probablement, jouer de son statut et de sa force de conviction, en rappelant la règle de bienséance, pour réussir à se faire entendre. Elle semble elle-même d'un naturel très calme, à moins qu'elle n'ait cultivé des occasions de travailler efficacement ses émotions, sa respiration, ses postures. Quoi qu'il en soit, elle a pu empêcher l'escalade des insultes et des coups et donc éviter aux deux jeunes des blessures plus graves.

En intervenant, Charlotte vient trianguler ce qui serait resté, sans elle, un face-à-face dangereux. Elle renforce cet élément tiers en utilisant le déplacement et en jouant sur la symbolique des lieux et des espaces : son bureau, l'espace privé de chacun. Leur demander d'aller se coucher, c'est aussi **utiliser le temps comme élément tiers,** car demain sera un autre jour !

La réunion d'équipe fonctionne comme un lieu de distanciation à la fois théorique et émotionnel. Les animateurs connaissent chacun l'une ou l'autre des facettes et des préoccupations d'Arthur et de Barnabé. Avec eux, Charlotte va mieux mesurer les enjeux de la situation et mettre en place une stratégie de traitement du problème pour faire émerger le véritable « objet du conflit ». Il s'agit de le distinguer de « l'élément déclencheur », qui n'est que la goutte qui a fait déborder un vase bien plein de querelles non liquidées. L'équipe pourra décider de rencontrer individuellement Arthur et Barnabé, puis de les recevoir tous les deux. Les animateurs inventeront ce soir-là ce que leur créativité collective leur soufflera aux oreilles, au vu de leur analyse de la situation. Il s'agit d'une part de mettre des mots sur ce qui s'est passé, de sanctionner ce qui est inacceptable dans ce lieu, puis de permettre aux deux protagonistes de trouver « un nouvel accord de distance ».

Que deviennent Arthur et Barnabé ?

Le lendemain, Arthur et Barnabé n'ont pas le droit de participer à la même activité. Et pendant deux ou trois jours, eux-mêmes décident de s'éviter. Mais il se trouve qu'ils partagent une passion pour le basket et puis, le fonctionnement général du groupe les amène à se retrouver autour d'autres activités communes. Ils savent que leur relation est fragile et qu'un mot de trop suffirait à provoquer un nouveau conflit. Mais ils savent maintenant des choses sur la vie de l'autre qui les aident à mieux se comprendre. Finalement, l'intérêt éducatif et relationnel n'est-il pas, par-delà la résolution du conflit d'un soir, l'acquisition par Arthur et Barnabé d'une « valeur ajoutée », source d'enrichissement et de grandissement ?

La résolution du conflit n'a pas été magique. Probablement faudra-t-il repasser d'autres fois par ces étapes repérées de l'histoire du conflit : des phases de conflit plus latent, des moments de crise, des temps de régulation et des recherches de solutions qui prennent davantage en compte les besoins de l'un et de l'autre… On pourrait parler d'un processus en spirale, car un nouvel accord de distance n'empêche pas qu'il existe encore des objets de désaccord, de nouvelles crises, mais ce qui se construit peu à peu assainit la relation, permet de liquider les antécédents, de faire connaissance autrement et de capitaliser des expériences de régulation correcte des conflits.

Exercice

Toute crise se situe dans une histoire et dans un cadre

Angélique a eu 4 sur 20 à son contrôle

Dans cette classe de quatrième, le professeur rend un contrôle d'histoire. Angélique a 4/20. C'est le dernier contrôle du trimestre. Elle a eu 3/20 au premier. Dominique, son voisin, blague : « dis donc, t'as progressé ! » ; lui, il a eu 6/20. Angélique le rabroue rageusement et lui de continuer : « Dis donc, t'avais qu'à bosser ! ». Angélique explose, se jette sur le contrôle de Dominique et le déchire. Il la gifle. Le professeur s'interpose. Dominique lui crie : « dégage, le vieux, c'est pas tes oignons » et le repousse…

Si vous étiez ce professeur, que feriez-vous ?

Traiter le problème, mais après la crise

Deux pièges sont à éviter. Le *premier* et il est extrêmement tentant, est de vouloir traiter le problème alors que les protagonistes sont encore trop impliqués émotionnellement. Dans le moment de crise, il est prioritaire de calmer le jeu et d'éviter l'escalade de la violence qui entraîne souvent des paroles et des actes qui laissent des traces traumatiques et regrettées. Il est urgent de **remettre de la distance** et d'**apaiser les émotions** entre les belligérants, comme entre soi et sa colère. Il faut laisser « du temps au temps », accepter une phase de retrait. Il peut être judicieux d'accepter le détour par une activité autre, par une diversion provisoire susceptible de détendre l'atmosphère. La crise n'est pas le bon moment pour poser les sanctions, ni pour dialoguer !

Le *deuxième piège* serait de penser que le conflit est terminé, parce que, d'une façon ou d'une autre, un élément tiers a permis de calmer le jeu et que la paix est revenue. On pourrait dire avec ironie que cette paix-là revient après 18 heures dans tous les collèges de notre pays et la nuit dans les familles ! Mais de quelle paix s'agit-il ? Si les écarts ne sont pas sanctionnés, si les raisons profondes et les éléments déclencheurs ne sont pas considérés de près, d'autres crises réapparaîtront, occultant de plus en plus les causes premières du conflit.

Après le retour au calme, on regardera comment sont engagées les responsabilités. L'écoute de chacun permettra, au-delà du constat des dommages matériels ou visibles, de savoir comment chacun a vécu la situation. On évoquera la responsabilité civile de chacun par rapport aux dommages causés à l'autre. Sera aussi posée la question de la responsabilité par rapport aux lois et règles enfreintes. Quand le rappel de la règle ne suffit pas, c'est à ce moment-là qu'il y a lieu de décider de sanctions.

Dans l'exercice ci-dessus, vous étiez le prof de Dominique et Angélique. Dominique a dû, par exemple, vous présenter des excuses écrites, en recopiant l'article correspondant du règlement intérieur. Angélique a dû recopier la copie de Dominique. Et tous les deux ont présenté un corrigé détaillé de ce devoir.

Proposer une médiation, c'est offrir une occasion à chacun de dire et d'entendre l'autre, de peut-être passer avec lui un nouveau contrat ou de choisir de s'éloigner, au moins pour un moment. Ce souci de recréer du lien dépend de l'enjeu pour l'un et pour l'autre de cette relation, affective, professionnelle ou associative... Chacun assumera la responsabilité de sa propre vie, en regardant ce qui a été réveillé par ce conflit. Il s'agit peut-être d'un autre conflit non réglé avec une autre personne ou avec soi-même, d'un choix difficile à faire, d'un renoncement impossible, d'un besoin non satisfait.

Dans l'exemple précédent, on aurait pu ainsi apprendre que Dominique n'avait rien fait pour préparer son contrôle et qu'il projetait peut-être sur sa voisine sa propre culpabilité ! On se serait aussi rendu compte qu'Angélique avait passé toute sa soirée, jusque très tard, avec sa sœur aînée, pour réviser son histoire. Bien entendu, ses méthodes de travail ne sont pas efficaces, mais elle aurait plutôt besoin d'aide pour « apprendre à apprendre ». Déjà ulcérée par une première note catastrophique, ce « 4 sur 20 » provoque en elle un grand sentiment d'injustice, au regard de l'énergie dépensée. S'entendre dire « T'avais qu'à bosser » est tout simplement insupportable.

Dominique et Angélique vont mal l'un et l'autre ; l'intrusion tout à fait légitime de l'enseignant déclenche cette violente réaction de rejet, dans l'oubli des règles les plus élémentaires de respect. Décrypter cet enchaînement va aider chacun à se recentrer sur l'objet du conflit et à reconnaître ses torts dans les agressions en chaîne qui ont été commises. Réduire toute l'histoire aux propos de Dominique à son enseignant – propos réellement inadmissibles – ne serait qu'un règlement à court terme du problème, qui risquerait de rebondir.

La crise émotionnelle est un moment où l'on perd la distance

Les éducateurs qui ne pensent pas à différer le choix de la sanction, peuvent commettre des erreurs regrettables sous l'emprise de la colère. Les punitions « idiotes » ne sont pas données par des gens idiots, mais bien souvent, au mauvais moment et par des gens excédés, « hors d'eux-mêmes » et de leurs facultés habituelles à réfléchir. Dans l'urgence, face à une agression, même légère, chaque être humain demeure toujours une personne de chair et de sang, avec sa sensibilité, face à une autre personne, avec sa propre sensibilité, qui risque de se laisser aspirer dans une crise mimétique.

Pour reprendre de la distance avec l'événement, il faut tenter de **surseoir à ses propres impulsions.** Pour cela, il est nécessaire d'avoir appris à les reconnaître et à se les avouer avec simplicité, au lieu de les refouler sans cesse. Pour être capable d'attendre un moment plus favorable pour « vider la corbeille de linge sale », il est possible, en s'y entraînant, d'agir sur son corps, par la respiration, le choix de la posture, la position par rapport aux autres, de maîtriser sa voix et ses gestes, de porter un regard distancié sur la scène qui se déroule, plutôt que « fusiller du regard » celui que l'on ressent comme l'agresseur. On peut aussi agir sur son mental, en se parlant à soi-même, en ne perdant de vue ni ses convictions ni l'objectif prioritaire, souvent dicté par la mission professionnelle ou par la fonction que l'on occupe à ce moment-là.

Garder son calme ou savoir le retrouver, est une condition préalable pour diagnostiquer le danger et l'urgence. Garder la tête froide, même dans les pires moments, permet d'identifier les vrais besoins et les ressources disponibles pour passer à l'action, en ne faisant dans l'urgence que des gestes d'urgence !

Remettre de la distance entre les protagonistes

Il s'agit ensuite de remettre de la distance entre les protagonistes, en introduisant un élément tiers qui va se poser en travers du « jeu à deux ». Bien des éléments peuvent intervenir, plus ou moins adaptés à la situation particulière, par exemple :

- les sensations concrètes, le « réel », les faits ;
- l'espace, par l'éloignement, la mise à l'écart ;
- le temps, en différant tout ce qui peut l'être ;
- une tierce personne : un témoin, un intervenant, un arbitre, un agent de sécurité[41] ;

41. La question du tiers est reprise au chapitre 17.

- le groupe lui-même ;
- la parole : des mots pour aider l'autre à dire sa colère ou sa peur, des explications ;
- de l'action, en proposant à ceux qui sont dans l'émotion quelque chose de concret à faire ;

- un changement de registre, de ton, de l'humour susceptible de dédramatiser la situation, à condition de rester dans le respect, la délicatesse et l'attention aux réactions, pour réajuster au plus vite ;
- un événement qui fait diversion, comme une sonnerie ou l'arrivée d'un collègue ;
- le rappel du cadre de la situation, des conventions du lieu, des lois en vigueur, des sanctions encourues en cas de transgression. Il est utile de rappeler les liens statutaires (sommes-nous dans une relation éducative, hiérarchique, partenariale ?) et les fonctions (éducateur, garant de la loi,…). Chacun des membres présents doit prendre conscience de sa position par rapport au conflit : partie prenante, renfort d'une partie ou tiers. Il peut choisir d'en changer.

Manifester de la reconnaissance à chacun

Quand on crie, quand on cogne, c'est parce qu'on a peur de ne pas être entendu. La colère aura tendance à s'apaiser si elle est reconnue sans jugement : « Je vois que c'est insupportable pour toi », plutôt que « Tu as tort de te mettre dans cet état pour si peu ! ». Il est important de donner alors aux protagonistes du conflit un signe de reconnaissance, de leur offrir un espace d'expression, de leur signifier le respect par le ton, le geste et le regard. On essaiera de décoder leur agressivité, en étant à l'écoute tout en contenant cette agressivité dans un cadre. Il s'agit d'accueillir chacun sans le condamner, avec son émotion du moment, son objectif, son point de vue, son statut, son histoire, ses convictions. On pourra évoquer un point commun, une valeur commune et au-delà du différend, s'appuyer sur ses ressources humaines et l'inviter à faire de même.

Trouver une issue honorable

Les protagonistes vont accepter de sortir de la crise si l'issue leur semble honorable, sans humiliation. Pour que chacun s'en sorte bien, dignement, il faut éviter les impasses ! Imaginez-vous au fond d'une impasse, dont l'issue est bloquée par votre agresseur ou celui que vous vivez comme tel : s'il ne veut rien entendre, quel autre choix avez-vous que vous soumettre… ou lui « rentrer dedans » ? Et si la sortie de crise représente pour l'un ou l'autre une menace, celui-ci peut vouloir rester enfermé, même de façon irrationnelle, dans son attitude.

Si l'échange est encore possible après l'instant de crise, il est important de recentrer le débat sûr « l'objet du conflit » qui a provoqué l'affrontement, plutôt que de se crisper sur le comportement de la personne pendant la crise. Le plus souvent, il faut d'abord laisser du temps, en proposant par exemple un rendez-vous ultérieur, dès que seront restaurées les conditions du dialogue, dans une perspective de règlement effectif du problème révélé par la crise. Il est prudent de ne pas classer l'affaire « sans autre forme de procès », car rien n'est encore traité. Chacun doit être rassuré sur le fait que justice sera rendue dès que possible et qu'il sera écouté.

Dans un premier temps, il s'agit donc de **séparer** les adversaires qui se battent. Dans un second temps il s'agit de les **réunir** pour qu'ils se parlent.

Chapitre 10

Avant de sanctionner, instruire l'affaire !

« Tout s'explique et rien ne se justifie. »
Alfred Capus

Ce sont souvent des histoires vécues qui nous ont posé question et qui ont motivé notre réflexion. En les racontant au fil de ce livre, nous espérons faciliter la compréhension de ce que signifie pour nous « sanctionner sans punir ». Dans ce chapitre, nous décrivons les étapes d'un traitement efficace et juste d'une transgression, du flagrant délit au classement de l'affaire, en passant par toutes les phases de l'instruction.

Descente dans un casier !

Prof dans un collège, je passe un jour en début d'après-midi près des casiers de rangement des élèves. Je surprends alors une petite bande de quatre ou cinq, en train de traficoter le cadenas à code numérique d'un de ces casiers. Ayant un doute et bien que n'étant pas de surveillance à ce moment-là, je m'approche :

— *À qui est ce casier ?* Flottement..., puis une réponse hésitante vient :

— C'est celui de Marine, parce qu'elle ne réussit plus à l'ouvrir...

— Mais pourquoi Marine n'est-elle pas là avec vous ?

Par chance, Marine est l'une de mes élèves. Du coup, j'enchaîne avec détermination :

— Je vais l'appeler, ainsi que l'agent chargé des casiers. Allez vite dans la cour en attendant. Nous en reparlerons certainement.

É.M.

Réagir face au flagrant délit

Dans la relation éducative, le constat de flagrant délit s'apparente souvent à un moment de crise ; il met donc fortement en jeu des émotions, celles de l'enfant, mais aussi celles de l'adulte. Il convient donc de rappeler le cadre et de signifier le respect que l'on porte à la personne au-delà de son acte.

Faire acte de présence, c'est déjà rappeler le cadre. Constater que la règle a été enfreinte, puis dresser « un procès-verbal », c'est exprimer comme nécessaire de poser une sanction, mais annoncer que cette sanction sera décidée en connaissance de cause. Il est apaisant de déclarer comme normal et légitime un désaccord entre auteur, victime et témoins. On peut préciser que chacun pourra, le moment venu, formuler son point de vue particulier. Mais, dans l'urgence, on se préoccupe surtout de prévenir tout danger et de calmer les émotions.

Histoire

Une affaire de rat... à instruire !

« À la fin de l'année scolaire, un élève amène un rat en classe et profite d'une absence du professeur pour le déposer sur le bureau. L'animal effrayé se soulage sur les affaires du professeur. En constatant les dégâts, tous les élèves, incités par quelques-uns, sortent du cours et se dispersent dans le lycée. Indigné, le professeur alerte le chef d'établissement, puis progressivement ses collègues, qui viennent en délégation réclamer des sanctions exemplaires. »[42]

Cette situation nécessite une instruction, au sens judiciaire du terme, très minutieuse, en recoupant les témoignages. Il est en effet important de déterminer les différentes responsabilités des élèves, afin d'éviter une sanction collective qui n'aurait aucun sens sinon de faire naître un sentiment d'injustice.

Les différentes phases d'une instruction

Instruire, c'est d'abord écouter chacun séparément, puis obliger les uns à prendre en compte le point de vue des autres. Le face-à-face n'est pas toujours possible. Quand les tensions commencent à s'apaiser, chacun est invité à exprimer son point de vue, ses inquiétudes, ses repères, les limites que l'on pose. On ne peut faire l'impasse d'une analyse de la situation dans tous ses aspects, c'est-à-dire les personnes, les fonctionnements, les problèmes. Chacun de ces éléments ou une combinaison de ces éléments, peut être à l'origine du conflit et de la transgression. Il est important de les avoir tous à l'esprit pour espérer, peut-être, résoudre le conflit et pas seulement le « gérer » dans l'instant.

42. Exemple vécu et rapporté par M. Mazalto, proviseur de lycée, dans un article « Les punitions et les sanctions à l'école », écrit en janvier 2001 pour les CEMEA (Centres d'entraînement aux méthodes éducatives actives).

Écouter les personnes

Il s'agit de regarder les éléments irrationnels et psychologiques du conflit, tels que les sentiments, les émotions, l'estime de soi, les représentations personnelles du problème, etc. Il est important d'écouter l'émotion, au besoin de « laisser l'abcès se vider », chercher à comprendre avant de vouloir raisonner. Ne pas vouloir dès le départ avoir une vue d'ensemble et l'imposer aux intéressés. Commencer par écouter leurs points de vue au moment des faits, ce qu'ils ont vu, entendu, ressenti, imaginé, pensé, voulu faire.

Analyser les fonctionnements

Quelle est la pratique habituelle concernant la règle transgressée ? Des exceptions, des régimes particuliers auront pu être vécus comme des privilèges, des passe-droits. Des transgressions non sanctionnées ont pu être interprétées par l'enfant ou le jeune, comme autant d'autorisations de fait. Quand il s'agit d'une transgression à une règle négociée dans le groupe, on peut se demander comment a été ressenti par le contrevenant le mode de décision. La qualité des prises de décision est un facteur clé dans la régulation des conflits. Les gens qui se sentent exclus ou qui pensent ne pas pouvoir influencer les décisions en sont affectés. Ils ne coopèrent ou ne soutiennent les décisions prises que très rarement. Ils peuvent même essayer, délibérément ou inconsciemment, de les saboter, s'ils n'ont d'autres ressources pour se faire reconnaître.

Élucider les problèmes

De façon générale, les conflits proviennent des différences entre les personnes, de points de vue opposés, de besoins ou d'intérêts incompatibles ou de divergences concernant la répartition des richesses du groupe : argent, nourriture, partage plus ou moins équitable des fruits d'un travail collectif. Ce sont ces problèmes qui poussent les gens à se positionner, parfois en infraction aux lois ou règles établies. La transgression a pu révéler un besoin de l'enfant qui n'avait pas été pris en compte, comme le besoin de bouger d'un élève assis en classe depuis plusieurs heures.

L'analyse du problème ne retire pas la responsabilité de l'auteur de l'acte qui doit prendre conscience des conséquences réelles ou probables de ses agissements. Le besoin de se défouler n'efface pas le fait que le non-respect de certaines règles empêche tout un groupe de travailler. En cas de racket, il est certain que la peur des représailles incite à la non-assistance à personne en danger. Elle ne la justifie pas. Une concurrence déloyale peut expliquer un comportement tricheur, mais cela n'empêche pas la perte de confiance qui en résulte. Des difficultés financières peuvent expliquer un vol ou des tricheries dans les déclarations fiscales, mais il faudra bien s'acheminer vers d'autres moyens pour résoudre ces difficultés, sous peine d'être perçu comme parasite et de se faire exclure encore davantage.

Juger

Avant de sanctionner une transgression, il faut prendre le temps de juger la situation. Reprenons comme points de repères les *trois éléments* qui, dans la justice française, constituent un délit et en déterminent la gravité :

- **l'élément factuel,** c'est-à-dire les faits prouvés,
- **l'élément juridique,** c'est-à-dire ce qu'en disent le code pénal et la jurisprudence,
- **l'élément intentionnel,** c'est-à-dire le motif de l'auteur du délit.

En s'inspirant de ces trois éléments, pour juger maintenant, en tant que parent, éducateur ou enseignant, la transgression à une règle, on obtient des questions simples :

- Qui est le responsable ? Qui sont les complices ? Qui est visé ? Qui est victime ? Quelle est la gravité des dommages ?
- Y a-t-il infraction par rapport à une loi ? La question se pose alors du dépôt de plainte en justice. Y a-t-il transgression d'une règle ? Cette règle était-elle connue ?
- Quelles sont les circonstances atténuantes ou aggravantes ?

Il arrive que des adultes interprètent un peu rapidement les comportements et fassent des procès d'intention aux auteurs. Il arrive de lire sur des bulletins trimestriels de collège des remarques désobligeantes, du genre : « refus délibéré de coopérer » ; « leçons non apprises, de qui te moques-tu ? » ; « paresse caractérisée ». Qu'en savent véritablement les enseignants ? Au moment de remplir un bulletin scolaire, de rédiger un rapport, quels moyens ont-ils été pris pour vérifier le point de vue et le motif de la personne désignée comme coupable ? S'est-on demandé si l'erreur a été commise en réaction à une agression, par manque d'intérêt pour l'activité proposée, à cause d'une difficulté personnelle ou encore pour sauver l'image de marque face aux copains ? Les procès d'intention sont vécus comme de lourdes injustices.

Diagnostiquer les motivations de l'enfant au moment de la transgression, déceler la signification réelle de la « bêtise-message » ne dispense pas de la sanctionner. Mais l'éducateur conscient de l'enjeu sera plus astucieux dans le choix de la sanction. Il aidera l'enfant à prendre conscience lui-même des raisons de son comportement.

Appliquer la décision prise et envisager l'avenir

Au moment de formuler la sanction qu'il a choisie, l'adulte s'appliquera à en donner le sens et à vérifier la compréhension du message par le contrevenant et par les témoins.

Il est important d'être ferme dans l'application de la sanction et de tenir les promesses. Pour responsabiliser l'enfant après cet épisode, il est important de bien cadrer sa liberté, de réaffirmer les règles en distinguant ce qui reste non négociable et ce qui laisse des choix possibles ; et de lui donner des outils pour l'aider à gérer cette liberté, car, comme le remarque Dan Millman, « Le secret du changement consiste à concentrer son énergie pour créer du nouveau et non pour se battre contre l'ancien. ».

Chercher, avec l'enfant ou l'adolescent, des solutions qui prennent en compte ses besoins légitimes, fixer avec lui des objectifs réalistes, c'est croire à son avenir et à la perspective de progrès possibles. Cette dynamique peut conduire à ajuster la règle ou à passer un nouveau contrat, signifiant toujours des engagements de part et d'autre, avec éventuellement des mesures d'aide et des rendez-vous pour faire le point.

Classer l'affaire

Une fois la sanction accomplie, il est juste de tourner la page sur l'erreur commise, de ne plus y revenir, sauf si des récidives délibérées manifestent un échec de la procédure ! Trop souvent les enfants sont étiquetés longtemps après une transgression ou bien payent plusieurs fois pour la même bêtise, par exemple avec la maîtresse, puis à la sortie des classes avec la mère qui a été informée et une nouvelle fois au retour du père ! Ils subissent des doubles, voire des triples peines ! Il vaut certainement mieux manifester à l'enfant que l'on croit en sa capacité d'évoluer.

Allons plus loin dans l'analyse des motifs d'une transgression

Nous sommes parfois inquiets de voir un enfant transgresser. Quand nous nous demandons dans quels cas nous transgressons nous-mêmes et quels en sont les motifs, nous pouvons davantage comprendre les plus jeunes ! Selon nos tempéraments, il s'agit de petits mensonges à nos proches, d'insultes qui nous ont échappé, du refus d'obtempérer à une consigne du patron, de retards, d'une petite tricherie dans un document. Qui décide que ce n'est pas grave ou que c'est pour une bonne cause ?

Si vous vous questionnez sur le mobile d'un enfant ou d'un jeune ayant contrevenu à la règle, les catégories décrites ici pourront vous y aider. Mais si l'enfant pouvait en parler avec vous, cela vous éclairerait peut-être davantage, car finalement, c'est lui qui sait ! Et s'il ne sait pas très bien, il sera aussi utile à lui qu'à vous d'y réfléchir !

Méconnaissance de la règle

Ce peut être le tâtonnement du tout-petit explorateur qui ne sait pas encore.

Parfois les règles d'un groupe sont archivées et personne n'a songé à en informer les nouveaux.

N'oublions pas les décalages culturels. « Dire une fois seulement » ne permet pas toujours d'intégrer une règle dans la durée si elle est en contradiction avec les habitudes familiales, celles du pays d'origine ou avec les pratiques du club de loisirs où l'on a passé tout l'été. Un jeune peut très bien, dans tous ces endroits, avoir respecté son entourage, sans avoir retiré sa casquette pour dire bonjour. Tel autre ne comprendra pas pourquoi l'enseignant exige qu'on le regarde dans les yeux pour lui répondre, car, dans son pays, c'est une marque d'effronterie !

Ces manquements de fait seront l'occasion de répéter la règle, de l'expliquer, de demander à l'enfant de la reformuler, de la commenter. En revanche, après ce rappel, la responsabilité de cet enfant sera vraiment engagée.

Oubli de la règle

La négligence ou un effet d'entraînement sont à prendre en compte sans dramatiser la situation et sans y voir de mauvaise volonté délibérée. Un rappel à l'ordre suffit bien souvent à une prise de conscience ! Ce peut être tout simplement répondre à l'adolescent injurieux : « Pardon ? Ai-je bien entendu ? Pourrais-tu vraiment répéter ce que tu viens de dire ? ». Le résultat n'est pas gagné d'avance, mais chaque fois que, personnellement, j'ai tenté ce type de réplique, avec des adolescents en colère ou ayant oublié le niveau de langage convenant à la relation, j'ai plutôt provoqué chez eux un léger rougissement accompagnant une réponse du genre « oh, excusez-moi, ce n'est pas ce que je voulais dire ! ». Éviter l'opposition frontale, tendre un miroir et finalement, redonner l'initiative à l'adolescent qui s'est emporté, c'est parier sur sa capacité à se corriger lui-même !

Transgression utilitaire, par convenance personnelle ou par intérêt immédiat

Par intérêt, confort, plaisir, facilité, beaucoup de citoyens fuient devant une difficulté ou une responsabilité à assumer et en viennent à transgresser la règle, simplement, parce que dans l'immédiat, celle-ci les gêne. Combien d'adultes font ainsi des excès de vitesse sur la route, grappillent quelques euros à l'assureur, « oublient » de composter leur titre de transport en commun ou de payer leur parking. Au collège, on sait bien que ce couloir est interdit, mais c'est tellement plus rapide de l'emprunter pour court-circuiter la file d'attente devant la cantine ! Et puis, tout le monde le fait !

L'enfant, comme l'adolescent, a besoin de s'affirmer. Il le fera de temps en temps en s'autorisant ce qui est interdit. Parfois, il ira jusqu'à rechercher l'émotion procurée par le risque encouru pour devenir un « héros » : grimper dans le cerisier ou sur la verrière de la véranda ou encore passer le feu rouge « à fond la caisse ! »[43].

Quand le chat est parti, les souris dansent, c'est toujours la même histoire ! Certains enfants sont en effet habitués à se soumettre au père, au gardien d'immeuble, au policier, mais seulement quand il est présent, bien visible ! Ils n'ont pas conscience qu'une règle a intérêt à être respectée, même en dehors de tout contrôle.

Ce phénomène a souvent des origines dans le comportement des parents ; par exemple quand une mère décide de cacher au père la grosse punition rapportée de l'école ; quand, autre exemple, la voiture familiale ne respecte la vitesse limitée qu'en fonction des appels de phares des automobilistes qui, venant en sens inverse, préviennent de la présence de gendarmes. Ces enfants-là évoluent dans un milieu où ils expérimentent de fait que « les règles sont faites pour être transgressées ». Il ne faut pas s'étonner qu'ensuite, à l'école, l'absence notoire de surveillants laisse imaginer aux élèves que tout devient possible ; et si leur enseignant doit quitter la salle de classe quelques instants, ne soyons pas surpris qu'ils considèrent cela comme une incitation à la transgression, parfois sur un air de fête !

Voici un autre exemple de transgression utilitaire : quand, par une carence du cadre, un lieu de rencontres est dépourvu d'espaces réglementaires pour l'affichage d'informations et de messages, cet affichage devient vite sauvage, car cela répond à un besoin non pris en compte par les organisateurs.

Aux yeux d'un adolescent, tester l'autorité du nouvel animateur, d'un nouveau prof ou d'un beau-père est une transgression utilitaire au sens où elle

43. Je vous recommande la lecture de la bande dessinée de Derib, *No limits*, Le Lombard, 2008 et de son dossier pédagogique « À fond la vie !… pour en finir avec la violence. » (Association pour la vie, 24 rue A. Briand, BP 26, 59392 Wattrelos cedex. – pour-la-vie@wanadoo.fr).

lui fournit des renseignements utiles. Quand nous testons quelque chose, c'est plutôt dans l'espoir que cela marche, c'est pour vérifier que c'est fiable : tester un nouveau, c'est peut-être se renseigner pour savoir si sa présence sera utile et bénéfique. La réponse la plus rapide sera donc la plus efficace !

Enfin, dans cette catégorie de transgressions utilitaires, il y a bien sûr **l'état de nécessité :** faim, tout besoin vital insatisfait, pour lequel nous savons combien la sanction ne va pas résoudre le problème, tant que ce besoin n'est pas satisfait : certains enfants arrivent à l'école sans avoir mangé. D'autres n'ont pu acheter le matériel demandé, cela peut expliquer certains vols. Mais ne confondons pas un besoin vital avec l'envie de porter des baskets de marque ou d'avoir un téléphone portable. Devons-nous, comme je l'ai entendu, faire de la jalousie une circonstance atténuante ou bien réveiller la citoyenneté des contrevenants et de leur entourage, en sanctionnant fermement le vol, tout en attirant leur attention sur les manipulations publicitaires dont ils sont les cibles ?

Vengeance

La transgression peut être la réponse à une agression, qui n'a pas su ou voulu se dire autrement. Le sentiment d'injustice ou la révolte devant l'impunité d'un méfait peut aussi attiser le désir de se faire justice soi-même. Il est alors important que le garant institutionnel empêche que chacun « fasse sa loi », en sanctionnant sévèrement la violence, même quand elle répond à de la violence. Mais il faut aussi entendre le motif et la première agression doit tout autant être dénoncée et sanctionnée. Quand la cocotte-minute est sous pression, on peut resserrer le couvercle, mais il vaut mieux ne pas laisser le gaz brûler dessous trop longtemps !

Manifestation d'une souffrance

Histoire

Jessy a changé…

En CP, Jessy est un petit garçon calme, travailleur et serviable. Son comportement est très agréable pour son institutrice Geneviève. En CE1, l'ancienne maîtresse de CP reprend de temps en temps la classe, pour certains cours. Jessy cherche le contact. Il a toujours quelque chose à lui dire ou à lui montrer. Pendant l'année scolaire, ses parents divorcent. Il avait bien senti qu'il se passait quelque chose, mais personne n'avait mis de mots, lui non plus ne pouvait pas comprendre, ni parler de son mal-être. Geneviève entend souvent parler de Jessy par sa nouvelle institutrice. Celle-ci se plaint de sa turbulence, du chahut qu'il met dans la

Histoire

classe, de son peu de travail. Lors d'une sortie, Geneviève est effectivement stupéfaite de l'attitude de Jessy. Son comportement a complètement changé. Personne n'a su entendre sa souffrance à ce moment-là ; aujourd'hui il l'exprime par des bêtises.

L'enfant a besoin d'être reconnu, de recevoir une réponse des adultes qui l'entourent, de vérifier les limites entre le permis et l'interdit, de tester l'autorité. Parfois, soumis à de grandes tensions internes, il provoque cette autorité pour faire émerger un conflit latent qui lui devient insupportable. Quand un enfant provoque un adulte, c'est une façon de le convoquer, pour que quelque chose de nouveau advienne ! C'est sans doute le cas de cette jeune adolescente, déjà aux prises avec le tabagisme, qui un jour, habillée d'un gros pull en laine exhalant l'odeur du tabac plusieurs mètres à la ronde et contrairement à ses habitudes, vint étreindre affectueusement sa mère en se serrant contre elle. Dans des cas plus graves, cette provocation prend la tournure d'un réel **appel au secours :** l'enfant, le jeune, fait tout pour être pris : « Dites-moi non ! » ; « C'est trop lourd, il faut que cela cesse, je voulais que vous sachiez ».

Quand, nous, parents ou éducateurs, sommes ainsi provoqués, convoqués, osons ouvrir les yeux et répondre à cette « invitation ». Le jeune sera rassuré de rencontrer quelqu'un sur qui s'appuyer, se repérer, même si le prix à payer est une sanction lourde. « Cette sanction, il l'a bien cherchée », oui, mais au sens de chercher un point d'ancrage pour éviter le naufrage. Si l'adulte est alors défaillant, s'il ne donne pas la sanction adaptée à la transgression, le jeune risque fort de continuer à s'enliser dans la situation qu'il désirait fuir, avec au bout du compte des transgressions à venir encore plus graves de conséquences que les premières.

Trois histoires

Histoire

Jérémy se fait prendre

Une mère, très inquiète, racontait comment elle avait découvert que son fils était aux prises avec une bande qui l'impliquait dans une affaire de recel de drogue, sans qu'il sache comment résister. Jérémy n'allait pas bien. Il tournait, oisif, dans la maison. Fermé, il répondait aux questions par des onomatopées, négligeait son travail scolaire, sans pour autant jouer avec ses proches cousins comme il le faisait jusque-là.

« Puis, ce jour-là, raconte cette mère, je ne me rappelle absolument pas ce qu'il nous avait dit, mais dès son départ de la maison, je suis allée fouiller dans ses affaires, chose que je n'avais jamais faite, car ce n'est pas dans mes principes. En quelques minutes, je découvre le pot aux roses, si l'on peut dire : une quantité non négligeable de petits sachets blancs dans son meuble de chevet, pas même fermé à clé ! »

À ce qu'il connaissait de ses parents, il semblait à Jérémy que sa faute n'était pas avouable, mais comment faire ? Le choix de la mauvaise cachette dans le meuble de chevet, ainsi que les propos ayant éveillé un doute dans l'esprit de sa maman, ne signifiaient-ils pas que Jérémy attendait et préférait de fait une réaction, même sévère, de ses parents, à l'imbroglio dans lequel il s'était laissé prendre !

Vous ne m'aimez pas ?

Cela se passe dans un IRP (Institut de Rééducation Pédagogique) où sont placés des enfants aux troubles du comportement importants. Pendant un an, ils sont obligatoirement internes du lundi au vendredi. Un garçon de 8 ans « en fait voir de toutes les couleurs » à l'équipe. Un jour, il leur demande :

— Mais pourquoi vous ne me mettez pas à la porte ?

— Nous ne te mettrons pas à la porte, quoi que tu fasses !

— Vous ne m'aimez pas alors ? »

Il réfléchit quelques secondes puis ajoute :

— ou alors, est-ce que c'est ma maman qui ne m'aime pas ? »

Fin de l'histoire.

« Elle fait ce qu'elle veut, je m'en fous ! »

Jessica, 14 ans, est placée dans un foyer d'enfance. Elle fugue, fume et connaît déjà le poste de police le plus proche pour avoir déjà dû y aller plusieurs fois. Quand les éducateurs appellent la mère, un matin, pour l'informer des frasques de sa fille, la réponse tombe comme un couperet : « Elle fait ce qu'elle veut, je m'en fous ! ».

Jusqu'où Jessica devra-t-elle aller pour avoir une réponse normale de sa mère ? C'est probablement tout ce que la jeune fille recherche. La réponse de la mère confirme à Jessica l'idée qu'elle ne vaut pas grand-chose. Même une réponse culpabilisante comme « Tu me rends malade, ma fille », ce serait malgré tout une réponse, qui permettrait à Jessica de penser : « Je compte un peu pour elle ». Bien sûr, ce *un peu* causerait encore de la souffrance chez Jessica et risquerait d'appeler d'autres transgressions, jusqu'à obtenir une réponse qui construise ou permette de reconstruire une meilleure image de soi. Car toute personne, jeune ou âgée, vit et évolue grâce à l'estime qu'autrui porte sur elle.

Une transgression sous-tend parfois une question grave qui attend une réponse : « Qui suis-je ? Qui suis-je pour toi ? Est-ce que tu m'aimes ? ». Et tant que la réponse est insatisfaisante, il est nécessaire pour l'enfant de la répéter, de la reposer, car cette réponse est vitale : « Est-ce que tu vas me répondre ? Est-ce que j'en vaux la peine ? ». La non-réponse peut être vécue comme de l'indifférence, de l'abandon. Lui faut-il dépasser un peu plus les bornes, opérer une transgression plus grande, pour enfin obtenir une sanction qui lui dise qu'il existe, qu'un dialogue est possible ?

Faire un **diagnostic de détresse**, à propos de certaines transgressions, invite aussitôt à chercher des sanctions réparatrices. Pour l'auteur de la transgression, il ne s'agit pas seulement de réparer l'objet de l'autre, de réparer l'autre, de réparer la relation à l'autre, mais également de se réparer soi-même. Cela fait écho à l'idée de la résilience, largement expliquée par Boris Cyrulnik[44]. Certains enfants gravement traumatisés ont su résister aux épreuves et parfois devenir encore plus humains. Leur évolution est perçue comme miraculeuse. Elle s'explique par un concours de circonstances. D'une part, ces enfants ont sans doute des ressources internes, affectives et comportementales, héritées ou acquises lors des petites années. D'autre part, des opportunités leur ont permis de faire le récit de leur vie et de leurs émotions de façon créative et de croiser sur leur chemin des personnes auprès de qui retrouver affection, sécurité, estime et amour inconditionnel. Ces personnes leur ont permis de retrouver en eux ce qui était sain, créateur d'avenir. Ces personnes ont même osé leur demander d'en aider d'autres, car s'ouvrir aux autres est réparateur. Boris Cyrulnik appelle ces personnes relais des « tuteurs de résilience ».

Quand la transgression est à ce point un appel au secours, si un adulte ose poser une sanction intelligente, manifester un intérêt et une bienveillance chaleureuse à la personne qui souffre et lui confier une responsabilité, nous pouvons dire, à la suite de Boris Cyrulnik, que cet adulte est un « tuteur de résilience » sur le chemin de l'enfant concerné.

La transgression peut venir d'un manque de parole

La transgression est souvent la conséquence d'un manque de parole. C'est un message qui n'a pas su passer par des mots responsables, de demande de reconnaissance, de demande d'aide. C'est souvent un message de colère et de contestation. Si toute « bêtise » est un message codé, comment le déchiffrer, signifier qu'on l'a entendu ?

44. Boris Cyrulnik, *Les vilains petits canards,* Odile Jacob, 2004 ; *Un merveilleux malheur,* Odile Jacob, 2002 ; *La résilience,* Fabert, 2009.

Mais en amont, quels autres moyens de communication proposer pour rendre le « délit-message » inutile ? Comment remettre des mots là où leur absence a conduit à des gestes de violence ?

Lettres d'adolescents

La lettre de Faustine

Ils ne sont pas rares les adolescents qui ne s'expriment quasiment jamais par oral sur leurs états d'âme. Faustine, lycéenne, osa un jour réagir et écrire à une adulte qu'elle connaissait, engagée auprès de jeunes en difficultés repérées : *« Pourquoi faut-il avoir des problèmes, être un cas, être malade, orphelin ou faire des conneries, pour qu'on s'intéresse à nous, qu'on pense à nous, pour mériter que quelqu'un nous dise "je t'aime" ? Quand on n'est ni la première ni la dernière de la classe, quand à la maison, on n'est ni l'aîné brillant, ni la petite dernière chouchoutée, quand on est trop timide pour dire ce que l'on pense, que l'on n'est pas canon, mais pas non plus handicapée, qu'on a une famille trop normale pour défrayer la chronique, eh bien on ne compte pas, on est transparent, anonyme, inexistant. Que l'on soit morte ou vivante, cela ne changerait pas grand-chose à la face du monde ! »*

La lettre de Chloé

Une autre lettre, de Chloé, 15 ans, dit, en positif, le même besoin, besoin satisfait cette fois : *« Nous sommes partis à une vingtaine de jeunes, pendant une semaine, pour monter une comédie musicale. C'était trop super… On s'est un peu engueulés, mais qu'est-ce qu'on a rigolé ! Il y en avait pour tous les goûts, les plus techniciens, les plus musiciens, les danseurs, le responsable des costumes,… et puis, on a discuté tard dans la nuit des trucs de la vie, de la mort, l'amour qui foire souvent et puis ce qui nous branche, de ce qu'on voudrait faire dans la vie. Les animateurs écoutaient nos trucs, ça les intéressait et après, on les transformait en chansons ».*

On éviterait peut-être des transgressions, des agressions, mais aussi des régressions et des dépressions, si on écoutait activement, si on apportait des **signes de reconnaissance,** mais aussi des propositions de projets à des jeunes qui pensent n'avoir pas d'importance à nos yeux, qui croient être trop nuls pour nous intéresser. Parfois, les mots difficiles à dire peuvent être plus faciles à chanter, à écrire, à taguer, à dessiner ou à mettre en scène. Mais parallèlement, permettons toujours aux enfants d'enrichir leur vocabulaire. Ne renonçons pas aux mots, ils sont essentiels dans la prévention des violences. Moins une personne a de mots à sa disposition, plus elle risque de parler par l'action, par la violence. Des linguistes parlent de « langue illettrée ».

Chapitre 11

Objection, votre Honneur !

« Il faut beaucoup d'indisciplinés pour faire un peuple libre. »
Georges Bernanos

Conflits de loyauté entre la « bande » et la famille

N'oublions pas que le jeune vit aussi des conflits de valeurs. Doit-il dénoncer un copain coupable de vol ou refuser de l'aider pour un devoir ? Même si notre point de vue diffère du sien, il est honnête de reconnaître qu'il s'agit bien d'un conflit de loyauté. L'adulte devrait même pouvoir déceler l'aspect positif du comportement de l'adolescent et lui signifier : « en trichant, peut-être as-tu voulu aider ton copain en difficulté ? ». Rassuré par ce regard bienveillant, ce jeune pourra éviter la fuite et le mensonge et davantage assumer sa responsabilité.

La désobéissance aux règles familiales ou à celles de l'école peut prendre la forme d'une résistance entêtée, qu'elle soit passive ou active. L'adolescent peut aussi s'enfermer dans un mutisme indéchiffrable ou plus insidieusement sous une carapace lisse et souriante à travers laquelle rien ne semble plus l'atteindre. Attention, danger, pour lui-même tout d'abord ! S'adresser à lui de manière frontale renforce son agressivité, car, s'il reste silencieux, il n'en nourrit pas moins de la rancœur.

À quoi le jeune dit-il « non » ? À qui dit-il « non » ? Il peut y avoir rivalité entre la norme du groupe ado et la norme parentale. Peut-être a-t-il peur de perdre son groupe, ce qui est impensable pour lui, à ce moment-là. Il est tenté de tricher, d'abuser de la confiance de ses parents. Paradoxalement, le jeune, au sein de sa bande est aussi porteur de la culture de ses parents, des valeurs qu'il a intégrées, même de façon encore fragile. Il a besoin d'être aidé pour acquérir suffisamment de force et d'outils, pour faire valoir son point de vue, être reconnu, pouvoir se démarquer sans perdre ses copains. Heureusement, certains ados surprennent parfois par leur aisance à communiquer, y compris dans

les moments difficiles, trouvant par eux-mêmes des recours à autrui. Par exemple, de jeunes adultes, culturellement encore proches des adolescents, mais ayant dépassé cette phase et devenus autonomes, seront de précieux confidents. À certains moments, le médecin tenu par le secret professionnel sera légitimement préféré aux parents. Des parents de copains, des voisins, des parrains, des animateurs sportifs peuvent devenir de précieux alliés pour tout le monde, ainsi que les articles et les courriers des lecteurs d'une presse jeune intelligente[45].

À l'inverse, certains adultes peuvent assez facilement écraser le jeune de leur expérience, de leurs arguments intellectuels, de leur facilité à les formuler et au bout du compte de leur pouvoir statutaire. On obtient ainsi la soumission par manque de répartie et forfait de l'adversaire. Il est sans doute plus éducatif de commencer par écouter et essayer de comprendre les repères actuels du jeune, les normes et les codes de la bande de copains dans lequel il évolue. Il est important de reconnaître qu'il est aux prises avec un conflit de loyauté, entre deux univers étrangers l'un à l'autre. Car si l'adolescent a besoin d'un **solide ancrage** familial ou adulte, il a tout autant besoin d'un groupe extérieur où il peut **être reconnu et se reconnaître comme différent** de ses parents, pour oser sortir du cocon. Quel espace privé lui autorisons-nous, à l'intérieur et à l'extérieur de la maison ? Et quel balisage continuons-nous d'assurer ?

Transgressions citoyennes

Un collège n'est pas censé faire du commerce, mais la vente de petits pains à la récréation ou de photos de classe, permet de trouver des financements pour ne laisser personne sur le quai, au départ d'un voyage de classe. Des jeunes de 12 ans, qui lavent des voitures pour financer un projet collectif d'activité de plein air, pourraient tomber sous l'interdiction du travail des mineurs, travail au noir, qui plus est. Certains appelleront cela des transgressions répréhensibles. Mais on conviendra qu'une marge de tolérance est bienvenue, car ces actions sont surtout utiles à l'expérimentation de l'autonomie et au développement d'une culture de solidarité et de responsabilité, qui n'est pas toujours encouragée par les règlements très stricts d'une grosse collectivité.

Des jeunes peuvent aussi se rebeller contre une sanction qu'ils estiment injuste, envers eux-mêmes ou envers d'autres. N'oublions pas que certains des enfants que nous prétendons éduquer, sont quelquefois de réels objecteurs de conscience.

45. Par exemple la revue mensuelle « Phosphore », chez Bayard-Jeunesse.

Projection de cartouches

Histoire en classe de cinquième

Dans cette classe de cinquième, le cours de musique se passe mal. Plusieurs cartouches d'encre se retrouvent malencontreusement éclatées sous les pieds des chaises. Les responsables du forfait sont sommés de se désigner. Ils se taisent. Le professeur, excédé, fait venir le Conseiller Principal d'Éducation. Celui-ci, après une dernière sommation, décrète une retenue collective pour le mercredi suivant, si les coupables ne se sont pas dénoncés avant 16 heures. Les deux délégués se présentent à son bureau à 15 heures :

— *Nous avons bien réfléchi et nous préférons nous dénoncer.*

Le CPE, certain que ces deux élèves-là n'ont pas fait éclater de cartouche, les interroge :

— *Vous êtes prêts à payer pour ceux qui perturbent la classe, alors que je sais très bien que ce n'est pas vous !*

Imperturbables, les élèves délégués lui répondent :

— *Cela ne vous regarde pas. Nous nous dénonçons. D'après ce que vous avez annoncé, vous allez nous sanctionner. Cela fera deux punis au lieu de vingt-huit !*

Que feriez-vous dans pareille situation ?

Certains adolescents se montrent capables de poser un acte d'opposition à l'autorité, en référence à leurs valeurs. Ils essaient de le faire sans se mettre trop en danger, mais leur objectif est de peser pour modifier le fonctionnement. Ils veulent avoir un impact mesurable, ne cherchent pas la clandestinité, mais au contraire la médiatisation de leur positionnement pour que d'autres, leurs supérieurs et leurs pairs, réfléchissent à leur tour. Ils renvoient les adultes à un conflit intérieur et à se poser la question de leur cohérence, de la distinction entre légalité et légitimité. Tout en assumant les sanctions prévues par le règlement, les adultes pourraient judicieusement admettre ces élèves comme des interlocuteurs valables, susceptibles de faire des propositions concrètes. Il serait bénéfique pour tous de les associer à une réflexion sur les améliorations possibles des fonctionnements.

Attention, comprendre que le jeune est en train de contester une règle n'enlève en rien le caractère non négociable de cette règle, au moins au moment où elle est transgressée. Car si elle doit être revue et corrigée, ce sera dans un espace adéquat. Si ce jeune est sous notre responsabilité, sa motivation louable ne nous soustrait pas à notre responsabilité vis-à-vis de lui. Il y a lieu d'aider ce jeune à **bien identifier les statuts de chacun,** tout en lui exprimant notre estime et en accueillant ce sentiment d'injustice qu'il éprouve, en reconnaissant même l'inadéquation de cette règle, si tel est notre avis. On peut ouvrir des perspectives pour une régulation dans la durée et demander au jeune de commencer à réfléchir et à rédiger des propositions réalistes, cohérentes, qui pourront être étudiées par l'instance habilitée. Il est important de ménager une sortie honorable à ce jeune, mais aussi au garant de la règle qui doit être respecté dans son statut.

N'oublions pas que la plupart des lois de notre pays ont évolué suite à des transgressions qui les remettaient en cause. Des adultes pleins de bon sens peuvent être sensibles aux arguments de jeunes contestataires avisés : cette règle, après tout, a peut-être effectivement besoin d'être réactualisée. Si le règlement de l'établissement prévoit une fourchette de sanctions en cas de transgression à cette règle, ces adultes seront sans doute enclins à n'appliquer que le minimum prévu.

Ne faisons pas de l'objection par enfant interposé !

Des parents, horrifiés par le système punitif d'une enseignante en classe primaire, conseillent à leur enfant de refuser un fonctionnement qu'ils estiment violent. De même, un formateur pousse de jeunes stagiaires animateurs à se rebiffer contre le comportement arbitraire de tel directeur. « Vous n'allez pas accepter cela, quand même ? ».

Attention, qui va assumer les conséquences, les risques encourus, en se mettant en travers du chemin de celui qui détient le pouvoir statutaire ? Qui sera là pour aider cet enfant ou ces stagiaires, à anticiper les réactions de cette personne en situation de pouvoir, quand elle se sentira agressée ? Quel est l'enjeu du désaccord pour ceux qui vont à l'affrontement, qui montent au front, qui vont aller à contre-courant ? N'y a-t-il pas d'autres moyens possibles, moins exposés ? Plutôt que leur dicter une attitude, il est possible de les aider à choisir eux-mêmes une conduite à tenir, en les interrogeant : « Comment et à qui pourriez-vous exprimer votre désaccord et la volonté de ne pas vous soumettre ? Quelles sont les conséquences prévisibles de votre objection ? Comment envisagez-vous de les assumer ? »

L'objection de conscience des adultes

L'objection de conscience est une éventualité envisageable quand un citoyen pense en toute conscience qu'une loi est franchement inacceptable, inadaptée ou parfois même illégitime, qu'elle a été prononcée sous des pressions médiatiques, économiques ou politiciennes, sans réelle prise en compte des besoins de ceux auxquels elle s'applique. Cet acte d'objection, pour n'être pas en contradiction avec l'idée même de loi, n'a de sens qu'avec l'objectif de faire évoluer ou changer cette loi particulière. Dans cet esprit, il est donc logique de ne poser cet acte d'objection qu'après avoir épuisé tous les recours possibles du droit. « Le droit n'est jamais absolu, mais le résultat d'un rapport de force. La désobéissance civile ne s'inscrit pas dans une négation de la nécessité du droit, mais elle montre que le droit peut parfois servir une injustice »[46]. Quand l'objection de conscience conduit à un acte de désobéissance civile, la démarche non-violente implique que celui qui a enfreint la loi accepte d'assumer les sanctions prévues.

Toutefois, dans l'exercice même du métier d'éducateur, pris au sens large, l'objection de conscience semble un exercice de haute voltige qui requiert, au-delà des convictions, beaucoup de modestie, de discernement et de précautions.

Pourra-t-on fournir suffisamment d'explications aux jeunes dont on a la charge, éventuellement à leurs parents ou au responsable hiérarchique, pour que les uns et les autres aient accès au sens de la démarche ? Ne risque-t-on pas de discréditer du même coup toutes les règles qu'on demande d'appliquer par ailleurs ? Ne prend-on pas en otage des mineurs, encore étrangers au combat des adultes ?

Certains parents, dans le cadre d'un engagement militant, posent des actes de désobéissance civile. Les actualités des vingt dernières années ont rapporté des actions comme le refus de la part d'impôt consacrée à l'armement nucléaire, l'affichage de la loi sur l'objection de conscience au service militaire, l'hébergement d'immigrés sans papiers, l'occupation de logements vides, le refus syndical d'appliquer une consigne de l'employeur, le stationnement sur autoroute, l'arrachage de plantes génétiquement modifiées, le barbouillage de panneaux publicitaires, etc. Les enfants les observent et essaient de comprendre. Voient-ils leurs parents comme des délinquants ou comme des acteurs capables de peser sur les choix de société ? Les considèrent-ils comme des citoyens responsables, conscients de l'intérêt des lois, mais capables de critiquer celles qu'ils estiment profondément injustes ou dangereuses ? Ces images d'adultes proposées à des enfants sont-elles déchiffrables par eux ? Face aux adolescents, il est certain que l'on renforce sa crédibilité quand on manifeste soi-même une **adhésion constructive mais critique** aux règles communes.

Si l'objection de conscience, interrogée par la question de l'apprentissage de la loi, pouvait être un choix aisé, ce ne serait justement plus un cas de conscience !

46. José Bové, « Entretien sur l'action non-violente », dans la revue *Alternatives Non-Violentes*, n° 126, juin 2003.

Chapitre 12

Encore un carreau de cassé !

« – Je n'ai pas fait exprès !
– Ce n'est pas une excuse,
ça ne suffit pas de ne pas faire exprès,
il faut faire attention ! »
(Échange entre une mère et sa fille)

Payer le verre ou le carreau cassé, c'est de la réparation, c'est donc lié à la responsabilité civile. Il ne faut pas confondre cela avec l'amende, de nature pénale, conséquence d'une infraction. L'idée de sanction-réparation a bonne presse, mais n'est pas toujours mise en œuvre concrètement. Les assurances sont là pour réparer les gros dégâts et quand ce n'est pas grave, beaucoup de parents préfèrent dédommager eux-mêmes qui de droit, sans estimer toute la valeur éducative de la démarche de réparation pour leur enfant, que celui-ci ait causé le dommage exprès ou non… Quant aux insultes, comment les réparer ?

Exercice

L'assiette de grand-maman

Un petit garçon de quatre ans s'applique à ranger la vaisselle du repas, quand, par maladresse, il laisse glisser une assiette qui se brise à terre. Il est manifestement désolé et embarrassé.

Pour la suite de cette histoire, différents scenarii sont possibles. Nous vous invitons à les lire :

Scénario 1

– *Malheureux ! C'est la dernière assiette du beau service que Grand-Maman nous avait offert juste avant sa mort !*

En s'adressant à l'entourage :

– *Enfin, on n'y peut plus rien. C'est de ma faute, je n'aurai pas dû le laisser faire. Il est trop petit.*

Puis, le fusillant du regard :

– Ne me regarde pas comme ça ! C'est trop tard ! Ah, qu'il était beau ce service !

Scénario 2

– Je sais que tu n'as pas fait exprès, mon chéri. Ne t'inquiète pas. Ce n'est pas grave. Je m'en occupe. Tu peux aller jouer maintenant !

Scénario 3

– *Aïe, aïe, aïe ! Tu as l'air tout triste d'avoir cassé cette assiette ? Je me trompe ?*

– *Merci de ranger la vaisselle avec moi. Va donc chercher la pelle et la petite balayette pour ramasser les morceaux. Si tu n'y arrives pas complètement, je pourrai t'aider. Après, tu finiras de ranger les verres…*

– *Et après, on fait quoi ?*

…câlin…

– *Tu es désolé. Tu vois, moi aussi, je suis un peu déçue. Tu te souviens de Grand-Maman ? On riait bien avec les petits dessins de cette vaisselle !*

…sourire…

– *Mais tu sais, je préfère qu'un enfant participe au travail de la famille, même s'il y a des risques. Tu deviens grand.*

– J'ai bien rangé les verres, hein ?

Scénario 4

– *Pour la peine, tu iras chercher la poubelle. Je m'occupe du reste.* Exécution silencieuse.

Scénario 5

– *Faites des enfants, ça vous occupera ! Tu es toujours aussi maladroit. La prochaine fois, je t'enverrai jouer dehors, ça fera moins d'ennuis.* L'enfant reste dans un coin de la pièce, immobile.

Scénario 6

– Marlène, aide ton petit frère à débarrasser. Voyons, c'est pas normal que ce soit le petit qui travaille le plus. On ne peut pas lui en vouloir, à son âge ! Et mets les morceaux dans la grande poubelle. Et va vite finir la vaisselle !

Scénario 7

L'enfant dit :

– *Merde, merde, merde !* Le père répond :

– *Mercredi, mercredi, mercredi !*

Ils se regardent, avec des mimiques d'air navré et de complicité espiègle. L'enfant va de lui-même chercher la balayette et la pelle. Le père fredonne l'air de : *« encore un carreau de cassé… ».* L'enfant reprend : *« vlà l'vitrier qui passe… »* et ramasse les morceaux. L'enfant ajoute :

– *On trouvera une assiette à la foire à tout pour consoler maman !*

Suite de l'exercice…

Vous pouvez, au choix, cocher votre scénario préféré, deviner le scénario préféré de l'auteur, attribuer à quelqu'un de votre entourage un scénario, un ami que vous appréciez ou bien quelqu'un qui vous donne envie d'ironiser à propos de ses méthodes éducatives !

J'ai pas fait exprès!...

La réparation a évidemment comme premier objectif de dédommager les victimes. Mais, au-delà de cette reconnaissance, elle permet au jeune contrevenant de comprendre que le dommage existe, indépendamment de l'intention de nuire. **Elle distingue responsabilité et culpabilité.** En plus de réparer effectivement le dommage causé et de se dédouaner vis-à-vis des victimes, ce geste de réparation va contribuer, d'une façon très pédagogique, à clarifier pour l'enfant la notion de responsabilité civile. Celle-ci n'est pas liée à la notion de faute morale ou de manquement à la règle, mais à celle de dommage causé. Exprès ou pas exprès, celui qui a cassé le carreau doit remplacer ou repayer le carreau. La non-culpabilité ne dispense pas de la **responsabilité de réparer.** Et puis, il ne suffit pas de ne pas faire exprès. Encore faut-il faire attention aux autres, avec ce qui est important pour eux, si on a envie d'être en bonne relation.

La délicatesse s'apprend. Bien des parents ont des difficultés à faire admettre à leurs enfants qu'il est important de s'excuser pour le mal que l'on fait sans avoir voulu le faire. Les adolescents, déjà peu sûrs d'eux-mêmes, malgré les apparences qu'ils essaient de donner, ont besoin de se reconstruire une image positive d'eux-mêmes. Comment les convaincre qu'on ne se rapetisse pas en faisant les premiers pas vers la personne qu'on a énervée, vexée, blessée, parfois sans l'avoir fait exprès ? Il n'est pas naturel d'accepter l'idée qu'en se reconnaissant comme la cause d'un dommage ou d'une blessure et en manifestant de la compassion, on fait preuve au contraire d'intelligence et de grandeur d'âme.

La réparation matérielle

Pour faire concrètement l'apprentissage de la responsabilité civile, il est important de demander au « causeur de dommage », chaque fois que cela est possible, qu'il y ait infraction ou non, la réparation directe et matérielle. C'est souvent la réponse la plus simple, la plus juste, la plus signifiante. S'il se trouve que ce travail de réparation est éprouvant, il permet d'éprouver la valeur du dommage causé ! Si ce travail est bénin, c'est que le dommage causé l'est aussi ; alors, pourquoi dramatiser ?

Si l'adulte mesure qu'un acte n'a pas eu, par chance, de conséquences fâcheuses, mais que cela aurait pu être grave, il est de sa responsabilité d'éducateur d'ajouter à l'exigence de réparation, une **contrainte de réflexion.**

Trois histoires

Le petit pont

Des enfants de 4 à 8 ans d'un petit village tranquille s'amusent à casser le ciment recouvrant un petit pont peu fréquenté. Quand les adultes s'en aperçoivent, il ne reste que les barres de fer. Les parents concernés décident ensemble de le réparer. Mais tous les enfants ayant participé à la dégradation doivent être présents et à l'aide de petits seaux, ils transportent le ciment sur le pont.

Première expérience de réparation pour les petits… qui fut peut-être l'occasion pour la première fois de parler d'éducation entre parents du village !

Geneviève et Claude

Jérôme et le panneau de basket

Un jeune adolescent invité par nos enfants eut la mauvaise idée, en jouant un peu vigoureusement, de se suspendre au panneau de basket que nous avions scellé sur un de nos murs. Le panneau céda. Mon époux lui demanda alors de venir réparer, habillé d'une tenue adaptée au bricolage, en l'assurant qu'il pourrait trouver toute l'aide technique, les outils et pièces nécessaires à la réparation. S'ensuit un coup de téléphone du père de Jérôme, qui nous propose de repayer le panneau, de faire jouer son assurance… Nous le rassurons, lui signifions que notre vieux panneau de récupération n'a pas une grande valeur marchande, mais que nous trouverions intéressant, s'il en était d'accord, que son fils, sympathique, spontané mais assez irréfléchi, répare lui-même le panneau. L'affaire fut conclue avec complicité entre les parents. Mais ce fut plus difficile pour Jérôme, peu habitué à cette pédagogie. Cela dura des mois, de rendez-vous reporté en oubli… Mon mari tenait bon, prenant manifestement plus de plaisir à poursuivre cette rencontre éducative qu'à obtenir satisfaction quant au panneau de basket. Mais, la bande de copains ne pouvait plus jouer au basket, de fait et, à chaque fois que Jérôme demandait à participer à un autre jeu, la réponse était invariable : « avec plaisir, quand tu veux… dès que le panneau sera réparé ! ». Le panneau fut enfin remis en état et la conclusion de l'affaire fut fêtée avec humour, jus de fruit et partie de basket endiablée !

Le tas de bois

Une autre fois, ce fut moins heureux : nous avions parlé avec un petit groupe de jeunes de la possibilité d'aménager un de nos vieux bâtiments, pour s'en faire un coin sympa, car ils n'avaient que les marches de la mairie, qu'il pleuve ou qu'il vente, pour se retrouver et bavarder. Sans nous avoir prévenus, ils décidèrent de commencer, en notre absence et se trompèrent de bâtiment. Ils sortirent tout notre bois de chauffage dans le jardin. Nous leur demandâmes donc de ranger ce bois, avant d'aménager le deuxième bâtiment. Nous n'avions pas pris la précaution de nous expliquer en direct avec leurs parents et nous fûmes insultés au téléphone, accusés de faire du chantage aux jeunes et de les exploiter pour nos corvées de bois. Comme quoi il ne faut jamais négliger la communication pour éviter les malentendus sur le sens de ses actions pédagogiques !

Élisabeth et Olivier

Est-ce par routine, par manque d'imagination que certains établissements scolaires n'utilisent que très peu l'exigence de réparation ? Ou est-ce parce que cela demande une surveillance pendant l'exécution ? À moins de penser que des adolescents, même quand leurs gestes manifestent du mépris pour l'environnement, n'ont pas à effectuer les tâches du personnel de service. D'aucuns peuvent affirmer, que c'est prendre le travail des agents d'entretien ; on n'a pourtant jamais observé que du personnel ait été débauché là où on nettoie de l'encre projetée sur un mur ! À moins qu'on ait déjà désespéré des capacités d'évolution du contrevenant, qu'on l'ait tellement réduit à sa faute qu'on se contente, pour la forme, d'une réprimande dont on sait qu'elle sera inutile. Lui demander de réparer, c'est aussi lui dire qu'on croit en lui et le reconnaître capable d'apporter à la collectivité quelque chose de positif.

La réparation compensatrice

L'enfant n'est pas toujours capable, techniquement parlant, de réparer ce qu'il a endommagé, toutefois il peut exécuter une autre tâche utile. Ce petit « travail forcé » peut être un service rendu, un travail d'utilité collective, comme celui de ranger l'armoire de la classe. Ils introduisent la notion de « réparation-compensation » pour le groupe qui a été gêné.

Mais quand « un travail forcé » est de nature répétitive, sans lien évident avec la transgression ou choisi à cause du désagrément qu'il procure, comme celui de laver « tous » les carreaux de la maison ou encore pour sa connotation notoirement dégradante ou qualifiée comme telle, comme nettoyer les toilettes, alors on bascule à nouveau dans le registre de la punition humiliante ! Une réparation compensatrice, en réalité, se caractérise par le fait qu'elle se présente comme un échange de bons procédés. À un enfant qui avait démonté une souris d'ordinateur et qui ne parvenait plus à la remonter, le prof de techno lui répondit qu'il allait s'en occuper, pendant que lui, l'enfant, vérifierait l'inventaire du petit matériel informatique à partir d'une liste.

La réparation symbolique : « Mille excuses ! »

Certaines choses ne sont pas réparables. En effet, on ne peut pas mettre du scotch sur une insulte, alors comment la réparer ?

La lettre d'excuse obligée, à lire publiquement, est souvent un apprentissage de l'hypocrisie. Il arrive même que des adolescents sommés de s'excuser l'un par rapport à l'autre, aient assez de distance pour se réconcilier en se retrouvant complices dans une petite mise en scène de présentation d'excuses. Cela peut leur éviter une punition plus lourde, mais c'est alors un calcul aux dépens de leurs éducateurs. Il est préférable, quand on exige des excuses, de laisser le choix de la forme. Cela redonne l'initiative à l'intéressé. Dans le cadre d'une recherche de réparation qui, elle, est obligatoire, un jeune pourra, de façon volontaire, proposer un message sincère et confidentiel de réconciliation. Il est intéressant que ce soit alors la victime qui annonce au groupe que l'incident est bien clos : « on s'est expliqué, on se cause à nouveau ». L'un assume sa responsabilité civile en faisant acte de réparation symbolique ; l'autre, se sentant reconnu, peut sortir de sa position de victime pour renouer une relation plus harmonieuse.

Mais une réconciliation ne se décrète pas. Elle nécessite une réelle prise de conscience, du temps et n'est jamais gagnée d'avance, encore que les enfants soient souvent moins rancuniers que les adultes. Il faut que les deux trouvent un terrain d'entente honorable pour chacun, sans perdant. On reconnaîtra une réelle réparation de la relation à des gestes sincères et dans le langage habituel aux deux protagonistes : « on se recause ? », « Je rejoue avec toi, mais t'arrête de m'embêter », « Tope-là ! ». Aucune loi n'oblige à « aimer » ou à « se parler gentiment ». La loi impose de ne pas cogner, la morale de ne pas se « traiter de salaud », ni de « prénom d'ta mère ». Mais un enfant a le droit de choisir de s'écarter d'un autre et de ne pas « lui reparler ».

Mais si « l'agresseur » refuse de s'excuser sincèrement, que devient la victime ?

Dans la justice pour adultes, quand le responsable d'un dommage n'est pas solvable, il reste important que le juge prononce officiellement qu'il y a pourtant bien une victime qui **a droit à une réparation.** Et la société peut s'organiser pour suppléer à l'insolvabilité de l'un des siens. Y aurait-il un équivalent, dans les cas d'insultes qui nous intéressent ici, pour que la victime se sente reconnue ?

L'adulte responsable d'un groupe d'enfants ou d'adolescents, témoin d'une insulte, qui dit tout haut : « Cela mérite des excuses ! », reconnaît officiellement la victime dans son statut. Il peut énoncer publiquement que les faits ont bien fait souffrir quelqu'un et exigent réparation. Il peut déclarer que les mesures vont être prises pour demander au responsable de rendre des comptes. En attendant, en tant que responsable de ce groupe, il demande pardon pour ce que le groupe n'a pas su empêcher. À partir de là, la victime pourra reprendre le cours de son existence sans être obsédée par l'envie de se faire justice elle-même. Cela peut donc avoir du sens d'exiger une formulation officielle d'excuses de la part de celui qui a manqué de respect. Le faire devant tous ceux qui ont entendu l'insulte, c'est affirmer : « Dans ce groupe, ça ne se fait pas de dire cela et moi, adulte responsable, je ne peux le laisser passer ! »

Les belligérants vont donc prononcer ou rédiger des excuses publiques, obligées et dans le langage policé que l'adulte leur propose. Il faut seulement rester lucides en n'imaginant pas qu'ils ont fait la paix. La victime pourra dire si elle se sent « symboliquement réparée », ce qui ne veut pas dire réconciliée avec l'auteur de l'insulte. L'exigence de la réparation, reconnaissance de la victime par l'adulte garant, est donc une première étape importante. On peut espérer qu'avec le temps, l'auteur de l'acte lui-même reconnaîtra que la personne à qui il a causé un dommage mérite ses excuses personnelles et sincères.

La justice des mineurs en France

La mesure de réparation pénale

D'après la loi du 4 janvier 1993, le procureur de la République, la juridiction chargée de l'instruction de l'affaire ou la juridiction de jugement ont la faculté de proposer au mineur une mesure ou une activité d'aide ou de réparation à l'égard de la victime ou dans l'intérêt de la collectivité. Cette mesure ne peut être ordonnée qu'avec l'accord de la victime. Lorsque cette mesure ou cette activité est proposée avant l'engagement des poursuites, le procureur de la République recueille l'accord préalable du mineur et des titulaires de l'exercice de l'autorité parentale.

Cette activité d'aide ou de réparation par le mineur incriminé présente plusieurs intérêts, énoncés dans la circulaire du Garde des Sceaux du 11 mars 1993 :

« Vis-à-vis des mineurs auteurs des faits, cette mesure, tout en étant une réponse pénale, revêt un caractère éducatif certain. Elle permet, en effet, de leur faire mieux comprendre la portée de leur acte et s'appuie sur leur propre capacité à réparer le tort causé à la victime ; vis-à-vis des victimes, qui trouvent ainsi une réponse rapide et adaptée aux dommages subis ; vis-à-vis de l'environnement, qui peut être associé à la mise en œuvre de cette mesure, ce qui peut contribuer à modifier sa perception de la délinquance des mineurs. »

Ce dispositif, qui allie sanction et éducation, est ainsi commenté par Maryse Vaillant :

« Depuis 1945, l'esprit de la justice pour les mineurs consiste à privilégier le projet éducatif sur le répressif, à s'attacher plus à la personnalité du mineur qu'à la nature de l'infraction. La réparation est une mesure pénale, une sanction, mais pas une sanction répressive.

La notion de responsabilisation et celle de sanction ne sont pas aisément compatibles avec l'exigence de protection due à la minorité. La mesure de réparation pénale exige, sur ce point, de faire un pas de côté et de se dégager de l'alternative entre protection absolue et responsabilité totale. S'agissant d'un mineur, rien ne semble moins éducatif, *a priori*, que l'idée d'une absolue irresponsabilité. Rien ne semble plus injuste que celle d'une totale responsabilité.

Les professionnels de l'éducation ont appris à occuper l'espace intermédiaire entre ces notions apparemment opposées sans toutefois être inconciliables. Engager une action éducative, c'est intégrer le principe de réalité ; c'est aider l'adolescent à prendre conscience de ses actes et de leur portée, c'est sortir de la fausse contradiction qui opposerait sanction et éducation.

Les mouvements de balancier entre le "tout-répressif" et le "tout-protection" témoignent de la difficulté de trouver un équilibre dans ce domaine. »[47]

Tu te sens coupable, eh bien ! voilà ta punition !

Certains éducateurs s'imaginent que la culpabilité est déjà une sanction et qu'il n'y a pas toujours lieu d'en rajouter. En fait, leur non-réponse empêche l'enfant de classer l'affaire, intérieurement. S'en convaincre permet d'oser être ferme, en particulier en ce qui concerne l'effectivité et la qualité des réparations exigées. Car la réparation déculpabilise l'auteur du dommage. Elle est aussi l'occasion de se réconcilier avec lui-même.

Une petite fille, après s'être fâchée avec ses grandes sœurs et sans qu'on lui demande, rédigeait, dans le secret de sa chambre, des petits mots d'excuses et d'amour pour ses sœurs. Elle les plaçait ensuite dans sa boîte à trésors. Surprise un soir par sa maman, elle lui expliqua : « Non, je ne leur donne pas mes petits mots, elles sont encore en colère et trouveraient ça ridicule. Je ne veux pas me faire envoyer balader. Mais je le fais quand même. Comme ça, moi, je ne suis plus en colère et je dors bien »

Les adultes, chargés de mettre en place des mesures de réparation pénale à la Protection judiciaire de la jeunesse, sont souvent confrontés à des questions de jeunes, du genre : « Dites-moi, qu'est-ce que je peux faire ? Je ne savais pas que ce que j'ai fait était si grave. Je voudrais m'en sortir, arrêter d'y penser sans arrêt, je pourrais peut-être réparer ma connerie ? ».

Le passage momentané par la culpabilité peut être un signe d'empathie : « Je suis désolée de t'avoir blessé ». Il est souhaitable que la culpabilité puisse être dépassée pour avancer vers la responsabilité : « J'ai commis un

47. Maryse Vaillant, *La réparation de la délinquance à la découverte de la responsabilité*, Gallimard, 1999, p. 140.

acte gênant que je regrette ; je vais le réparer et ainsi correspondre mieux à la personne “aimante” et “aimable” que j’aspire à être. »

L’abus de culpabilité serait de s’enfermer soi-même en se réduisant à son acte et d’en déduire : « J’ai fait cela, je suis donc nul et méchant et indigne de votre estime. Je mérite d’être puni ». Une personne peut se laisser envahir et détruire complètement par un sentiment de culpabilité : « Je suis mauvais, je mérite la mort… ».

La personne qui se sent coupable vit une tension interne gênante, parfois insupportable, qui dépend de l’éducation morale, religieuse ou citoyenne qu’elle a plus ou moins reçue ; cette tension interne dépend aussi de la sensibilité de cette personne à l’autre, de son lien affectif avec sa victime et avec celui qu’elle se représente comme le garant de la loi. Il est une « bonne culpabilité », c’est la réaction du psychisme à ce qui n’est pas harmonieux, quand la personne se désigne elle-même comme responsable de ce dysfonctionnement.

Si par ailleurs la personne est combative, elle peut aussi évacuer ce sentiment désagréable en développant une stratégie bien particulière : une rationalisation de son acte, pour le rendre conforme à ses repères moraux ; ou une négation de la victime en tant que personne ou encore la recherche d’un autre responsable, comme le supérieur hiérarchique ou même la victime qui aurait eu une attitude provocante, etc.

Une responsabilité ne peut en cacher une autre!

Des petites phrases souvent entendues en disent long sur ces stratégies de défense ou de justification : « Je suis dans mon droit » ; « J’ai obéi à un ordre » ; « J’ai été puni ; j’ai payé ! » ; « Je me suis confessé à Dieu, le seul Juge ! » ; « J’ai remboursé ; ça suffit » ; « J’ai fait cela parce que j’en ai ras’l’bol d’être traité comme un nul ! » ; « C’est depuis qu’on m’a refusé mon orientation en BEP que je ne ferme plus ma gueule ».

Ainsi, les « coupables » se rassurent à bon compte parce qu’ils ont réparé ou parce qu’ils ont reconnu leur tort ou en se trouvant eux-mêmes des excuses ou des circonstances atténuantes. Chacune de ces phrases correspond à un des *trois domaines* décrits précédemment : premièrement la réparation, vis-à-vis de la victime, ensuite les comptes à rendre, vis-à-vis de la loi, de la morale ou de celui qui en est le représentant et enfin ce qui concerne sa vie personnelle et les motifs de l’acte.

Mais, quelle que soit la transgression, gardons présent à l’esprit que ce sont ces *trois responsabilités* et pas seulement une, qui sont à interroger, tour à tour, de façon complémentaire.

Ainsi, une pratique religieuse qui serait une relation binaire, à Dieu ou à Allah, vécus comme représentants symboliques de la loi, sans prendre en compte le point de vue de la personne victime et la nécessité de la réparation, sans prendre en compte le déséquilibre psychologique en cause et l'obligation de soin, sans prendre en compte le danger de la récidive et les incontournables mesures de protection, de mise hors d'état de nuire, cette pratique-là serait dangereuse et inacceptable d'un point de vue citoyen.

Les éducateurs laïcs qui, dans les collèges, font encore et seulement copier des lignes pour une insulte ou un jet d'encre sur le mur demandent effectivement des comptes à l'élève du point de vue de sa responsabilité « pénale », c'est mieux que rien, soit ! Mais qu'en est-il de la reconnaissance de la personne insultée et de la demande d'excuse ? Pourquoi l'élève est-il dispensé de prendre une éponge et de frotter le mur taché ? Qu'en est-il de la compréhension des motifs et des causes de son geste, qui ne seront effacés ni par les lignes copiées, ni d'ailleurs par l'éponge et qui provoqueront soit la répétition, soit une expression de son malaise sous d'autres formes tout aussi gênantes, pour lui ou pour d'autres ?

Certains animateurs pleins de tolérance, capables d'écouter les difficultés et les souffrances des jeunes qu'ils accompagnent, leur rendraient davantage service encore, en sachant leur imposer de suivre des règles et de réparer les dégradations qu'ils commettent.

Le sens du mot « réparation »

C'est un mot exigeant, parfois même illusoire, puisque le latin *reparare*, signifie à la lettre « préparer de nouveau ». Il s'est vite employé avec pour sens « rétablir dans son état antérieur ». Mais ce retour à la normale est bien souvent impossible, ne serait-ce que par les effets du temps. On se souvient du vers célèbre, ironique et méchant de Racine, dans Athalie : « Pour réparer des ans l'irréparable outrage ».

Les outrages que la nuisance humaine fait subir à d'autres humains sont trop souvent, eux aussi, irréparables. Et c'est bien pour cela que des réparations dues aux victimes, puisque tel est le nom choisi pour cet usage juridique dès le Xe siècle, ne peuvent être que proportionnées aux dommages ; on dit aussi dédommagement, mais ce mot s'en tient aux éléments matériels. S'il s'agit de réparation, il faut ajouter à cette compensation toujours insuffisante – car elle réduit le malheur et la blessure, voire la mort, à une valeur financière, ce qui est en soi un scandale – une dimension morale. Rien ne réparera l'angoisse, l'infirmité, la douleur, mais au moins la réparation comporte une entière reconnaissance, le regret et le remords, la volonté d'atténuer les suites. Au moins exigera-t-on, avec force, avec constance, d'aller vers la réparation, même pour l'irréparable – et cela suppose aussi la sanction[48].

48. *Extrait d'une émission* d'Alain Rey, chroniqueur de l'émission « Le mot de la fin », sur France Inter, également directeur littéraire aux éditions des Dictionnaires Le Robert.

Chapitre 13

Quand on aime, on ne compte pas

« Apprenons-leur à compter
Apprenons-leur aussi ce qui compte ! »
Loïc Gille, professeur de math

Justice rétributive et justice restaurative

Les notions de justice, de vérité et de paix, s'entrechoquent souvent dans les esprits. Quelle justice vouloir pour un tortionnaire ? Peut-on tout pardonner ? Les divers mouvements de défense des droits humains travaillent beaucoup ces notions, en lien avec des populations locales traumatisées par des conflits, ce qui est loin d'être simple quand il s'agit de reconstruire, à l'échelle d'un pays, une façon acceptable de vivre ensemble. Ce qui s'ensuit éclaire notre propos sur les notions de justice et de sanction.

Dans la justice « rétributive », le délit est défini comme une offense à l'État, comme une affaire d'individu face à la loi, plus qu'un conflit interpersonnel. L'analyse du problème se limite au passé, au tort causé, à la transgression. L'accent est mis sur la sanction à administrer au prévenu. Les mesures prises dépendent uniquement des professionnels ou garants officiels établis. Les relations restent celles d'adversaires. On ne cherche pas à les changer. Aucun encouragement n'est signifié pour une demande de pardon et de réconciliation. Le pôle de la loi est privilégié. La reconnaissance de la victime est négligée.

Dans la justice « restaurative », le délit est d'abord défini comme offense à une personne par une autre, à l'occasion d'un conflit interpersonnel. L'importance de ce conflit est reconnue. Puis on regarde vers le futur : « Qu'allons-nous faire maintenant ? ». La résolution du problème devient alors la priorité, avec comme buts la restauration des relations et la réhabilitation des auteurs des délits. Les mesures prises mettent l'accent sur la possibilité d'un *modus vivendi*, sur la négociation d'un nouveau contrat, sur les aspects d'une conciliation permettant une éventuelle réconciliation. Les protagonistes peuvent s'impliquer directement, avec l'aide de médiateurs professionnels. Cette justice met l'accent sur la responsabilité civile.

La dette

Tout auteur d'une infraction ou d'un délit vit avec quelques regrets et remords bien enfouis, même s'il se défend d'en avoir. C'est pourquoi, relève-t-on dans un livre de *Non-Violence Actualité* : « La sanction représente le prix d'une dette à l'égard de la victime ou d'un groupe » ; et de conclure au sujet de cette dette, que : « L'auteur de l'infraction doit s'en acquitter pour retrouver sa place dans le groupe, dans l'espace symbolique des échanges. La sanction a une triple finalité : psychologique, pour réconcilier le sujet avec lui-même ; éthique, pour responsabiliser la personne par rapport à ses actes ; politique, car elle rappelle la loi pour préserver l'identité du groupe. »[49]

Cette idée de dette à liquider s'avère juste, mais il ne s'agit pas de « souffrance à endurer pour réparer le mal commis ». Se sentir en dette à l'égard de quelqu'un n'est en rien pathologique, mais manifeste que l'on regrette le tort qu'on a pu lui faire, éveille la conscience au désir de se mettre en règle avec autrui. L'acceptation d'une sanction soulage ce malaise. Certaines personnes peuvent néanmoins préférer s'autopunir ou recevoir un châtiment corporel. Il est vrai que la notion de souffrance rédemptrice a peut-être conduit des générations de chrétiens à frôler la névrose, mais plus aucun théologien n'enseigne de nos jours que la souffrance est un bien nécessaire, d'autant plus que *Le Nouveau Testament* ne cesse d'affirmer que Dieu aurait la souffrance en horreur.

Est-ce la punition qui déculpabilise ou la prise de responsabilité ? La réparation des dommages et la contribution positive aux réalisations du groupe peuvent jouer ce rôle de dédouanement. Payer sa dette est une condition nécessaire mais insuffisante à la restauration des relations. Quand sont possibles un temps de retrait, une médiation par une tierce personne et une activité positive commune, il se peut qu'émerge le désir d'une authentique réconciliation, avec l'autre et avec soi-même : parce que, **se réconcilier, cela fait du bien !** Le désir de reconnaissance, tout comme le besoin de limites, sont bien réels chez l'enfant et le sont encore chez l'adulte. En prendre conscience aiderait à trouver des réponses qui ne rajoutent pas de la violence à la violence.

Dans l'idéal, payer volontairement sa dette à la victime et au groupe devrait être l'aboutissement d'une démarche qui vise à développer le sens de la compassion, la capacité d'empathie. L'empathie, c'est cette capacité à accueillir et à comprendre le point de vue et le ressenti de l'autre, en les distinguant de sa propre pensée et de ses propres émotions. Dans l'empathie, il devient possible de s'excuser sincèrement des blessures causées,

---

49. Non-Violence Actualité, *Conflit, mettre hors-jeu la violence,* Chronique sociale, 2010.

sans y perdre son honneur et sans être obligé de tomber entièrement d'accord sur l'analyse des événements.

Les amendes

Cette mesure pénale hautement symbolique, illustration concrète de la justice rétributive, touche le point sensible du rapport à l'argent. On doit réellement payer pour sa faute, en espèces sonnantes et trébuchantes !

Si le mot « commerce » signifie aussi une « manière de se comporter dans la relation, en société »[50], l'argent pourrait servir « un commerce agréable », utilisé cette fois dans une logique « restaurative ». La faute met le compte d'un membre du groupe en « débit ». Il doit d'abord solder ce qui est obligatoirement dû. Mais nous pourrions ensuite pousser la métaphore en symbolisant la transformation positive d'un conflit entre deux personnes par l'image du « crédit mutuel » : un cadeau, un service, un plus, qui, donné de bon cœur, ferait plaisir à l'un comme à l'autre. Nous passerions ainsi de la logique de la dette à la logique du don. Voilà une autre façon d'entendre cette maxime populaire, *« Les bons comptes font les bons amis »*, joliment illustrée par le paquet-cadeau qu'est devenue la sanction, dans la première histoire de ce livre, celle de Jonathan, « qui ne sautera plus la barrière »[51].

À l'école, les points, bons et mauvais...

L'amende prend la forme pédagogique des mauvais et bons points que l'on gagne, perd, regagne, sans toujours accéder au sens, tant il y a accumulation de peines, de dettes, pour des erreurs qui n'ont quelquefois aucun rapport les unes avec les autres. Cela revient à ajouter des poireaux et des savons, des heures et des kilomètres, ce qui est très déconseillé à ces mêmes enfants, quand il s'agit du cours de mathématiques.

Le système de points mesure souvent l'écart entre l'enfant réel et ce que serait un élève idéal, « à 0 mauvais point ». La variante « capital de départ de 20 points » suppose que l'on se représente l'enfant comme potentiellement bon au départ, mais celui-

50. Larousse.

51. Cf. L'histoire « Je ne dois pas sauter la barrière », page 14.

ci est menacé de perdre des points au premier tournant mal négocié. On n'échappe guère à la confusion de l'accumulation de points négatifs pour motifs divers et variés, ni à la logique d'épicerie et de marchandage de tous les efforts d'apprentissage.

Éric (7 ans) fait remarquer que *« ce sont toujours les mêmes qui sont punis et ils recommencent quand même ! »*. En effet, bien des récidivistes semblent échapper à la pression des systèmes de comptage. Certains élèves affichent fièrement leur nombre d'heures de colle, comme un trophée, c'est alors le cercle vicieux de la surenchère. Quant à cet élève (des années 60-70 il est vrai), il se rappelle avoir noté sur son calendrier et de façon préventive, « colle » tous les jeudis matin ! Cela faisait partie de son programme ! Il a effectivement décroché le record de retenues de sa classe. Il se souvient aussi s'être vraiment bien amusé avec ses copains d'infortune des années-lycée !

Quant aux points retirés au devoir de contrôle, pour cause d'indiscipline, qui sont encore monnaie courante, quelle information apporte la note sur les capacités évaluées ce jour-là ?

Le système de points se trouve quelque peu amélioré quand le mauvais point peut être transformé en bon point dès que l'enfant a compris le sens de son erreur et réparé les éventuels dommages. On pourrait même imaginer un système de vignettes appelées « erreurs à corriger », qui se retourneraient en « éléments de progrès », dès que les problèmes seraient traités de manière satisfaisante. Les erreurs, au lieu d'être vécues comme des échecs, deviendraient des occasions à saisir, dans une perspective d'évaluation formative.

L'argument le plus souvent avancé est que ce système ressemble à ce qui se passe dans le monde des adultes : sur la route, si le conducteur commet une infraction, il perd des points. C'est donc une bonne préparation à une vie citoyenne et de plus, c'est efficace. Quelques réflexions tout de même :

Le « permis à point » est un permis « de quoi » ? Notre permis à points adulte est un **permis de conduire.** Il donne un droit, celui d'une autonomie reconnue dans un domaine précis où les compétences ont été évaluées. Quels sont les droits associés au permis à points scolaire ? Est-ce que c'est le droit d'aller seul aux toilettes ? d'utiliser des ciseaux à bout pointus ? d'animer et de distribuer la parole dans le groupe classe au moment du conseil de coopérative ? d'aider un camarade dans un domaine de compétences reconnu ? de décider des activités qu'il peut choisir de faire quand il a terminé ses « devoirs » ? de proposer une organisation spatiale de la cour ? de pouvoir se présenter comme délégué de la classe pour le conseil d'école ?… La plupart du temps le permis à point ne permet rien et les systèmes de points sont les mêmes quel que soit l'âge des enfants. N'y a-t-il donc rien à gagner à grandir ?

Le « permis à point » est remis en début d'apprentissage, contrairement au permis de conduire qui n'est remis qu'en fin d'apprentissage, après un accompagnement serré et des épreuves. Le permis est le témoin et la preuve de compétences acquises (et vérifiées lors d'un examen mené par un tiers, c'est-à-dire une autre personne que le moniteur). Dans la durée, ce permis peut être remis en cause à l'aide de points ôtés par les garants de la loi s'il y a infraction au code de la route. Nous avons tendance à oublier que l'enfant est en apprentissage de citoyenneté, il est un « enfant » !

Une maman raconte : *« Mon fils de CM a sali un bas de mur avec de la peinture, son maître lui a retiré 2 points sur son permis »*. Je lui ai demandé si le maître lui avait demandé de nettoyer le mur : non, ce ne fut pas le cas. Nous retrouvons souvent avec ce permis à points les problèmes de fond et de sens de la sanction et/ou de la punition.

L'objectif pour le pédagogue est-il d'aider l'enfant à intégrer la loi et à savoir se conduire ? ou d'avoir la paix, en le disciplinant ? Docilité ou autonomie ? Il semble que certains adultes confondent ces deux mots, quand ils considèrent comme autonome l'enfant qui répond sans protester aux attentes de l'adulte. Pourtant, *« Sois autonome »* ne signifie pas : *« Voici exactement ce que tu dois faire quand je ne te vois pas »…*

C'est un « permis d'apprendre ». C'est ce qu'a décidé une école, en essayant très honnêtement d'améliorer ce système. Mais là se posent deux questions. Tout d'abord, il me semble que **le « permis d'apprendre » est un droit imprescriptible** auquel il est « interdit » de toucher. Enfin, il est difficile de trouver la cohérence dans ce système. Comment un enfant qui a envoyé un ballon sur la rue peut-il voir des points enlevés sur son permis d'apprendre ? Comment cela permet-il de comprendre la règle ? Qu'en est-il du lien avec la victime ? de la réparation ? de la réintégration dans le groupe, des questions sur les fonctionnements, de l'écoute et de l'interpellation/accompagnement de l'enfant… ?

Pourtant, concernant le permis de conduire pour les adultes, il est de plus en plus fréquent que soit proposé un stage au contrevenant pour réfléchir et comprendre les conséquences des infractions et suivre ce stage lui permet de ne pas perdre de points.

L'idée d'un permis à points, pourquoi pas ? en le remettant au bon endroit, avec un fonctionnement cohérent, pour formaliser les domaines d'autonomie à explorer, les droits possibles à gagner en fonction des âges… mais aussi les avantages de certains rituels qui reconnaissent, officialisent et socialisent les compétences acquises.

Un permis à points spécifique aux absences...

Actuellement expérimenté dans certains lycées, le permis à points peut avoir comme objectif de permettre à l'élève d'autogérer une marge acceptable d'absences, sans avoir à recourir aux justifications douteuses, signées et cautionnées par certains parents, mensonges compris. Une mère d'élève avouait à une amie en riant : « Pour samedi matin, j'ai écrit sur le carnet de correspondance *"rendez-vous médical"*, parce que *"nous sommes partis à la plage"*, cela ne plaît jamais aux profs ! ». Faut-il rire de tout ?

Il est vrai, néanmoins, que la difficulté de faire comprendre à certains responsables de la vie scolaire, l'enjeu pour un adolescent d'une rencontre personnelle exceptionnelle, qui ne peut se faire que sur le temps scolaire et qui va à l'encontre du règlement habituel, incite parfois à rester évasif quant au motif de l'absence, pour ne pas compliquer la situation. *A contrario*, une lycéenne disait, avec beaucoup d'estime envers son Conseiller d'Éducation : « Quand on n'abuse pas, il nous croit sans preuve et il nous considère comme des gens responsables ».

Ce système de permis à points a montré son efficacité, quand il ne concerne qu'une catégorie de faits, par exemple les absences et non un amalgame de transgressions différentes. Cela suppose d'être très clair sur ce qui se passe en cas d'épuisement du capital, d'interroger sans attendre la fin de l'année ceux qui ont tendance à consommer beaucoup de « permissions » et de voir comment l'esprit de cette mesure est gardé des perversions du type « Je peux en profiter pour prendre trois jours à la fin du trimestre, puisque je n'ai pas tout usé ! ». Ce système ne dispense pas d'informer les parents des enfants mineurs.

On voit bien que toute mesure n'a de sens que dans une logique comprise par tous. Oui, un certain nombre d'élèves et de leurs parents agissent en conscience et pourraient être dispensés de ces comptages systématiques. Pour d'autres, cela paraît utopique. Mais cela n'interroge-t-il pas la question du sens et de l'intérêt de l'école ? Il nous faut sans doute travailler de façon complémentaire sur les sanctions qui obligent et sur les conditions qui donnent le goût de l'apprentissage.

Assiduité – Ponctualité (Extrait du règlement intérieur)

Dans un lycée professionnel

Objectifs : Lutter contre l'absentéisme pour assurer un meilleur suivi de la scolarité ; préparer les élèves aux contraintes professionnelles ; faire le lien entre les notions de respect et de rendez-vous ; responsabiliser les élèves ; permettre un déroulement efficace des cours.

Cadre légal : Rappel des enseignements obligatoires, de la responsabilité de l'établissement vis-à-vis des parents, de la responsabilité de la compagnie de transports, etc. Circulaire du 18 février 1966.

Obligations réglementaires :

Retard de moins de 10 minutes : l'élève doit passer au bureau où sont inscrits date, heure et motif du retard. Il lui sera délivré une autorisation qu'il présentera au professeur, en entrant discrètement en classe.

Retard de plus de 10 minutes : l'élève ne peut entrer en cours. L'élève doit passer au bureau où sont inscrits date, heure et motif du retard. Ce retard est considéré comme une absence d'une heure, l'élève ira en salle de permanence.

Absences : Un permis à points donne la possibilité à l'élève de juger par lui-même du bien-fondé de son absence dans la limite de 10 demi-journées pour toute l'année scolaire. Une absence inférieure ou égale à une demi-journée vaut un point. Ne rentrent pas en ligne de compte les arrêts maladies avec certificats médicaux et les convocations officielles. Les élèves qui auront dépassé 6 points à la fin du premier trimestre rencontreront un responsable de la vie scolaire pour évaluer la situation.

Sanctions :

1. Tout cours manqué devra être rattrapé, sous le contrôle du professeur.

Cette mesure de réparation est indépendante de la justification ou non de l'absence.

2. Au bout de 3 retards non justifiés, l'élève est averti et deux possibilités existent alors. Si l'élève passe un mois sans aucun retard, sa fiche retard est totalement effacée. Un quatrième retard entraîne un travail sur la règle à faire en retenue et un avertissement de la famille. Cette retenue sera l'occasion de s'interroger sur les motifs réels et de chercher une solution concrète au problème posé.
3. Toutes les absences entraînent le signalement aux parents pour les élèves mineurs. Ce signalement est supervisé par le Conseiller principal d'éducation qui est leur interlocuteur.
4. Au-delà des 10 points, une suspension provisoire sera prononcée, qui sera l'occasion de convoquer élève et parents pour une réinscription sous conditions. En cas de refus de cette procédure, le contrat est dénoncé[52].

52. On notera qu'il s'agit d'un établissement accueillant des élèves qui ont passé l'âge de l'obligation scolaire.

« Donnant-donnant » : contrat ou chantage ?

Le chantage apparaît souvent comme un faux contrat imposé : « Si tu n'as pas la moyenne, tu n'auras pas de vélo à Noël ». Parfois il s'agit d'une fausse menace, c'est-à-dire d'une dissuasion non suivie d'effet, qui apparaît assez rapidement pire qu'une non-sanction.

D'une façon générale, la récompense est souvent présentée comme une sanction positive ; mais elle peut n'être qu'un faire-valoir de la punition. La récompense relève en réalité du même registre que celui de la punition ; elles agissent sur les mêmes ressorts : « Si tu as fait bien, si tu fais comme il faut, je te ferais du bien ». Elles fonctionnent à court terme. Quand on marche à la carotte, le bâton n'est pas très loin ! Plutôt que de promettre des bonbons ou un scooter, certains parents prennent l'habitude, dès le plus jeune âge de leurs enfants, de les remercier pour leurs attitudes agréables, leurs actions positives au service de la famille. Plus tard, ils prendront soin d'évaluer avec eux les progrès, dans les fonctionnements mis en place, dans les comportements, dans l'acquisition de compétences, selon des critères parlés et partagés. Cela n'exclut nullement de faire la fête pour célébrer une réussite, mais si le cadeau pour le bac est trop important, que fera-t-on avec le petit frère, qui, ayant pourtant travaillé davantage, ne parviendra pas à le décrocher l'année suivante ?

Il y a chantage en cas d'accord irréaliste, de récompense hasardeuse, de pressions diverses, de promesse de récompense ou de menace de punition. Un contrat, c'est un accord par consentement mutuel, avec obligations pour chacune des parties et dépôt d'un élément qui engage et qui fait tiers : parole devant témoin ou écrit.

Histoire

As-tu fini ton travail scolaire ?

Une élève en seconde souhaite que sa mère l'aide dans sa scolarité, en lui demandant des comptes sur son temps de travail et son temps devant la télévision. La jeune fille ne se sent pas encore assez autonome pour résister à la tentation du petit écran, mais elle veut remonter son niveau scolaire pour ce troisième trimestre. Sa mère lui propose d'écrire des objectifs de révision, un prévisionnel du temps à y passer et le bilan en face. Elle ne souhaite pas contrôler si sa fille remplit honnêtement cette feuille d'évaluation, mais elle lui rappelle régulièrement son existence et l'interroge sur ce qu'elle pense elle-même de sa façon de travailler du jour. Cela est un contrat d'aide.

Un soir, malgré tout cela, la mère s'étonna de trouver l'adolescente devant la télévision, à une heure tardive et fut reçue par un regard buté. Elle sentit de la colère monter en elle, mais se souvenant du contrat, elle respira, avant de demander à sa fille : « Admettons que je joue correctement mon rôle de mère, qu'est-ce que je devrais te dire ? ».

La jeune fille se leva et éteignit la télévision. Tout discours était inutile, la cause était entendue.

Deux poids, deux mesures

Je ne connais pas d'éducateur qui justifie délibérément des différences de traitement pour des actes semblables, commis avec les mêmes intentions. Pourtant les enfants et les adolescents expriment souvent un sentiment d'injustice, l'impression d'être traités à la tête du client.

Lors d'un stage avec des enseignants, une mise en scène les invitait à réfléchir sur la façon de distribuer les copies. Le « bon élève » qui avait ce jour-là une note assez médiocre (8/20) s'est entendu dire « Simon, qu'est-ce qui t'arrive, tu étais malade ? Je considère que c'est un accident, j'attends mieux de toi ! ». Un autre élève, habituellement en difficulté, eut ce jour-là 10/20. Le prof commenta ainsi sa copie « l'as-tu fait tout seul ? ». Au-delà de l'intention de l'adulte, essayons d'écouter résonner ces deux remarques *du point de vue des élèves.*

Trois élèves ont commis la même transgression. Il paraît donc tout à fait juste que les trois aient exactement le même avertissement à faire signer aux parents. Mais, quels sont en réalité les effets de cette sanction ?

- Dans la première famille, Jules prend une gifle et se trouve privé de sortie.
- Dans la deuxième famille, Camille est invitée par son père à raconter exactement ce qui s'est passé, ce qu'elle en pense. Le père rappelle le règlement intérieur du collège et décide de rencontrer l'enseignant avec sa fille, pour signifier qu'il a reçu le message et faire ainsi à trois le point de la situation.
- Enfin, la maman de Pierre dit : « Les profs, ils n'ont que ça à faire ! On n'en parle pas à ton père, mais fais attention ».

Il ne fallait peut-être pas éviter à tout prix ce triple avertissement. Mais soyons lucides sur le décalage possible entre notre intention de justice et les effets produits qui ne dépendent pas que de nous. D'ailleurs, les élèves connaissent, mieux que leurs enseignants, leur milieu familial et les risques qu'ils encourent en agissant de telle ou telle façon.

En collège, le mot d'avertissement à la famille est une sanction courante. Il pourrait retrouver son sens propre, s'il s'agissait vraiment d'avertir tel ou tel partenaire et de l'inviter à le rencontrer pour discuter avec lui et avec le jeune des différentes solutions au problème qui se pose. Heureusement, il existe des parents qui, comme le papa de Camille, réagissent en venant systématiquement s'informer quand ils sont « avertis ».

Les privations, pour comprendre l'intérêt de la règle

Quand nous entendons le mot « privation », nous pensons aux privations de plaisir et de liberté que procurent par exemple les repas, la télévision, l'argent, le sport, l'ordinateur, etc.

Attention, être mauvais en math, penser à autre chose en cours, avoir envie de faire pipi avant l'heure de la récréation, ne sont pas des transgressions. Pourtant, il arrive encore, aussi bien à l'école qu'à la maison, que des enfants soient privés d'un plaisir ou d'une liberté à cause de ce genre de situations.

Mais il y a privation et privation ! Regardons les messages différents que véhiculent les exemples suivants, qui sont pourtant tous, de fait, des exemples de privations !

Privé de couteau !

La confiscation du couteau, même tout à fait justifiée, peut être vécue comme une atteinte symbolique à la personne, car cela peut prendre beaucoup d'importance affective quand il s'agit, par exemple, du couteau hérité du grand-père. On voit bien le besoin indispensable des « mots pour le dire », pour dire l'objectif de la sanction et la nécessité d'évoquer une issue possible et honorable pour chacun.

Les mises sous tutelle financière, les interdictions de casino, les interdictions de fréquenter certains lieux ou d'approcher certaines personnes, les confiscations d'objets pouvant devenir des armes, comme un couteau dans la poche, sont décidées comme garde-fous, après constat d'une forte dépendance ou estimation d'un risque.

L'interdit, dit « de protection », peut aussi être demandé par la personne elle-même, un joueur dépendant peut se faire interdire de casino. De même, un jeune adolescent en camp de vacances peut préférer ne pas disposer de son argent de poche, pour ne pas tout dépenser en deux jours. Il est souhaitable de proposer aux jeunes une aide pour que cette dépendance cesse, puis d'évaluer les progrès en autonomie qui justifieraient de redonner de la liberté.

Privés de récré !

La privation de récréation est interdite par les textes qui régissent le premier degré de l'éducation nationale. S'il s'agit de régler un problème de cour de récréation, en mettant momentanément à distance un enfant très énervé, pour sa propre protection et celle des autres, il ne s'agit pas de punition mais de gestion d'un moment d'émotion. Dès que celle-ci est apaisée, l'enfant peut reprendre sa place dans le groupe. La récréation est justement ce qui va permettre aux élèves énervés ou aux élèves en difficulté, de bouger, de s'oxygéner, de se ressourcer, pour être plus efficaces dans leur apprentissage ensuite. Si l'enfant n'a pas réussi son exercice, il ne peut être puni, car il n'y a pas dans la loi – ni même dans le règlement d'un établissement scolaire – l'obligation de réussir ! Priver un élève de récréation pour cette raison manifeste non seulement un abus de pouvoir, mais aussi une grande inefficacité pédagogique.

Privés de salle de travail !

Cinq élèves de lycée, entre 16 et 18 ans, avaient obtenu du Conseiller principal d'éducation l'usage sans surveillance d'une salle, l'objectif étant la préparation d'un exposé commun. Le CPE leur demanda de relire au préalable les consignes affichées derrière la porte : respect des locaux, remise en état après l'activité, calme dû au voisinage... Devant l'état de saleté et de dérangement laissé à leur départ, ce CPE les a privés pour un mois du droit de disposer d'une salle et, bien entendu, ils ont dû faire le ménage !

À tous ceux qui transgressent la règle pour des motifs utilitaires, il convient justement de rappeler l'utilité de cette règle, pour eux et pour leur entourage. Si on les prive momentanément des avantages que le respect de cette règle donne, cela peut suffire, dans un certain nombre de cas, pour qu'ils fassent leurs comptes et choisissent, même par intérêt, de respecter la règle ! Les privations peuvent être des sanctions éducatives s'il s'agit de la privation provisoire d'un bénéfice, précisément lié au respect de la règle enfreinte. L'essentiel consiste à faire comprendre que la règle permet des libertés, voire des plaisirs et que le non-respect de cette règle risque de priver de ces avantages.

Surveillance et période probatoire

Il existe une forme de surveillance qui ressemble plus à de l'espionnage qu'à autre chose, suscitant méfiance et écœurement, mais surveiller un enfant peut être bienveillant quand cet acte vise l'accès à l'autonomie, par étapes successives, en fonction des progrès en maturité de l'enfant, comme dans cet exemple :

- « Cette semaine, je te fais réciter tes leçons » ;

- puis, la semaine suivante : « je te demande si tu sais ta leçon et ce qui te permet de l'affirmer » ;
- puis « as-tu fait ce qui est écrit sur ton cahier de textes ? » ;
- puis « as-tu regardé ton cahier de textes ? »,
- puis « comment vas-tu organiser ton après-midi ? »,
- enfin « je ne ferai maintenant que répondre à tes demandes d'aide ».

Histoire

Récompense, récompense, ma sœur Anne, ne vois-tu rien venir ?

Histoire de Mathilde

Mathilde est en quatrième. Au premier trimestre, ses parents lui promettent une nouvelle chambre « si elle travaille bien au collège ». Elle revient avec un 12,4 de moyenne. « Si tu veux ta chambre, il faudrait que tu t'améliores encore ; regarde ta copine Anne ! » Au deuxième trimestre, Mathilde obtient 13,2 ! « Il faudrait que tu aies 15 ou 16, lui répondent ses parents, tu en es capable ! »

Mathilde a gardé le silence et serré les poings. Mais, profondément démotivée, elle n'a plus cherché à obtenir une meilleure moyenne le trimestre suivant, ni à rattraper Anne, restée malgré tout sa meilleure amie.

La « récompense » que leur fille aurait pu avoir si…, les parents de Mathilde n'en ont-ils pas fait une privation maquillée ?

Ajuster le costume de la sanction aux mesures de l'intéressé

Un enseignant se décourageait devant la complexité du problème des sanctions : « Il y a les pressions du groupe, les parents qui viennent à l'école « négocier » le non négociable, il y a les comptes à rendre à l'administration et la comparaison, intraitable, entre les collègues, sans compter les élèves qui sont si différents les uns des autres, comment sanctionner juste ? »

Voilà quelques éléments de réponse extraites d'une conférence de Jean-Luc Viaux, psychologue :

« La sanction sert de barème : ce qui vaut cent balles et ce qui vaut dix ans. À cent balles tout le monde peut se l'offrir (…), c'est le problème des délits comme l'excès de vitesse, une transgression à pas trop cher et qui pourtant est significative. Mais ce barème liquide la question. (…) Est-ce que le fondement des limites, qui est aussi une manière de les apprendre, ne devrait pas provoquer une réflexion d'abord sur le sens, par le sujet et par l'institution ? Le problème n'est pas simple car le règlement – institutionnel, familial – est infiltré incontestablement de l'apprentissage social, donc de la loi, au sens d'un code applicable ».

« On a noté une difficulté apparente d'une institution à signifier la sanction par un code écrit. Ce qui nous a beaucoup intéressés, c'est que les interdits, eux, étaient écrits, étaient signifiés, mais pas le code de répression en quelque sorte ; parce qu'à partir du moment où il aurait été écrit, les éducateurs auraient eu le sentiment d'être enfermés dans quelque chose qui les aurait empêchés de formaliser d'une façon véritablement personnalisée la sanction, son prononcé et sa signification. (...) Finalement la loi fonctionne oralement au niveau du groupe, il y a une tradition de sanction, d'intervention et de signification éducative qui fonctionne dans ce foyer, même si cela n'est pas écrit. Pourquoi cela n'est pas écrit ? Parce qu'on veut véritablement ajuster le costume de la sanction aux mesures de l'intéressé. (...) »

En matière de transactions humaines, la justice absolue n'existe pas. Il ne s'agit pas d'une science exacte où deux et deux font quatre. Si nous utilisons des barèmes, que ce soit un moyen de hiérarchiser la gravité des actes ; que ce soit une indication pour faciliter l'exécution d'un règlement dans une communauté importante, en évitant les trop grandes disparités ; que ce soit un garde-fou qui fixe les limites à la colère des adultes, en instaurant l'idée de mesure et de peine maximum, que ces tarifs soient connus des jeunes, comme des autres personnes. Si un conducteur gare sa voiture en stationnement interdit, il doit savoir qu'il risque 30 euros d'amende. Son éventuel procès-verbal n'aura rien d'arbitraire ; chacun a pris ses responsabilités en connaissance de cause.

Mais, en termes de sanctions, ne nous leurrons pas et ne nous enfermons pas avec des réglementations rigides et soi-disant égalitaires. Faisons aussi confiance à la lucidité de l'adulte sur une situation particulière, qui adresse un message à des récepteurs particuliers. S'il y a des « comptes à régler », il est préférable de se brancher d'abord sur la même longueur d'onde.

Chapitre 14

Et toute la classe sera punie

« Serais-je donc puni parce que je suis un élève de cette classe, un juif polonais, un membre de la famille du terroriste, ou simplement choisi au hasard, pour l'exemple ? »[53]

— Quoi faire quand on n'a pas trouvé le responsable de la transgression ?

— « On n'est pas des balances ! », disent les élèves.

— Toute la classe est témoin et laisse faire ! toute la classe sera punie !

— C'est un chahut général : il n'y a pas d'autre solution qu'une punition générale !

Une punition collective sert d'exemple... d'injustice

Les punitions collectives peuvent casser un groupe ou bien au contraire le souder contre celui qui a commis la transgression, au point de transformer celui-ci en bouc émissaire. La peine infligée à tout le groupe renforce la culpabilité du transgresseur, car ses pairs, voire ses amis, innocents, doivent payer le prix de sa faute personnelle.

La punition collective incite à la délation, dégoûte de la solidarité et de la vie collective. À moins que le groupe ne soit capable d'assumer collectivement l'erreur d'un des siens. Il arrive même que certains membres du groupe se sentent assez forts pour tourner en dérision la punition et ainsi, revendiquer une sanction plus sensée. C'est ce qui s'est passé, dans l'histoire des cartouches (au chapitre 11).

53. Auteur inconnu élève de lycée.

L'argument de la peine exemplaire dissuasive est parfois avancé par les donneurs de punitions collectives. Il est vrai que les punitions collectives peuvent faire régner la terreur dans les groupes de jeunes enfants. Obtenir la soumission par peur des représailles collectives est aussi une stratégie de guerre, dont les exemples sont malheureusement nombreux dans le monde des adultes.

Mais, à chaque fois que les victimes de cette injustice perçoivent une faille dans le système, elles ont tendance à se révolter, voire à déstabiliser l'adulte par des provocations. Cette fois, la punition collective soude le groupe, mais en le dressant contre celui qui a posé la sanction. Dans une classe, cela peut faire trente contre un !

La punition collective génère des sentiments d'injustice, un climat d'incompréhension. Elle est souvent inefficace, mal gérée par l'adulte et mal comprise par les jeunes, voire rejetée. Elle crée des situations de blocage, des conflits d'autorité, voire des épreuves de force.

La punition collective : un non-sens éducatif et un déni de droit

Avec la circulaire du 11 juillet 2000, le ministère de l'Éducation affirmait que les sanctions infligées aux élèves devaient être conformes aux principes du droit : le principe du contradictoire, la légalité de la sanction, sa proportionnalité et son individualisation. Dans le bulletin officiel du 28 octobre 2004, le ministère réaffirme le principe d'individualisation mais ajoute qu'une punition peut être infligée pour sanctionner le comportement **d'un groupe d'élèves identifiés** qui par exemple, perturbe le fonctionnement de la classe. Il est également indiqué qu'un professeur, dans le cadre de son autonomie pédagogique et quand les circonstances l'exigent, peut « donner un travail supplémentaire **à l'ensemble des élèves.** Ce travail doit contribuer à trouver ou retrouver des conditions sereines d'enseignement[54].

Les réactions ne se sont pas fait attendre. Voici quelques extraits du communiqué signé par de nombreux mouvements d'éducation et la Fédération des Conseils de Parents d'Élèves[55].

---

54. Cf. article du Monde du 31 octobre 2004, Virginie Malingre.

55. Signataires CEMEA, CRAP-Cahiers pédagogiques, DEI-France (Défense des enfants international), Éducation & Devenir, FCPE (Fédération des conseils de parents d'élèves), FOEVEN (Fédération des œuvres éducatives et de vacances de l'Éducation nationale), GFEN (Groupe français d'éducation nouvelle), ICEM-Pédagogie Freinet (Institut coopératif de l'école moderne), Ligue de l'enseignement, Ligue des droits de l'Homme, OCCE (Office central de la coopération à l'école), syndicats : SNPDEN-UNSA, UNL, FERC-CGT.

(...) « Cette disposition, qui cherche un alibi un peu grossier dans « l'autonomie pédagogique du professeur », constitue un recul sans précédent, à la fois du point de vue de la justice, du point de vue de l'autorité de l'enseignant et du point de vue éducatif :

- *elle contrevient au principe de l'individualisation des sanctions, selon lequel « toute sanction, toute punition s'adressent à une personne ; elles sont individuelles et ne peuvent être, en aucun cas, collectives » (circulaire n° 2000-105 du 11-7-2000). Plus largement, elle est contraire aux principes fondamentaux du droit français.*

De surcroît, en introduisant la notion de « travail supplémentaire » comme un moyen d'action de nature disciplinaire, elle rétablit une confusion dommageable – et condamnée dans la circulaire déjà citée – entre « les punitions relatives au comportement des élèves » et « l'évaluation de leur travail personnel ».

- *cette disposition bat en brèche l'autorité des chefs d'établissement et des enseignants, que le ministre se targue par ailleurs de réhabiliter : en offrant cette solution de facilité et en contraignant à ce constat d'impuissance que constitue la punition collective, il pourrait laisser entendre que des équipes pédagogiques sont incapables d'anticiper une situation, de gérer un conflit et de cerner les responsabilités.*
- *enfin, le recours à la punition collective, outre un aveu implicite d'échec, est contre-éducatif en tant qu'il incite dans la quasi-totalité des cas à la délation : la seule alternative consiste à dénoncer autrui ou à subir collectivement la punition.*

Élèves, enseignants, parents, chefs d'établissement, personnels d'éducation ont travaillé longtemps ensemble pour établir les règles les plus justes et les plus équilibrées en matière disciplinaire. Ils ont prévu ensemble des alternatives au conseil de discipline, qui visent à anticiper les conflits, à les traiter à la racine et à les résoudre d'abord et avant tout dans une perspective éducative. Cette tâche est difficile, délicate et requiert la mobilisation de toute la communauté éducative. Cette dernière ne peut accepter qu'on fragilise la vie de l'établissement scolaire par des mesures qui, conjuguant l'autoritarisme et l'arbitraire, engendrent l'injustice. »

En fait, dès la semaine suivante, j'ai été agréablement étonnée de la réaction de quelques enseignants donnant eux-mêmes des punitions collectives : « C'est vrai, cela nous arrive quand, fatigués par des classes difficiles, nous nous mettons dans des impasses… C'est une réaction dans l'urgence, mais nous n'en sommes pas spécialement fiers. Nous sommes surpris et pas vraiment rassurés que cela devienne officiellement autorisé ! »

É. M.

Quand risque-t-on de poser des punitions collectives ?

La recherche des coupables est essentielle lorsqu'il y a des victimes directes, pour qu'elles puissent sortir de leur position de victime, faire le deuil de ce qu'elles ont perdu. Ce n'est pas toujours le cas.

De fait, des adultes peuvent passer beaucoup de temps à chercher les coupables, comme ces éducateurs qui, trouvant des mégots alors qu'il est interdit de fumer au foyer, mettent toute leur énergie à chercher les responsables qu'ils ne trouvent pas. Ils se sentent démunis et impuissants. Pourquoi, à cette occasion, ne pas proposer une sensibilisation sur les dangers du tabac et confier quelques responsabilités sur la protection de l'environnement du foyer ? La question prioritaire est-elle « qui a fumé ? » ou bien « que mettre en place pour que cela ne se renouvelle pas ? ». Les responsables d'un groupe ont souvent recours à la punition collective quand le fautif ne s'est pas dénoncé. Ils le font comme un pis-aller, pas vraiment convaincus de son bien-fondé, agissant plus par manque de temps ou d'imagination que par volonté de faire mal à tous ou bien parce qu'ils se trompent d'objectif prioritaire dans la gestion de l'urgence. Un pompier n'a pas pour tâche de rechercher les coupables, mais d'éteindre l'incendie ! Si l'adulte apprenait d'autres stratégies, par exemple pour traiter plus efficacement les mensonges et la mauvaise foi, il éviterait alors de s'engluer dans les impasses des punitions collectives.

La punition collective peut aussi être la conséquence d'un face-à-face entretenu, entre un adulte qui serait le seul garant de la règle et de la morale et un groupe immature et maintenu dans son irresponsabilité. En prévention, il s'agit donc de **sortir de cette logique de bloc :** appeler les élèves par leurs noms, confier des responsabilités individuelles, s'adresser à des personnes et non à un groupe informe. Tout cela permet de sortir de l'anonymat. Les rendez-vous systématiques de régulation sont autant d'occasions de traiter préventivement les crises en détectant les signes précurseurs, de mettre en mots les émotions à l'œuvre et d'aborder dans un espace-tiers les objets de désaccord : on reconnaît ces désaccords et on les analyse. Dans ces réunions, on demande à chacun, nommément, de prendre la responsabilité de ses paroles et de ses actes.

Punition collective et sanction collective

Prenons l'exemple de ce camp d'adolescents, où l'animatrice chargée des comptes financiers rapporta un jour de l'argent en espèces à répartir entre des groupes de randonnée. Ceux-ci avaient le projet de fonctionner en autonomie pour la nourriture et les loisirs pendant deux ou trois jours. La somme était donc coquette. L'animatrice laissa la mallette sans surveillance quelques minutes. L'argent disparut !

Distinguons punition collective et conséquence collective. Nous ne sommes pas indépendants les uns des autres. Nous sommes dans un système d'interactions, de gré ou de force, pour le meilleur ou pour le pire !

L'action de chacun peut avoir des effets sur le groupe entier. Et cette action individuelle peut être positive ou avoir des conséquences fâcheuses ! La sanction est alors la conséquence logique et naturelle d'une transgression, qui de fait, incommode tout le groupe. L'adulte interviendra alors pour expliquer les liens de cause à effet et proposer des alternatives. Il se peut qu'à cause d'un seul ou de quelques-uns, les conditions de l'activité collective ne soient plus réunies : par exemple, « l'argent de la caisse a disparu, nous ne pourrons pas aller à la piscine ». Il n'y a pas lieu de rajouter une « peine collective », mais il n'est pas non plus question d'être le sauveur miraculeux qui renfloue la caisse pour que les innocents n'en pâtissent pas. La prise de conscience des deux réalités sera formatrice :

1. Nous sommes effectivement interdépendants et coresponsables du mauvais ou du bon fonctionnement du groupe.

2. Dans nos contrées, habituellement, l'argent ne tombe pas du ciel !

Une sanction collective peut aussi être posée par un adulte exprimant ses limites et un sentiment d'impuissance : *« Il est impossible pour moi de faire ce travail oral dans le chahut : je vous donne donc un travail personnel écrit »*. Le garant y risque bien sûr sa crédibilité, il avoue que son aura n'a pas suffi à maintenir l'attention. Ici comme ailleurs, seule l'authenticité de celui qui reconnaît et assume ses limites humaines peut inspirer le respect et compenser une éventuelle perte d'autorité. L'adulte, dans son sentiment d'impuissance, a intérêt pourtant à ne pas confondre sa personne – *« je n'ai pas d'autorité »* –, avec sa manière d'agir dans cette situation particulière – *« pour le moment, je ne vois pas quoi faire ; j'ai donc besoin d'une pause et de réfléchir »*. Il garde ainsi l'initiative, se donnant les moyens de retrouver son calme, sa créativité et son autorité.

Une sanction collective est d'autant plus éducative qu'elle va dans le sens d'un partage des pouvoirs et des responsabilités avec des citoyens invités à prendre toute leur place dans le fonctionnement du groupe. Encore faut-il pour cela que le groupe se soit constitué autour d'une dynamique positive, d'un projet commun, d'une adhésion consensuelle au même esprit d'équipe. En cas de blocage du fonctionnement par quelques-uns, l'adulte peut proposer au groupe de chercher ensemble des solutions à ce problème collectif. Cela suppose accompagner le groupe dans son apprentissage de la citoyenneté. Le cadre, posé et non négociable, exprime les valeurs universelles des droits à respecter et aussi les convictions de l'adulte qui autorise cet espace de décision collective. Par exemple, la réinsertion de celui qui a fait des erreurs peut être posé comme un principe préalable, signifiant à tous : « si vous aussi, vous faites des erreurs, on essaiera de les corriger sans d'abord chercher à vous exclure ».

Face à la mauvaise foi

Histoire de triche en classe de troisième

Il s'agissait de devoirs d'entraînement en math à faire à la maison. Il avait été précisé qu'il était possible de s'entraider, pourvu que chacun ait cherché et compris ce qu'il rédigeait. La coutume, dans cet établissement, était de rassembler toutes les notes obtenues aux devoirs d'entraînement, pour en faire une note moyenne comptant pour le bulletin trimestriel.

Plusieurs fois de suite, je constatais que des élèves avaient copié les uns sur les autres, sans chercher à personnaliser et allant jusqu'à recopier des erreurs d'étourderie provenant des élèves ayant fourni la version originale ! Devant cette escroquerie générale, mais sans qu'il me soit possible de nommer les « copieurs », je décidai de ne plus compter les devoirs dans la moyenne.

— *Mais, alors, à quoi cela sert de les faire ?* me demanda un élève.

— *Excellente question : quelqu'un veut-il répondre ?*

Personne ne se hasarda à répondre l'évidence devant les copains. Peu après, je donnais en classe, cette fois-ci pour un contrôle noté, quasiment les mêmes exercices que dans le devoir d'entraînement demandé précédemment. Les élèves qui n'avaient pas réfléchi par eux-mêmes en furent pour leurs frais. Les autres réussirent.

Je leur ai préparé ensuite une petite fiche pour qu'ils puissent évaluer leur travail personnel, une fiche à remplir rapidement par cases à cocher et à rendre obligatoirement, jointe à tout devoir d'entraînement. Il s'agissait de prendre conscience du temps passé, des méthodes de recherche documentaire, de la qualité de la coopération à plusieurs, toujours possible. Un élève me dit encore :

— *Mais on peut tricher en la remplissant ?* Je lui répondis :

— *Oui, on peut tricher et alors ?*

Plutôt que dire aux élèves de mauvaise foi *« Regardez-moi dans les yeux, c'est pas bien ce que vous faites ! »*, mon idée était de leur suggérer *« Regardez-vous dans la glace. Qu'êtes-vous en train de faire et à quoi cela vous mène-t-il ? »*

Cette dynamique peut conduire des jeunes à se construire une éthique personnelle et à faire des choix responsables : *« Je choisis la bonne foi, parce que… »* ou *« Je continue à tricher, mais je sais que… »*. Cela est leur problème. Pour ma part, je continue à faire mon travail, qui est d'évaluer les capacités acquises lors des contrôles en classe.

Quelques semaines plus tard, lors d'une séance de vie de classe, une réflexion avec les jeunes avait été introduite par ce petit questionnaire. Bien sûr, chacun pouvait garder pour soi ses réponses, plutôt que d'être acculé à tricher dans ses aveux !

— Avez-vous un souvenir où vous avez été de mauvaise foi ?
— S'il vous est arrivé d'être dans ce cas, pourquoi ?
— Quelles réponses de vos interlocuteurs vous ont semblé logiques ? encourageant à dire la vérité ?
— Quelles réponses de vos interlocuteurs vous ont semblé inefficaces ?
— Que vous apporte la bonne foi ?
— Quel risque prenez-vous en étant de mauvaise foi ?

Solène, professeur de math en collège

Pour changer les pratiques, quelle « pédagogie » pour les adultes ?

Une formation pour adultes est efficace si elle permet une construction mentale qui a du sens pour la personne en formation et qui incite celle-ci, si besoin, à un changement volontaire de pratique. Il ne s'agit pas pour elle d'empiler des connaissances extérieures à ses préoccupations, ni de reproduire les techniques des autres pour solutionner des problèmes types. Car ce bagage-là ne résistera pas longtemps aux tempêtes de la réalité ! Il est essentiel que l'individu crée sa propre réponse, à une question qu'il se pose ! Chacun est son meilleur juge pour décider de l'élément de formation qu'il est prêt à intégrer, à un moment donné, dans une situation donnée. Chacun doit pouvoir profiter d'un espace de réflexion personnelle pour se réapproprier le travail collectif. Chacun doit pouvoir décider d'y puiser ce qu'il juge utile pour lui. Tous les stagiaires n'entrent pas dans ce processus à partir du même point de départ et ils n'en repartent pas avec le même bagage.

Quand l'apprenant est mis en situation d'éprouver lui-même la contradiction entre ce qu'il croyait être une vérité et l'épreuve de la réalité, cette « frustration formatrice » l'incite à mobiliser toutes les ressources pour résoudre le conflit entre son objectif et son incapacité provisoire à le réaliser.

La personne en formation pourra se dégager de sa représentation antérieure d'autant mieux qu'elle sera accompagnée de façon bienveillante dans son expérience et dans la mise en discussion de celle-ci. Je voudrais rapporter ici l'histoire toute récente de Martine, une enseignante, qui avait donné une punition collective – des verbes en anglais à copier –, en réponse à des sifflements répétés dans son dos, suivi du refus du chahuteur de se dénoncer et de celui des élèves de dénoncer le coupable. Elle ne remettait pas en question ce choix, mais elle avait peur de retrouver sa classe, le vendredi suivant : « L'auront-ils faite, cette punition ? Et sinon ? Que faire si certains se rebellent ? ». Sa demande prioritaire étant *« comment anticiper mon retour en classe ? »*. J'ai proposé, sans aucun commentaire sur la punition collective (et pourtant !), un exercice d'aide mutuelle, autour de cette question : chacun a pu dire comment il se sentirait dans une telle situation et, déjà, Martine se détendait. Elle a exprimé par la suite combien il était soulageant de se sentir entourée et moins seule face au problème. Puis chacun a suggéré ce que, peut-être, il ferait s'il était à sa place. Martine a trié dans les idées émises, celles qu'elle retenait comme possibles à assumer par elle.

Le vendredi s'est passé. Nous nous sommes retrouvés en formation la semaine suivante. Lors du rituel « Quoi-de-neuf ? », Martine a exprimé qu'elle s'en était tirée honorablement, en engageant une discussion générale avec les élèves sur les responsabilités de chacun. Mais sa demande avait évolué. « Le choix de la punition collective, expliquait-elle, était comme un pis-aller dans un moment d'impuissance. Je vois aujourd'hui que c'était une erreur. Je voudrais maintenant travailler sur les moyens pour éviter d'en arriver là ». Travailler à partir de cette erreur, pour la corriger, était devenu possible sans mise en danger[56].

56. Extrait de l'article « Entrer en formation, c'est entrer en apprentissage », p. 29, revue *Alternatives non-violentes : Action éducative et sociale, l'apport de la non-violence,* n° 133, décembre 2004.

Chapitre 15

C'est pour l'exemple !

« Punir est un art de manipuler des signes, une manière progressive et raisonnée d'orchestrer des effets »
Eirick Prairat

Faut-il traiter une transgression en privé ou en public ?

Quand une transgression a lieu au sein d'une collectivité, faut-il la traiter dans une instance officielle ou par une parole publique ? La réponse vient au cas par cas. Elle est différente selon que l'on est en famille, dans un groupe à effectif réduit et fondé sur un projet commun ou dans un collège de cinq cents élèves. Elle dépend de la nature et de la gravité des faits.

Il faut à chaque fois s'interroger sur ce qu'il est judicieux de publier : l'identité de celui qui a commis l'acte et celle de sa victime ? Le dommage causé ? Seulement la transgression commise et la sanction choisie ? Les solutions trouvées au problème posé et les conséquences sur l'ensemble ? La règle qui a besoin d'être rappelée à tout le groupe ? Il importe de distinguer la publication d'une situation qui n'est pas connue du public, de l'information des suites d'une affaire qui, de fait, est déjà publique, comme c'est le cas, par exemple, de cet ado qui a craché à la figure d'une personne de service, dans la cour de récréation !

L'écoute des motifs personnels de celui qui a transgressé est rarement une affaire publique, sauf si le message de l'intéressé s'adresse volontairement à l'ensemble du groupe. L'écoute de la victime par celui qui lui a causé un dommage ne gagne pas à être publique. La recherche de solutions à ses problèmes personnels n'est pas non plus du domaine public.

Pour traiter une transgression au sein d'une collectivité, la présence d'un trop grand nombre est gênante, mais celle de quelques témoins peut obliger à une plus grande transparence dans les débats et à une application plus sérieuse des procédures et du droit.

En revanche, la ré-affirmation de la règle est une affaire collective. Le public représente la société pour qui est faite la loi ou le groupe pour qui est fait la règle. Il est bien question de valeurs communes, d'opinion publique.

Les expiations symboliques et humiliations publiques

Souvenirs pénibles de jeunesse

Une institutrice m'attacha au menton une « langue bien pendue », en carton rouge, avec des petits points dessus et un élastique pour tenir... Heureusement, ma grand-mère m'avait dit qu'être bavarde pouvait être une qualité ; je le suis restée. L'année suivante, cette même maîtresse me demanda de monter sur la table, pour que toutes mes camarades puissent se moquer de moi : j'étais venue à l'école avec une chaussure et un chausson. C'était en CE1. Ce fut efficace, jamais cela ne se reproduisit ! Je m'interdis cependant d'écrire les propos malveillants que m'inspire encore la mémoire de cette enseignante !

Suzanne

Au-delà des effets dissuasifs immédiats, les humiliations publiques, les bonnets d'âne, les blâmes, les obligations d'aveux publics, ont sans aucun doute un fort retentissement psychologique et nourrissent de longues rancunes[57]. S'il se trouve dans le groupe des individus pour se réjouir et se moquer, d'autres sont capables de se détacher intérieurement. Certains vivront cela comme la menace de ce qui peut leur arriver. Les plus proches de la victime de la punition souffriront par compassion et s'indigneront peut-être davantage que celle-ci, tout occupée qu'elle est à essayer de disparaître sous terre pour y cacher sa honte. Enfin, certains, retournant à leur profit la situation et devenus les vedettes du jour, toiseront du regard les adultes...

La publication d'une transgression sous forme d'un discours de réprobation peut être suivie d'une mesure collective de surveillance plus sévère, souvent appelée prévention, comme la fouille des trousses à l'entrée d'un examen. Il s'agit bien d'une sanction collective au sens où le comportement abusif et gênant de quelques-uns entraîne une mesure contraignante pour tous. Quand il s'agit de sécurité, il est difficile d'être en désaccord, mais le ton et la manière de certains surveillants semblent parfois désigner tout un chacun comme un délinquant potentiel. Quand on sait que les adolescents ont tendance à ressembler à l'image que notre regard leur renvoie, on peut s'inquiéter de l'application que certains mettront pour être à la hauteur de notre méfiance ! *A contrario*, ils seront capables de zèle pour se montrer dignes de la confiance manifestée par un adulte qui prendra lui-même quelques risques pour leur laisser un espace d'autonomie.

57. Dans le film « Les choristes », 2004, il suffit d'évoquer le regard de haine et de jouissance du triste héros regardant le château brûler...

Un responsable d'établissement scolaire inscrivait sur un tableau, placé dans la cour et visible de tous, la liste permanente des élèves sanctionnés, liste comprenant les actes commis et les sanctions infligées. Il s'appuyait sur le principe de l'exemplarité de la sanction ! Même si les élèves s'informent très vite entre eux des risques encourus par tel ou tel acte et si le règlement précise les fourchettes de sanctions possibles, aucune sanction n'est exemplaire pour les autres, tant que l'on n'a pas accès à la description de la situation dans tous ses aspects.

La sanction fonctionne dans le symbolique, mais ne trouve pas automatiquement son efficacité dans le spectaculaire. Celui-ci autorise toutes les dérives démagogiques et nous rappelle les souvenirs nauséabonds des « tondues », pendant et à la fin de l'occupation.

La sanction est un message : l'acte posé, qui peut-être modeste en soi (quelques minutes de rappel de la règle, des demandes d'excuses, une journée de mise à l'écart, un petit travail sur le règlement), devient signifiant dans le système de rites et de valeurs ayant cours dans l'institution concernée. Qu'avons-nous envie de dire à tous et quel avenir espérons-nous pour le groupe ? Dirons-nous ce qu'il est important de respecter pour mieux vivre ensemble et comment chacun en est en partie responsable ? Ou bien exprimerons-nous que certains « méritent » d'être désignés comme les « mauvais », au point de rajouter de la honte publique à leur culpabilité ?

Les sanctions symboliques positives : distinctions et récompenses

Les remises de prix et de médailles mettent l'accent sur ce que la personne apporte au groupe. Elles sont sans doute plus intéressantes que les humiliations publiques, à condition de garder le souci de valoriser chacun des membres dans ce qu'il a de spécifique, sans introduire de concurrence déloyale. Une publicité du genre « il est vraiment mieux que les autres » est parfois mal perçue par l'intéressé lui-même, à l'âge où l'on n'aime pas être mis à part des copains. C'est très difficile d'éviter ce piège. On cherche parfois à trouver quelque chose pour chacun, mais on risque alors l'hypocrisie des prix de consolation, humiliants d'une autre façon. Par contre, les signes de reconnaissance tels que « je vous remercie au nom du groupe pour tout le bien que nous avons ressenti en travaillant avec vous », peuvent être d'excellentes nourritures pour l'estime de soi.

Chapitre 16

Les victimes ont leurs maux à dire...

« Ne vaut-il pas mieux guérir une blessure,
plutôt que de la venger ? »
Sénèque

Oser sortir du silence

Sortir du silence, pour une victime, c'est commencer à s'en sortir. Oser dire les choses, oui, bien sûr, mais c'est rarement facile et c'est à chacun d'en mesurer les conséquences et d'agir en fonction de cela. Il est possible de rejoindre un groupe où ces questions sont abordées, pour ne pas rester seul. Certaines agressions sont totalement imprévues et tombent par hasard sur une victime qui passait par là. Dans d'autres cas, les agresseurs s'acharnent sur quelqu'un qu'ils ont repéré comme « accessible ».

« Quand tu t'es fait dépouiller, tu as un peu honte. Tu t'es laissé dominer et tu n'as pas très envie de le dire aux autres. En plus, tes racketteurs te menacent : "Si tu dis quelque chose, on te casse la gueule.". Alors, tu ne dis rien. Et si tu gardes le silence, il n'y a pas de raison que cela ne t'arrive pas une deuxième fois, puis une troisième, etc. La loi du racket, c'est la loi du silence. La seule solution, c'est donc d'en parler à un adulte de confiance et tout de suite. Même si tu n'as encore été que menacée. Il faut que tu brises la loi du silence. C'est le seul moyen de te protéger. »[58] À partir du moment où le racketté a parlé, les adultes doivent le protéger. Et ses copains peuvent l'entourer en assez grand nombre pour le défendre.

Le témoignage suivant m'a interrogée sur la capacité qu'ont parfois les victimes à banaliser l'acte qu'elles ont subi. Trois copains de 16 ans se firent agresser un soir, par cinq garçons qui, en les menaçant d'un couteau, leur soutirèrent leur téléphone portable. Ils furent très étonnés d'entendre l'agent de police qualifier ce délit de « vol en réunion avec violence » et les informer des peines prévues. Ils ne pensaient pas que c'était aussi grave. D'ailleurs un seul des parents avait cru bon d'aller porter plainte avec eux. Cette banalisation est dangereuse et il est important de nommer les délits avec exactitude. Un vol, par exemple, n'est pas un emprunt !

58. Jacques Sémelin, *La Non-Violence expliquée à mes filles*, Seuil, 2000, p. 28.

Écouter la plainte

Quand quelqu'un se sent victime d'une situation, il est important pour lui d'avoir un espace pour épancher sa plainte, être reconnu dans sa souffrance. Face à une victime, on écoute d'abord. Oui, il est essentiel que cette personne puisse dire son impuissance, ses peurs, son découragement ou sa colère, devant cette complexe machine humaine qui ne fonctionne pas comme elle voudrait – que ce soit l'institution où elle travaille, le lycée, la famille, le groupe de copains – ou bien quand la personne ne sait plus par quel bout prendre un problème pour le faire évoluer ou encore quand elle a reçu comme une véritable agression les propos d'un voisin…

Dans le système d'interactions où nous vivons, pour que chacun puisse peser, exister, goûter son morceau de liberté, trouver des issues aux problèmes qui se posent, il faut qu'il comprenne ce qui se passe autour de lui, mais aussi ce que cela provoque, convoque en lui. Chacun pourra davantage faire des choix s'il s'explique comment les attachements et les blessures de son histoire influencent sa façon de vivre, les situations d'aujourd'hui.

Seulement après avoir bien écouté et commencé à comprendre la personne qui est dans la plainte, on pourra lui suggérer des pistes pour agir. Il est important d'inventorier les appuis et les ressources possibles, en la personne elle-même et dans son entourage. Ce travail est difficile à faire seul et c'est une attitude responsable et mature de la part de quelqu'un qui se sent mal, que d'accepter de se faire aider.

Écouter, c'est prendre le risque d'entendre. Dans certains cas, après avoir offert une première écoute de qualité, il est de la responsabilité de l'écoutant de dire son incompétence et de passer le relais, en orientant la personne vers un professionnel. D'autres fois, des confidences peuvent amener à exercer son devoir de signalement, sous peine de non-assistance à personne en danger, avec tout ce que cela suppose comme cas de conscience. Dans l'hésitation, on peut prendre conseil auprès d'un travailleur social ou d'une association d'aide aux victimes.

Sortir de la plainte

« Il est vrai que les jeunes qui se font racketter ont assez souvent un profil de victime. Est-ce à cause de leur aspect physique ? En partie, sans doute. Mais c'est surtout parce qu'ils n'ont pas confiance en eux. Les racketteurs sentent bien qu'ils

constituent des proies faciles. D'où l'importance de parler avec ces jeunes de ce qui leur est arrivé pour les aider à évoluer, afin qu'ils ne se mettent plus dans une position de victime ou de souffre-douleur. »[59]

Comme le souligne fort justement Jacques Sémelin, il faut du temps, de la solidarité et beaucoup de délicatesse de la part de l'entourage, pour aider une victime à se poser la question *« qu'est-ce qui dépend de moi et que je peux changer ? »*. Car entendre que *« c'est la personnalité de la victime qui fait qu'elle est choisie par l'agresseur »* peut faire très mal. Pourtant, il faudrait aider la personne à s'affirmer davantage, à se protéger, à ne pas faciliter la tâche de son persécuteur.

Certaines personnes ne parviennent pas à sortir de la plainte. Celle-ci semble même leur apporter des bénéfices secondaires, comme l'attention de leur entourage. Si mon interlocuteur, victime ou qui se vit comme tel, trouve systématiquement impossibles ou dérisoires les pistes de solutions évoquées avec lui, il est peut-être temps de lui proposer de faire un choix. Ce langage peut paraître dur, mais de telles paroles, certes fermes, peuvent être prononcées avec beaucoup de douceur, quand elles suivent un long temps d'écoute :

« Oui, c'est important pour toi d'avoir eu un espace et un temps pour évacuer tout cela, pour exprimer ce qui te semble si difficile à vivre. Mais maintenant, que vas-tu faire ? Tu me décris cette situation comme insupportable, mais en restant là sans rien changer, tu montres en fait que c'est supportable. Vas-tu rester dans cette posture de victime, en espérant très vaguement que le destin ait prévu de t'en sortir ? Ou bien vas-tu décider de changer quelque chose en toi, de faire un choix ? Tu peux choisir, par exemple, de t'accommoder de la situation, de faire avec, parce que pour le moment, il y a des avantages que tu ne veux pas perdre et que l'inconnu te fait trop peur. Ou bien tu choisis de te défendre, de porter plainte ou d'écrire une lettre de protestation. Tu peux choisir de te retirer, de démissionner, de partir, à moins que tu penses possible de négocier un compromis ou de proposer une médiation. Dans tous les cas, il est important que cela soit ton choix. »

Quand il nous arrive d'être victimes d'une situation, si nous ne souhaitons pas rester enfermés, passifs et souffrants, il nous faut d'abord passer du non-dit à la plainte, puis de la plainte impuissante à la protestation active, du cri à la parole, du malaise à la décision de changer le cours de choses. Dans les conflits avec les autres, n'y a-t-il pas, de façon sous-jacente, les conflits intérieurs de chacun ? Une phrase du genre : *« Je suis en conflit*

59. Jacques Sémelin, *La Non-Violence expliquée à mes filles,* Seuil, 2000, p. 27-29.

avec Patrick parce que…» masque souvent un tiraillement : *« ce qui fait conflit entre moi et moi-même, dans cette situation avec Patrick, c'est… ».*

Vivre bien dans sa tête et dans son corps, c'est sans doute résoudre au mieux ses conflits internes, parfois en décidant de changer, au risque de déplaire ou d'inquiéter ses proches, parfois en acceptant un *statu quo* ou un compromis vivable pour les uns et les autres. Nous décidons réellement de changer quand nous mesurons que le rapport entre les avantages et les inconvénients bascule et que nous escomptons un bénéfice qui va nous motiver pour ce changement. Mais pour changer, il faut avoir assez de sécurité intérieure et aussi, de sécurité extérieure effective, pour faire le deuil de la situation actuelle et pour prendre le risque du nouveau. Sur qui et sur quoi la personne va-t-elle pouvoir s'appuyer pour « changer son inscription dans le monde » ?

Jalons

Que signifie être victime ?

Juridiquement, seule la victime d'une infraction pénale peut se voir attribuer le statut officiel de « victime », ce qui suppose trois conditions : que l'infraction soit établie ; qu'il y ait un préjudice et que le lien de cause à effet puisse être prouvé.

Les victimes ont des droits

Si un jeune enfant est victime d'un acte de violence, d'un viol, d'une agression, d'un racket, d'un vol, d'un accident de la route, il a des droits : le droit d'être écouté et le droit de défendre sa cause devant la justice : porter plainte, engager des poursuites contre l'auteur de l'infraction, demander réparation de son préjudice.

Mineur ou majeur, toute victime peut s'adresser à des professionnels (avocats) et à des services spécialisés (bureau ou association d'aide aux victimes, d'aide juridictionnelle, assurance de protection juridique) qui ont pour mission de le protéger, de l'accueillir, de le conseiller et le défendre. Il existe des consultations gratuites d'avocats dans la plupart des tribunaux, dans les maisons de justice et du droit et dans les mairies. Depuis une quinzaine d'années, les victimes font l'objet d'une attention croissante. Le législateur leur accorde une plus grande place dans le procès pénal et facilite leur indemnisation[60].

60. Le 13 juillet 1998, une circulaire du Garde des Sceaux a fixé les orientations de la politique d'aide aux victimes. L'objectif est d'assurer à toutes les victimes une information et une meilleure prise en compte de leurs intérêts au plus près des faits et durant tout le déroulement de la procédure. La loi du 15 juin 2000 renforce la présomption et les droits des victimes.

Le bouc émissaire

Guillaume, 15 ans, était très gros ; les autres le trouvaient un peu bête ; c'était la première fois qu'il vivait en collectivité ; il regrettait de ne pas être chez sa grand-mère ; il pleurnichait, était susceptible et prenait toutes les remarques et mauvaises blagues pour lui ! Il était devenu très vite le bouc émissaire de tout le monde. Le problème, c'est que dans un camp d'adolescents de 13 à 17 ans, si les adultes n'interviennent pas, le groupe risque d'être impitoyable, surtout si d'autres conflits ou difficultés de toutes sortes ont mis l'ambiance à mal !

Dans le mécanisme du bouc émissaire[61], le groupe focalise sur un de ses membres toutes les images dévalorisantes dont il est l'objet ou qu'il a de lui-même. En excluant (« émissaire » dérive du latin *ex mittere*, qui signifie « envoyer dehors ») le mouton noir, le mouton indésirable, le troupeau croit ou espère se débarrasser de ses malheurs et de ses conflits internes. Comment, alors, garantir à chacun protection et sécurité au sein de ce groupe ?

1. Pour combattre cette violence, il y lieu d'interroger **la place de la loi** dans ce groupe : où et quand est-elle entendue, expliquée... ? Par qui et comment est-elle garantie ? Est-elle incarnée effectivement par ceux qui sont les garants de la sécurité du groupe ? Il y a lieu de travailler avec chacun des membres du groupe : reposer clairement les interdits. Envers ceux qui ont commis manifestement des actes ou des paroles d'humiliation ou d'exclusion physique, il sera nécessaire de passer par une sanction et une exigence de réparation, qui redonne à chacun ses responsabilités.
2. Quelle est **la place de la parole ?** Où les enfants peuvent-ils dire ce qui ne va pas pour eux ? Dire aussi ce qui fonde leurs relations ? Entendre, confronter leurs représentations et leurs ressentis ? Où peuvent-ils exprimer leurs besoins ? Le phénomène de bouc émissaire étant d'abord émotionnel, c'est la parole qui sera l'élément essentiel pour le faire diminuer ou disparaître. Il est important que des règles strictes de respect sans jugement de la parole de l'autre permettent à chacun de se démarquer des sentiments et attitudes collectifs. Il y a lieu aussi de recentrer les conflits sur leurs objets réels.
3. Pour combattre la violence, il importe aussi de travailler avec celui qui fait office de **bouc émissaire :** celui-ci n'est pas choisi par hasard. Par ses caractéristiques personnelles, il capte tous les problèmes de culpabilité du groupe. Sa passivité entretient ou amplifie l'agressivité du

61. G. Deboutte, *Comment en finir avec les persécutions à l'école ?* Chronique Sociale, 1998 ; et René Girard, *Le bouc émissaire*, Grasset, 1986, LGF, 2006.

groupe. Il est important de l'aider à retrouver l'énergie pour résister, de lui permettre de se responsabiliser dans le conflit. Il a besoin de soutien et de reconnaissance, mais aussi de prise de conscience, pour sortir de son statut de victime fataliste, culpabilisée et apparemment consentante.

4. Pour combattre la violence, il est essentiel de mettre en place des situations diversifiées, où **chacun trouvera une place,** une activité, un mode d'expression, où chacun sera à l'aise et naturellement valorisé aux yeux du groupe, sans pour autant faire de l'ombre aux autres, ce qui est aussi un motif fréquent de rejet. Il est important que chacun puisse contribuer concrètement et personnellement à la qualité collective. Cette expérience de vie harmonieuse vaut tous les discours sur le droit de chacun à être respecté.

Dans l'exemple donné précédemment, Guillaume, celui qui était considéré comme moins que rien, lors d'une veillée, se révéla être un excellent conteur : un soir autour du feu, à l'ombre de la nuit, il se laissa aller à déclamer de longues histoires de son pays de Caux, qu'il savait par cœur. Les autres en furent ébahis. Fort de cette expérience nouvelle dans le groupe, il proposa le lendemain ses services de cuisinier et les recettes de sa grand-mère, adaptées au feu de bois, en firent le chef pâtissier très applaudi des jours de fête !

Dans un collège, nous nous sommes aperçus que les élèves ne connaissaient pas l'ensemble des prénoms de leurs camarades de classe. Nous étions déjà en novembre ! Qu'est-il fait, quand un groupe se constitue, pour que chacun s'y sente reconnu ?

Bel exemple que celui de ce cours élémentaire, où les enfants offrent un « chaudoudoux »[62], à celui d'entre eux dont c'est l'anniversaire. Ce cadeau prend la forme d'une carte écrite et dessinée, qui commence par : « ce que nous apprécions chez toi... ». **Travailler sur la confiance en soi** est un atout contre les phénomènes de bouc émissaire.

D'une manière générale, dans un groupe d'enfants ou d'adolescents, il est profitable de mettre des mots sur les peurs et ressentis de chacun, de donner des occasions de réfléchir aux phénomènes d'exclusion, de mimétisme, d'apprendre le goût de la solidarité au sein d'un groupe, d'inviter les membres du groupe à écouter le point de vue de chacun. Les exercices cités ci-dessous ont cette vocation.

---

62. Allusion au beau livre pour enfants de tous âges, Claude Steiner, *Le conte chaud et doux des chaudoudoux*, InterEditions, 1998, rééd., 2009. La réticence que j'exprimerais concerne la représentation très négative de la loi qui est faite dans les dernières pages.

Exercices avec des enfants ou des adolescents

L'exclu

C'est un exercice possible pour un groupe d'adolescents. L'objectif est de prendre conscience de ce que ressent une personne victime de brimades. Cet objectif est annoncé, en insistant sur le fait que l'animateur encadrera et arrêtera éventuellement cet exercice en veillant au respect de chacun.

Les participants sont répartis en groupes de 4 à 5 personnes, à qui il est proposé de travailler sur un sujet précis. On invite ensuite une personne de chaque groupe à sortir quelques instants. Pendant leur absence, des consignes strictes sont données aux autres personnes. Elles sont priées de ne plus adresser la parole qu'une seule fois au maximum à leur camarade à son retour. Après quoi, ils doivent totalement l'ignorer : ne plus le regarder, ne plus lui parler, ne plus écouter ce qu'il dit… L'expérience est immédiatement suivie d'un échange verbal : comment cela s'est – il passé, pour les exclus et pour les autres ? Qu'ont-ils ressenti ? Que peuvent-ils en déduire ?

Le monstre

L'objectif de cet exercice est d'apprendre le goût de la solidarité dans un groupe. Il peut être tenté dès l'âge de 5 ans. Il invite à verbaliser son ressenti en fonction de la place que l'on occupe dans le groupe et il aide à comprendre ce que peut ressentir quelqu'un d'autre…

Les participants forment une ronde au centre de laquelle l'animateur fait « le méchant ». Ce « monstre » se rue sur un élément de la ronde en hurlant. Les autres participants doivent crier le prénom de la victime sur qui s'acharne le monstre, afin d'arrêter celui-ci. Il repart ensuite attaquer quelqu'un d'autre… Le jeu peut être alimenté par une histoire que raconte le « monstre ».

Il est intéressant d'entendre les peurs de chacun et de comprendre comment fonctionnent les complicités avec l'agresseur, du genre : « ouf ! c'est pas sur moi que ça tombe ». On prend conscience de la sidération opérée par l'attaque. De même, l'attente des secours par la victime et le soulagement quand le groupe la reconnaît par son prénom et se solidarise avec beaucoup de voix pour faire reculer le monstre.

Cet exercice, à animer avec délicatesse et lucidité, peut être très ludique. On le fera suivre d'un temps de parole important si des phénomènes de bouc émissaire ont lieu dans le groupe. Il peut permettre la libération de la parole, l'amorce d'un travail de reconstruction de la place de chacun, dans le cadre d'une loi juste dont chacun individuellement se sentira garant et qui fondera la vie du groupe.

C'est le premier pas qui coûte

L'objectif de cet exercice est de mettre à jour et de briser le mécanisme mimétique du groupe « oppresseur », par le réveil de la créativité.

Dix à quinze personnes marchent au pas, en cercle, en tapant dans leurs mains pour scander le rythme à deux temps de la marche. Une autre personne, toute seule, doit par divers moyens, mais sans violence contre les personnes, briser cette cohésion de groupe.

Hyde Park Corner

C'est un exercice pour dépasser la peur de se sentir en position isolée par rapport au groupe, peur qui explique souvent le refus de « passer pour une balance ». On a peur de devenir à son tour victime si on se désolidarise du groupe ou si on désobéit au leader. Ces peurs sont des obstacles puissants à la résolution d'un phénomène de bouc émissaire. Cet exercice permet de s'exercer à adopter une position singulière ; il peut aider à mettre des mots sur ces peurs et à réaliser qu'il est possible de bouger de sa position, malgré cette peur.

Au milieu d'un cercle de personnes, on dispose d'un tabouret. Chaque personne doit monter sur le tabouret et raconter quelque chose aux autres : après son discours, la personne revient dans le cercle et raconte ce qu'elle a ressenti en allant vers le tabouret, en parlant sur le tabouret et en revenant dans le cercle.

Échangeons nos points de vue

L'objectif de cet exercice est de permettre d'identifier la position de chacun dans un conflit. En visualisant ces positions, on repère plus facilement les mécanismes en jeu. On se rend compte des priorités à travailler, pour s'en sortir.

C'est un petit exercice à tenter à partir de six personnes minimum : face à une même situation (qui peut être lue, racontée, jouée), il s'agit de comparer et de confronter les points de vue, à un instant T du conflit. Chacune des quatre équipes choisit un statut :

- « Nous sommes les garants de la règle et de la loi » ;

- « Nous sommes des proches de la victime » ;

- « Nous sommes des amis de l'auteur des faits » ;

- « Nous sommes des témoins passant par là » (selon l'histoire et l'effectif, on peut s'en tenir aux trois pôles précédents).

Si la personne qui a vécu l'histoire est observatrice ou dans un autre rôle que le sien, elle pourra prendre de la distance et mieux profiter de l'apport des autres.

Pendant 10 minutes, chaque équipe prendra le temps de s'identifier à son personnage et de préparer son intervention : « À votre avis, que pense votre personnage ? Que ressent-il ? Qu'a-t-il envie de dire à ce moment-là ? Comment se positionne-t-il ?… ». Puis, chaque équipe exprime, à une ou plusieurs voix, ce qu'elle a à dire, sans débat, sans question. On s'oblige d'abord à écouter tous les points de vue, les uns après les autres. L'échange ultérieur n'en est que plus riche. Ensuite on pourra jouer ou imaginer une prolongation de l'histoire, avec une recherche de solutions ou bien travailler plus spécifiquement sur la problématique d'un des points de vue, par exemple : que peut-on faire en tant que victime ?

Cet exercice peut être l'occasion de mettre à jour que la victime se fait souvent elle-même complice du bourreau. Cela permet d'expérimenter qu'il est possible de changer de rôle pour rompre avec ce jeu pervers. On cherchera ensemble comment redonner à chacun sa responsabilité, comment déculpabiliser la victime, comment l'aider à reconstruire son image, à se positionner différemment et donc à avoir une influence sur le système de fonctionnement collectif. Au vu des nombreuses expérimentations de cet exercice, il semble que ce soit d'ailleurs souvent la victime et le groupe, complices conscients ou non du phénomène, qui détiennent la clé du changement. Mais la plupart du temps, ils ne pourront agir qu'avec le secours de l'adulte responsable et dans un cadre démocratique et un climat qui autorisent la prise de responsabilité.

Chapitre 17

Vers quel tiers se tourner ?

« Être médiateur citoyen est un art,
l'art de susciter des liens,
de rabibocher des personnes,
d'apporter une petite lumière dans un moment opaque. »
Jean-François Six[63]

Faire appel à un tiers, mais pas n'importe lequel

Pour sortir d'un face-à-face devenu stérile ou dangereux, les protagonistes ont intérêt à demander l'aide d'une personne dont le statut fait tiers, faire appel à une instance *ad hoc* ou au moins, en l'absence de celles-ci, prendre appui sur un élément-tiers : par exemple, le contrat préalablement passé entre eux, un écrit, le règlement… Quand deux personnes se tournent vers une tierce personne qui les écoute ou qui leur parle, ou quand elles lèvent les yeux vers un objet-tiers, on remarque qu'elles se détournent déjà physiquement du face-à-face. La perspective est qu'elles parviennent au coude à coude…

Une fois qu'on a énoncé que l'intervention d'un tiers met de la distance, triangule la relation en la sortant de la dualité, ce qui est une lapalissade, il est temps d'aller plus avant dans les questions : quel est l'objectif de celui qui fait appel et de celui qui intervient ? Qui prend l'initiative, est-ce une demande, une invitation, une convocation ? L'intervention du tiers est-elle l'exercice d'une force, une proposition d'aide, un conseil ? Quelle est la fonction de chacun, quel est l'effet attendu, comment la situation pourra-t-elle être relue par chacun des acteurs ? Les cas de figure sont nombreux et il ne s'agit pas de recourir à n'importe quel tiers, à n'importe quel moment, pour faire n'importe quoi. La gestion d'un conflit se déroule dans le temps, par étapes. À chaque situation, son tiers ! Distinguons quelques catégories de tiers.

63. Jean-François Six, *Dynamique de la médiation,* Desclée de Brouwer, 1997, p. 94.

Le tiers qui intervient dans l'urgence

Dans bien des situations, c'est un citoyen qui prend lui-même l'initiative d'intervenir, à ses risques et périls, pour mettre de la distance dans un duel, dans la confusion d'une bagarre.

Si l'intervention est vraiment urgente, avec un risque réel et grave pour la santé ou la vie, il s'agit de soustraire les victimes du danger sans y succomber soi-même. Dans ce cas, on appelle le **pompier,** le SAMU, le service d'ordre ou la police. Sommes-nous au cœur d'une dispute ? L'urgence est d'apaiser l'émotion. Nous serons peut-être nous-mêmes amenés à nous interposer autoritairement, voire physiquement. Cette interposition comporte des risques quand la situation est assez violente : il n'est pas rare que l'agressivité se retourne contre celui qui intervient, même avec une intention de neutralité. Mais il arrive aussi que ce soit le groupe lui-même qui fasse tiers ; ne serait-ce que par son rire, il peut parfois dédramatiser une situation en ayant une sorte d'effet miroir : « il s'est vu exagérer dans les yeux des autres… ». D'autres fois, le groupe fera au contraire caisse de résonance et il sera judicieux d'isoler les belligérants du regard des spectateurs.

Quand il est nécessaire de prendre des décisions rapides, de trancher entre deux protagonistes, dans le vif d'un jeu ou d'une situation chaude, on a recours à un **arbitre,** préalablement désigné en fonction de sa bonne connaissance des règles du jeu. Mais il est convenu d'accepter son autorité et son avis à ce moment-là, même s'il se trompe. C'est parfois le garant institutionnel qui intervient et fait acte d'autorité pour rappeler la règle établie, la loi : le chef de famille, le responsable de la structure, le chef d'atelier, le directeur, l'animateur du groupe, le professeur de la classe, le procureur, l'agent de sécurité ou de police…

Le médiateur qui aide à construire un accord

Le mot « médiation » est en vogue, mais parfois utilisé à tort et à travers. Le concept de médiation fait actuellement l'objet d'un nombre incroyable de parutions, qu'il s'agisse de médiation pénale, de médiation familiale, d'agents locaux de médiation sociale, du médiateur envoyé par le gouvernement pour faciliter la résolution d'un conflit (ou sa réduction, avec dans le portefeuille quelques moyens exceptionnels à allouer dans l'urgence). Dans certains cas, on a affaire à un médiateur institutionnel, d'autres fois à un médiateur citoyen. Médiateur, est-ce un métier, un statut, le rôle que l'on joue à un instant particulier ? Difficile de s'y retrouver. Nous nous limiterons donc aux aspects qui concernent notre sujet.

S'il s'agit d'aider deux personnes ou groupes de personnes à résoudre un conflit, à construire un accord, le tiers médiateur a pour fonction de **faciliter la communication** en garantissant des règles du jeu qui assurent à chacun la possibilité d'affirmer son point de vue. Le médiateur n'intervient pas dans le choix de la décision, à la différence du conciliateur, qui va proposer des idées, une solution, des conseils (c'est le cas dans une consultation chez un conseiller conjugal ou dans une conciliation pénale).

La demande de médiation est normalement une démarche de deux citoyens qui demandent l'aide d'une tierce personne pour mieux communiquer, dans le but de trouver elles-mêmes une solution à un problème. Il est intéressant de passer par la médiation d'un tiers pour sortir d'une relation binaire nourrie de ressentiment ou pour se protéger de ses propres sautes d'humeur. C'est une procédure d'aide dans la perspective de maintenir ou de réparer une relation.

Nous pourrions aussi aborder la notion de **médiation par les pairs,** mais d'excellents ouvrages et d'excellentes formations existent à ce jour[64]. L'intérêt de mettre en place des procédures de médiation, à l'école, dans le centre de vacances, etc., n'est plus à prouver, même si des précautions sont à prendre, en particulier en ce qui concerne la garantie de la loi et du droit de chacun.

À certaines conditions donc, **la médiation est un outil de régulation non-violente des conflits.** Cette proposition intervient après la crise émotionnelle, pour garantir les conditions d'un dialogue qui commence à se renouer entre les protagonistes. La médiation ne doit pas occulter ou dispenser de **l'exercice de la justice** et de la sanction, s'il y a eu transgression. L'entente cordiale entre un agresseur et un agressé, entre une victime et son bourreau, risque d'être une manipulation si le médiateur n'a pas la neutralité et l'autorité nécessaires pour rétablir à tout moment l'équilibre du rapport de forces entre les parties, indispensable à la construction d'un accord juste. Une médiation qui ferait fi de la loi ou de la règle en aboutissant à un accord amiable, sans vérification par un tiers représentant l'intérêt collectif, serait d'ordre mafieux. Par ailleurs une médiation a plus de chances de réussir si les personnes impliquées connaissent les recours en cas d'échec – toujours possible – de la médiation.

Dans tous les cas, il est important de **distinguer statut et fonction.** Une directrice d'école n'a pas le statut professionnel de médiatrice. Elle pourra

---

64. Babeth Diaz et Brigitte Liatard-Dulac, persuadées de la nécessité de promouvoir une véritable culture de paix, forment, depuis 1993, des élèves et des éducateurs à la gestion des conflits et à la médiation. L'association « Génération Médiateurs » a créé un réseau et permis, la formation de milliers de jeunes dans plusieurs centaines d'établissements scolaires. Lire *Contre violence et mal-être, la médiation par les élèves,* par ces deux auteurs, Nathan, 1998.

à certains moments faire fonction de médiatrice dans un conflit entre un enseignant et un parent. C'est un service ponctuel qu'elle rend à ce moment-là, avec l'accord des deux protagonistes. Elle devra l'énoncer clairement. Et certaines questions doivent servir de garde-fou. On ne peut être absolument impartial en étant **statutairement lié à une des parties** en conflit. On ne peut pas jouer un rôle de médiateur absolument neutre en étant **affectivement impliqué,** par exemple comme une mère-épouse entre le père et son fils. Pour de petits conflits de la vie quotidienne sans grand enjeu, ce n'est pas très gênant, mais dans les situations plus graves, le **professionnel** s'impose. Cela ne veut pas dire qu'il est nécessairement indemnisé, mais qu'il répond à certains critères : ne pas être allié, ami, lié hiérarchiquement, à l'une ou l'autre des parties ; être compétent pour mener un entretien de médiation, ce qui ne s'improvise pas.

Le médiateur n'a aucun pouvoir de contrainte mais offre simplement un lieu, une procédure, un savoir-faire et une attitude qui peuvent, comme le catalyseur d'une réaction chimique, **favoriser le dialogue,** rétablir la communication. Il doit à la fois savoir tenir le cadre de l'entretien et faire preuve d'une écoute bienveillante et sans jugement des personnes dans toutes leurs dimensions : émotions, souffrances, points de vue culturels, statutaires, intérêts…

Les élèves médiateurs qui reçoivent, lors d'une permanence repérée, d'autres élèves demandant une aide pour « éclaircir une embrouille », peuvent parfois avoir des compétences et une efficacité supérieures à celles de l'adulte. Mais il ne s'agit pas de les transformer en surveillants de la cour de récréation, ni de leur donner, par leur statut, une supériorité qui risquerait de les mettre à l'écart de leurs copains de classe. La médiation scolaire n'autorise pas non plus les adultes d'un établissement à se décharger sur de jeunes élèves, pairs des autres élèves, de leur fonction d'arbitres et de censeurs.

Pour sanctionner, l'instance prévue à cet effet

Face à la transgression, il est souvent possible et utile de faire appel à un tiers. Un adulte peut trouver, selon les cas, tentant ou bien au contraire vexant, de faire appel à quelqu'un d'autre. De nombreux éducateurs se demandent si confier la responsabilité de sanctionner à un tiers, cela n'est pas une fuite. Demandons-nous plutôt quels sont les adultes habilités à intervenir pour sanctionner et en mesure de le faire à ce moment-là de l'histoire. Cherchons ce qui aura le plus de cohérence éducative, qu'il s'agisse d'une équipe professionnelle ou du couple parental.

Dans le règlement des petites affaires quotidiennes, il arrive fréquemment qu'un adulte soit à la fois juge et partie. C'est le cas, par exemple, d'un professeur insulté par un élève. Bien entendu, on ne peut réunir un tribunal ou un conseil à tout instant, mais l'appel à une tierce personne est une garantie pour chacun. La demande de sanction, quand elle s'adresse à des tiers absents au moment des faits, devrait faire l'objet d'un rapport d'incident. Ce rapport écrit oblige à s'engager, à prendre de la distance par rapport à l'acte, à prendre en compte la parole du contrevenant présumé, la parole de la victime et parfois la parole de témoins.

Un animateur, un éducateur, un professeur peuvent aussi gérer un problème en demandant au groupe de participer à sa régulation. Mais il doit d'abord stopper l'événement et mettre en place des procédures. Le groupe, en écoutant les besoins de chacun, peut imaginer des fonctionnements ou des actions pour remédier à ce qui s'est passé. Par contre, il n'appartient pas aux enfants de sanctionner la transgression d'un de leurs pairs. Les enfants attendent de l'adulte qu'il fasse preuve d'autorité. L'institution qui emploie un éducateur professionnel attend de lui qu'il assume son statut.

Jalons

Le Conseil de discipline... et ce qu'on en fait

Il y a une comptabilité des transgressions graves d'un établissement scolaire qui consiste à enregistrer le nombre de réunions du conseil de discipline, ce qui a une influence certaine sur l'image de marque de l'établissement et sur la représentation que l'on se fait de la violence en cet endroit. Mais c'est comme confondre la mesure de la délinquance d'un quartier et l'activité policière ou l'inclination plus ou moins importante de la population à porter plainte.

Certains chefs d'établissements vont donc renoncer à réunir ce conseil pour ne pas en rajouter. On les comprend. Le problème, c'est que cela ne supprime pas les transgressions qui en relevaient et que leur traitement est parfois plus arbitraire encore, réalisé par un principal seul, débordé ou en colère. Le chef d'établissement peut décider d'exclusions de quelques jours sans réunir le conseil. Mais n'est-il pas préférable que les mesures disciplinaires importantes soient décidées par un collectif et à partir d'un rapport d'incidents qui ne comporte pas que des éléments négatifs ?

Il est possible d'introduire des degrés de gravité dans les procédures. Le pré-conseil de discipline ou la commission de discipline, qui existent en certains lieux, en témoignent : le professeur principal recueille les informations, note si plusieurs adultes se plaignent du même problème ou si celui-ci est localisé dans une relation entre tel enseignant et tel élève. Il est chargé de repérer les soucis de santé, familiaux, sociaux qui pourraient éclairer la situation, sans laisser supposer que cela pourrait justifier une impunité. Le professeur principal n'est pas toujours le mieux placé face à un conflit entre un élève et un autre enseignant : il est collègue de l'un et en relation d'autorité par rapport à l'autre. Si on cherche à être juste, il faut aussi convenir que l'élève n'a pas nécessairement tous les torts et que la responsabilité de l'enseignant peut être engagée dans le conflit. Dans certains établissements et pour des motifs sérieux, on choisit justement de faire appel à un enseignant d'une autre classe ou à un autre adulte de l'établissement pour instruire le dossier.

Dans tous les cas, passer par l'écrit fait tiers. Cela oblige à être précis dans la description de la situation, du processus, de l'acte. Cela permet une distanciation à l'égard de l'image que l'on a du prévenu, de sa réputation, pour se centrer sur des faits avérés. La présence de plusieurs personnes de statuts différents a comme objectif d'introduire de la transparence et du débat contradictoire. Paradoxalement, il s'agit à la fois de mettre en scène le conflit d'une façon assez solennelle et de le dédramatiser, en s'inscrivant dans une recherche de solutions et de progrès.

Une personne-tierce et un espace-tiers, pour écouter et soutenir

Le professionnel psychologue ou médecin, l'ami ou tout autre confident, peuvent venir en soutien à l'un des protagonistes du conflit, que ce soit la victime ou l'auteur de la transgression. Leur fonction, à ce moment de l'histoire, est d'écouter sans jugement et d'accompagner des personnes qui cheminent vers un choix plus responsable et peut-être aussi la guérison de certaines blessures. Le médecin a l'obligation du secret médical.

Il est difficile pour une même personne d'écouter dans leur intimité les deux adversaires d'un conflit, car il est impossible de faire totalement abstraction de ce que l'un a dit, pendant qu'on écoute le deuxième. Dans les cas graves, il n'est pas non plus cohérent, malgré toutes les bonnes intentions, d'accepter d'être le confident quand on est le supérieur hiérarchique. Au collège, au lycée, ce rôle d'écoutant peut être tenu par l'infirmière, le médecin scolaire, l'assistant social ou le psychologue. Dans les conflits familiaux, il est utile de se tourner vers un tiers qui, justement, ne connaît pas la famille. Quand l'enjeu n'est pas trop grave, toute personne bienveillante et capable d'assez de distance pourra jouer ce rôle d'écoutant. Mais écouter activement une personne qui souffre n'est pas anodin et demande certaines compétences. Il faut savoir reconnaître qu'on n'est pas toujours formé pour cela et **passer le relais à des professionnels** plus expérimentés.

Que ce soit face à une personne seule ou avec les protagonistes d'un conflit présents ensemble, l'écoute de qualité s'appuie sur un regard qui respecte la personne qui s'exprime, une attitude corporelle qui indique l'attention, un emplacement qui favorise la parole. Les paroles de l'écoutant ne sont là que pour reformuler ce qui a été dit, sans juger, sans banaliser ni dramatiser, pour mettre avec respect des mots sur l'émotion, sans disqualifier le ressenti, permettant ainsi à la personne écoutée de **prendre de la distance** avec son émotion. L'écoutant laisse à la personne **la responsabilité de sa vie.** Un écoutant doit accepter de ne rien dire et même accepter qu'il ne soit rien dit.

L'idée essentielle de Carl Rogers[65] est que, fondamentalement, les êtres humains, donc la personne écoutée, ont une orientation positive dans l'existence. Concernant la personne qui écoute, l'attitude de base doit être la **congruence,** c'est-à-dire le fait d'agir selon ce qu'on est vraiment. Pratiquer l'écoute active alors même qu'on est irrité risquerait fort d'aboutir à l'effet inverse de celui souhaité. Et une écoute spontanée et authentique, même maladroite, vaut mieux qu'une écoute techniquement au point mais manquant de sincérité.

L'animateur du temps de régulation

Animer correctement une instance qui a pour but d'ajuster les fonctionnements collectifs ou bien une rencontre de régulation d'équipe, est plus facile à l'aide d'un tiers extérieur au groupe ou à la maison. Cet **animateur de réunion,** non impliqué dans les sujets à l'ordre du jour, saura mieux garantir des règles du jeu auxquels les uns et les autres auront préalablement adhéré. Quand ce n'est matériellement pas possible, certains moyens simples introduisent de la distance avec l'événementiel et l'émotionnel : différer dans le temps la discussion des litiges, déposer préalablement ses requêtes et propositions dans une boîte à idées ou un cahier de régulation, faire tourner le rôle d'animateur entre plusieurs ou le confier à celui qui est le moins concerné par le problème du jour, écrire au tableau, utiliser des méthodes de résolution de problèmes dont les procédures ont été soigneusement mises au point par des spécialistes…

65. Pratiquer l'écoute active n'a de sens que replacée dans le contexte général de la pensée de Carl Rogers, un des psychologues américains qui a le plus influencé les techniques de communication. On peut lire avec profit : Carl Rogers, *Le Développement de la personne,* Dunod, 1968, rééd., 2005 ; André de Peretti, *Présence de Carl Rogers,* Érès, 1997 ; J.-D. Rohart, *Carls Rogers et l'action éducative,* Chronique sociale, 2013.

Chapitre 18

Quelle autorité !

> « *Pourquoi rêvons-nous tant d'une éducation où la sanction soit bien présente, mais sans qu'il y ait un éducateur pour l'infliger ? Que cherchons-nous à sauver ?* »
> Philippe Meirieu

Faire autorité et être autoritaire

Quelqu'un qui fait preuve de gentillesse est gentil, quelqu'un qui fait preuve de courage est courageux, mais quelqu'un qui fait preuve d'autorité ne peut être clairement qualifié par la langue française, tant il est vrai que le mot « autoritaire » ne peut convenir, car trop « dur ». Pour y voir plus clair, il est utile de faire un petit détour par l'étymologie.

Le mot « autorité » vient du latin *autorictas*, qui signifie « auteur », « celui qui produit », si bien que « pris au sens étymologique, écrit Francis Danvers, le mot "autorité" signifie "faire croître", "appeler à la vie" ». On parle communément d'**autorité personnelle** pour qualifier la « bonne » influence qu'une personne peut exercer sur d'autres et d'autorité, au sens de pouvoir, pour qualifier certaines personnes qui en sont investies en raison de la fonction qu'elles remplissent dans un cadre institutionnel déterminé.

Dire de quelqu'un qu'il est autoritaire, c'est déjà penser qu'il **abuse de son autorité** ou éventuellement qu'il utilise son autorité n'importe comment. C'est d'autant plus dommage que le mot « autoritarisme » existe. Ne pourrions-nous pas dire « autoritariste » et réhabiliter « autoritaire » ou trouver un autre qualificatif, non péjoratif ? Mais ce problème est peut-être symptomatique du rapport que notre société entretient avec ce qui est relatif à l'autorité. Elle n'est pas au clair !

On parle de l'autorité d'une institution, des Autorités. On dit aussi d'une loi, d'une règle ou même d'une idée ou d'une coutume, qu'elles « font autorité ». Pour éviter les confusions, nous dirons plutôt que celles-ci sont légitimes, crédibles ou consensuelles, selon les situations et nous réserverons ici le mot « autorité » à la personne, personne qui se trouve toujours dans un statut.

Une pédagogie de l'autorité, qu'est-ce que cela veut dire ?

La nécessité de l'autorité est devenue une évidence. Nous tenons pour acquis qu'il est préférable que les enfants et les adolescents aient auprès d'eux des adultes capables de leur garantir la sécurité face aux dangers de toutes sortes, à commencer par leur désir de toute-puissance, des adultes capables d'imposer les règles qu'ils ont annoncées comme non négociables et capables de tenir leurs promesses. Ceci étant dit, des divergences de représentations et de pratiques subsistent de fait, au-delà d'un discours devenu consensuel depuis quelques années. Il y a consensus sur la nécessité de l'autorité, mais pas sur sa définition en termes de comportement.

Il est bien entendu indispensable de clarifier le statut, la fonction, la mission de chacun et de savoir par exemple, quels sont les adultes qui détiennent l'autorité, en matière de sanctions, en fonction de la gravité des actes commis : l'autorité doit être instituée, nous y reviendrons. Mais quand un ministre[66] déclare *« Le gouvernement se place du côté des maîtres. »*, je m'interroge sur cette phrase qui peut sembler une évidence à première lecture. À bien y réfléchir, elle induit nettement une pédagogie du face-à-face, de l'opposition de clan à clan, de match profs-élèves ! Mais faire cours n'est pas un jeu. Et pourquoi penser d'emblée que tous les élèves sont d'un même bloc contre le professeur ? Si on entrait dans cette logique, oui, il vaudrait mieux que la hiérarchie soit du côté du prof, parce qu'à un contre trente, celui-ci ne fera pas le poids ! Il est dans la fonction même du gouvernement d'être du côté de la loi, donc de soutenir les agents de l'État dans leur travail de garants de cette loi. Cela n'a rien à voir avec un parti pris systématique des adultes contre les jeunes ou des professeurs contre les élèves. Ce que le gouvernement doit défendre, ce ne sont pas les maîtres plus que leurs élèves, ni les maîtres contre les élèves, mais l'autorité statutaire – la nuance est de taille. C'est ce qui s'exprime dans la notion d'outrage

66. Xavier Darcos, Ministre délégué à l'enseignement scolaire, dans une communication au Conseil des ministres, le 9 octobre 2002.

à agent de l'État dans l'exercice de ses fonctions. Par ailleurs la justice doit sanctionner toute infraction à la loi, que l'auteur soit maître ou bien élève et le garant d'une institution doit faire respecter les règles aux adultes autant qu'aux plus jeunes.

Il importe, certes, de remplacer le laxisme par de la fermeté dans l'application des règles, à condition de développer de façon complémentaire une écoute bienveillante, professionnelle et suivie, de chacun des élèves. S'il faut marquer une rupture, ce serait d'**en finir avec l'opposition entre écoute et fermeté,** de même qu'entre loi et amour. La loi est ce tiers qui garantit la juste distance entre les membres de la communauté, pour justement permettre la relation. Le dialogue est ce lien qui reconnaît l'autre comme interlocuteur respectable, apportant l'éclairage de son point de vue différent.

Pour parler d'autorité, quelques portraits...

Marie-Noëlle, 11 ans, nous donne sa vision de l'autorité

Je vous retranscris, sans perdre la saveur de son vocabulaire « nature », cette conversation avec une élève de sixième qui me disait :

« — *Il y a les profs sévères et les profs « trop cool », ceux qui ne disent rien quand c'est le bazar.*

— *Lesquels préfères-tu ?*

— *Les profs sévères, mais ça dépend lesquels ! Il y a les sévères – et les petits cons, y z'arrêtent – et il y a les sévères qui crient – et les petits cons, y z'arrêtent pas – !*

— *Quels petits cons ?*

— *Non, c'est pas des cons. Parce qu'il y en a des très sympa. Mais ils ont besoin qu'on les empêche d'exagérer.*

— *Tu préfères donc les profs sévères qui empêchent d'exagérer ; qui sont assez « carrés », au fond.*

— *Carrés, mais ronds aussi, cool quand même !* »

Eh oui, arrondir les angles, mettre la classe en rond, c'est plus convivial, mais ce n'est pas pour autant le bazar ! Les profs « carrés, mais ronds aussi », ils charpentent, structurent, mais ils ont l'art et la manière de communiquer... Ils sont « cool quand même » et, avec eux, « les petits cons, ils arrêtent ! ».

Comme Marie-Noëlle, les enfants et les adolescents attendent des adultes qui les accompagnent qu'ils fassent preuve d'autorité ; une autorité qui n'est pas contradictoire avec la bienveillance !

Emmanuelle 16 ans, nous parle de ses années d'enfance

« C'est pas facile à expliquer, mais j'aime bien comment mes parents m'ont éduquée. Il y avait des choses obligées et plus de règles que chez les copains, mais ça ne changeait pas tout le temps. On n'avait pas besoin de demander la permission pour sortir : on savait déjà les conditions. Papa était sévère, mais on était plus libres que nos copines. **Non, c'est non, mais oui, c'est oui !** »

Sabine nous parle de son grand-père

« Quand j'étais petite, il me terrorisait. Il s'énervait, comme ça, pour un petit truc. Je n'avais même pas le temps de comprendre ce qui s'était passé. Je me sens toujours surveillée et j'ai l'impression que je ne vais pas faire ce qu'il faut. À 20 ans, j'ai encore des nœuds dans le ventre pour une simple maladresse. Heureusement, avec l'âge, il s'améliore et moi aussi ! »

Coraline se rappelle « un petit problème » avec la mère de sa copine

« J'avais dit à ma mère que j'étais partie faire des courses avec ma copine Florence et sa mère. En fait, nous étions seules avec nos copains, mais ma mère ne m'aurait jamais donné la permission. Pas de chance, ma mère croise la mère de ma copine ailleurs, qui lui dit la vérité. La maman de Florence m'appelle le soir au téléphone. Je suis prise de trouille. Mais sa voix était toute calme ; mon père, lui, il m'aurait mis une baffe pour commencer. Elle me dit : *"Coraline, je suis en colère et déçue. Je suis en colère parce que j'ai horreur qu'on se serve de moi, sans que je le sache, pour arranger ses petites histoires. Et puis, je suis déçue, car je ne sais pas comment je vais pouvoir vous refaire confiance à toutes les deux. Cela va dépendre de votre réaction. Tu peux me rappeler ou venir à la maison. J'espère que cela ne se reproduira pas et que vous pourrez continuer à sortir, avec Florence"*. Elle raccroche. Je me suis sentie gênée. Le problème, avec elle, c'est qu'elle ne s'est pas vraiment énervée, je ne pouvais même pas « lui faire la gueule ». **J'étais obligée de réfléchir.** J'ai rappelé pour lui dire que je me rendais compte que j'avais fait quelque chose de pas correct et pour lui présenter mes excuses. Quand je suis retournée chez Florence pour un goûter, sa mère était souriante et nous a même proposé de nous transporter chez les copains qu'on voulait voir. Elle me dit : « *Bien entendu, à condition que ta mère soit d'accord* ». Mais elle n'en a pas remis une louche. »

Exercice à faire entre adultes

Caricatures

L'objectif de cet exercice est d'identifier différents éléments qui affaiblissent ou au contraire renforcent l'autorité.

Les adultes sont partagés en trois groupes avec les consignes suivantes :

- le groupe A illustre le « manque d'autorité » ;
- le groupe B est dans la peau d'une personne « trop autoritaire » ;
- le groupe C représente ce que peut être l'« autorité positive ».

Les trois groupes ont une même scène à illustrer, par exemple, une personne désirant obtenir 5 minutes de silence de la part de son auditoire. Cette illustration peut se faire sous forme de tableaux où peuvent se mêler dessins, mots, bulles de BD, collages… ou encore sketches, jeux de rôle, mimes.

L'affirmation de soi tranquille, la puissance personnelle et la patience, rayonnent du côté du groupe C. Le personnage, au regard confiant, est installé en position stable, confortable et sécurisante. Il parle modérément et donne des autorisations. À celui qui n'a pas compris qu'il fallait se taire, il attend en retenant l'attention par son regard, sans en ajouter, comme s'il disait : « je pense que ce clin d'œil suffit pour que tu décides de réajuster ta façon de te conduire ».

Du côté du groupe B, un personnage autoritaire manque manifestement de respect à son public, dans une attitude impulsive. Son regard est condescendant ou bien fuyant. Au contraire, quelqu'un parla de « fusiller les interlocuteurs du regard ». La position dominatrice ne lui permet pourtant pas d'obtenir rapidement satisfaction. Il est d'ailleurs fréquent que les caricatures des groupes A et B montrent quelques ressemblances.

Portraits de profs par des élèves

Des rencontres avec des lycéens ont conduit à camper avec humour trois portraits-types d'enseignants :

Le prof débordé rase les murs, monologue, ne regarde pas dans les yeux, soupire, fait la morale, essaie de se concentrer sur les trois ou quatre élèves qui tentent de suivre le cours malgré tout, pendant que les autres mènent des conversations diverses et variées. Ses menaces ne sont mises à exécution que quand il est franchement excédé. Il dit aux élèves qu'ils sont insupportables, mais il continue son cours et appelle rarement à l'aide. Au conseil de classe, il énonce, d'une voix faussement indifférente : « La classe est un peu agitée, mais pris un par un, ils ont bon fond », en s'appliquant à ne pas regarder les délégués-élèves. Il fait pitié et il est tourné en dérision. Certains élèves en concluent : « je ne serai jamais prof ; il doit trop être mal ! ».

L'enseignant autoritaire crie, parle fort et vite, signale les faiblesses, interdit, fait peur, menace, culpabilise, manifeste sa supériorité, clame ses dix années d'étude sur le sujet… On ne sait jamais ce qui est une règle et ce qui est le caprice du chef. Il menace souvent d'en référer au proviseur. Quelques lycéens parlent de soumission, voire de peur ; la plupart, d'un sentiment de violence. L'enseignant est discrédité aux yeux de tous.

Le prof « sympa mais réglo » encourage, manifeste les progrès, rappelle clairement les règles de vie, le programme, avec des explications. Quand un élève lui coupe la parole, il s'arrête, le regarde un instant d'un air interrogatif, puis reprend calmement. Les sanctions sont assez rares et sans contestation. L'adulte semble capable de déléguer et d'échanger des compétences. Il avoue ne pas tout savoir, reconnaît ses erreurs, mais n'en fait pas beaucoup ! Ce pédagogue qui « fait autorité » témoigne éventuellement de ce qu'il a vécu, parle en son nom. Il respecte autrui, inspire confiance et retient l'adhésion. Il est capable d'humour, mais ne tourne jamais en dérision un élève.

L'attitude autoritaire

Droit ou pouvoir de se faire obéir, de conduire un groupe, l'autorité de quelqu'un apparaît comme un état de fait à un moment donné ; autre chose est la façon de l'exercer ! D'après Charles Maccio[67], cette relation d'influence peut prendre trois formes. Soit le détenteur officiel de l'autorité est « autoritaire », soit il peut avoir de l'autorité pour s'épanouir lui-même et devenir ainsi auteur de sa propre personnalité, soit encore, il peut en plus utiliser son autorité pour permettre aux autres de devenir auteurs d'eux-mêmes, c'est-à-dire croître, évoluer, pour acquérir, eux aussi, de l'autorité.

L'attitude autoritaire a souvent une connotation négative. La personne s'octroie le droit d'imposer son point de vue en niant celui de l'autre, elle a besoin d'affirmer intempestivement son autorité. Elle est ressentie comme celle qui empêche, qui prend la place, veut absolument rester la plus forte. L'« autoritarisme », c'est ériger en système son attitude autoritaire, en faire un mode de fonctionnement, sans tolérer le débat. S'il s'agit d'un régime politique, cela peut aller jusqu'à la dictature.

Quand on fonde son autorité exclusivement sur son pouvoir de coercition (punitions et récompenses) ou de subordination (consignes descendantes comme mode essentiel de relation), cette autorité ne tient qu'à la crainte qu'elle inspire. Mais elle tient autant que l'interlocuteur s'y soumet. Si ce-

67. Charles Maccio, *Autorité-pouvoir-responsabilité ; du conflit à l'affrontement, la prise de décision, Chronique Sociale,* 1991 ; devenu lors de sa réédition *Exercer une responsabilité,* Chronique sociale, 2001.

lui-ci commence à chercher des appuis pour entrer en contestation, « l'autorité » est acculée à augmenter sa force de répression ou à vaciller. C'est bien pour cela que certains enseignants peuvent avoir une attitude « autoritaire » tout en manquant de fait d'autorité ! Ils ne sont plus, aujourd'hui, protégés par leur seule appartenance à un corps professionnel et social respectable *a priori*. Ils vivent à des années-lumière de l'époque où Anatole France écrivait : « Il y a au plus haut degré ce qu'on appelle l'autorité. On l'écoute avant même qu'il ait parlé ». Mai 1968, la presse écrite et de nombreuses émissions de radio et de télévision, ont ébranlé les socles des statues. Le regretter ne change pas la réalité. Chacun doit maintenant s'y prendre autrement et « faire ses preuves ».

L'autorité se situe dans un rapport de forces

Ne confondons pas contrainte, force et violence. Faire acte d'autorité, c'est parfois **imposer des contraintes,** nous nous en sommes expliqués dès le premier chapitre. Exercer de la force peut se faire sans intention de violence, dans le respect des lois et des règles, ainsi que le contrôle des émotions.

Deux interlocuteurs sont toujours dans un rapport de forces, lié à la puissance personnelle de chacun, au pouvoir que lui confère son statut, ses compétences, son influence. Ce rapport de forces est équilibré ou non, à un moment donné et dans une situation donnée : ce n'est pas bien ou mal, ce n'est pas d'abord une intention, c'est une réalité.

Entre un parent et son enfant, entre un prof et son élève, qui sont des êtres humains égaux en dignité et en droit, il y a de fait un rapport social inégalitaire, c'est-à-dire une différence de place dans la société, du fait de statuts différents.

La façon d'exercer l'autorité est un choix

Écoutons Bertrand, professeur en collège : « Honnêtement, je me sais capable de violence dans certaines situations. Je sais que la violence zéro n'existe pas. Je dirai même que la violence est préférable à la lâcheté. Mais après, il y a pour moi une question de choix : soit je justifie cette violence comme inéluctable ou naturelle ou réaction de défense, soit je décide de cultiver mon aspiration à la non-violence et donc je considère mes débordements violents comme des limites que je n'aurais pas dû franchir, comme des erreurs à réparer. Nous pouvons choisir de soumettre l'enfant en lui faisant peur. Je pense d'ailleurs que cela vaut mieux que de le laisser sans aucun repère. Mais, je choisis, à chaque fois et autant que possible, d'utiliser des méthodes qui lui font comprendre l'intérêt de la règle. Face à la transgression, je choisis de poser un acte, que je me représente comme non-violent. J'ai bien conscience qu'il s'agit de « mon point de vue ». Si l'adolescent trouve cela violent, je ne peux décréter tout seul que cela ne l'est absolument pas. Je peux seulement témoigner de mon intention ».

Puisque le rapport de forces est une réalité à prendre en compte, la vraie question qui se pose à chacun n'est-elle pas d'opérer **un choix** pour vivre ce rapport de forces ? Si le rapport de forces dans ma relation à l'autre m'est nettement favorable, je peux chercher à l'équilibrer et à maintenir cet équilibre dans la perspective d'une **relation de coopération.** Dans ce but, je vais profiter de mon avantage pour mettre en place un fonctionnement qui va permettre le **partage de pouvoir.** Mais je pourrais aussi user de cette situation en ma faveur pour maintenir l'autre dans la **soumission.** Parfois je ferai ce choix pour la bonne cause, pour ce que je pense être le bien du groupe. Mais qu'en pense le groupe et quels moyens sont-ils mis en place, pour vérifier que je n'abuse pas de ce pouvoir, que ce soit intentionnel ou non ?

En revanche, si le rapport de forces m'est défavorable, mon choix est entre la **soumission** et le **retrait.** Choisir consciemment de m'accommoder, ce n'est déjà plus tout à fait de la soumission. Mais si cette situation est trop douloureuse pour moi, je peux estimer préférable de partir. Ce retrait peut être momentané, si j'ai la volonté de reconstituer un équilibre en faisant appel à mes ressources intérieures, à des aides extérieures ou même à la prise de conscience, aux convictions et à l'humanité de mon interlocuteur « fort ». Après tout, il ne s'était peut-être pas rendu compte du déséquilibre.

Des éléments qui renforcent l'autorité

L'autorité suppose d'être **reconnue.** L'autorité trouve de la légitimité dans des valeurs communes – « Ce délégué syndical, il défendra toujours la laïcité et la gratuité de l'enseignement ! » – ou dans l'adhésion aux mêmes schémas socioculturels – « Il est du quartier, il nous connaît ». L'autorité est renforcée par la reconnaissance de compétences relationnelles ou techniques, l'expérience professionnelle, l'ancienneté dans la maison – « Il n'est pas né de la dernière pluie », « Il est du métier », etc. L'autorité est parfois liée à la séduction par la renommée, le prestige, voire l'éloignement – « Nous avons fait venir un conférencier de cet Institut de Recherche » –.

Les éléments de personnalité comptent aussi beaucoup. Une passion, la force de la conviction, le savoir-être, le sens des responsabilités et la fiabilité contribuent à l'autorité de quelqu'un. Et on assoit plus sûrement encore son autorité en manifestant une cohérence entre ce qu'on exige des autres et sa propre pratique, signifiant ainsi que respect de la loi, respect des personnes et tempérament de leader peuvent faire bon ménage.

Abus d'autorité et prévention

« Certaines personnes ont trop d'autorité, écrit Jean-Baptiste de Foucauld, cela gêne les autres et risque de leur jouer de mauvais tours à elles-mêmes »[68]. En effet, une grande supériorité d'autorité peut donner à un individu un pouvoir dépassant largement ce qui est nécessaire à la garantie du cadre, à la protection et à la structuration de l'autre. Cette personne ne désire pas forcément plus de pouvoir, alors que son entourage est convaincu qu'elle en recherche.

Par leur plus grande expérience des situations, par leur tempérament vif, par leur énergie débordante, par leur facilité de prise de parole, par leur faculté à anticiper les questions, « les personnes ayant trop d'autorité » laissent, de fait, peu de place aux autres. C'est la porte ouverte à tous les dangers de soumission, d'idolâtrie, d'arbitraire, de manipulation, d'abus de pouvoir, car elles ne sont pas nécessairement désagréables, loin de là. Parfois, par hasard, la présence d'un tempérament fort et rebelle joue le rôle de contre-pouvoir. On peut décrier, maudire ces fortes personnalités. Mais la seule issue efficace pour s'en protéger et permettre à d'autres de prendre leur parole et leur part de pouvoir, est la mise en place structurelle et préventive de règles, pour répartir les fonctions, définir les modes de décision, prévoir des espaces de régulation, établir les possibilités de médiation ou d'arbitrage.

La garantie collective de ces règles permet de contrôler une autorité charismatique et de rééquilibrer les rapports de force. Face à un chef qui ose reconnaître son propre pouvoir, le mettre à jour, il est d'ailleurs plus facile de mettre en place un fonctionnement participatif. Avec le responsable qui fait semblant d'être le copain ou l'égal, il est plus long de déjouer la manipulation.

Cela nous rappelle que la vraie démocratie, comme l'a relevé Gandhi, « ne viendra pas de la prise de pouvoir par quelques-uns, mais du pouvoir que tous auront un jour de s'opposer aux abus de l'autorité. »

L'autorité doit être instituée

« Puisque l'autorité requiert toujours l'obéissance, on la prend souvent pour une forme de pouvoir ou de violence. Pourtant l'autorité exclut l'usage de moyens extérieurs de coercition ; là où la force est employée, l'autorité proprement dite a échoué. L'autorité, d'autre part, est incompatible avec la persuasion qui présuppose l'égalité et opère par un processus d'argumentation.

68. Art. « Désir de pouvoir » de J.-B. de Foucault, paru dans le n° 116 de la revue *Alternatives Non-Violentes,* intitulé « Pratiques du pouvoir. Exercices de l'autorité ». Nous avons lu avec intérêt ce numéro.

Là où on a recours à des arguments, l'autorité est laissée de côté. Face à l'ordre égalitaire de la persuasion, se tient l'ordre autoritaire, qui est toujours hiérarchique. S'il faut vraiment définir l'autorité, alors ce doit être en l'opposant à la fois à la contrainte par force et à la persuasion par arguments. La relation autoritaire entre celui qui commande et celui qui obéit ne repose ni sur une raison commune, ni sur le pouvoir de celui qui commande ; ce qu'ils ont en commun, c'est la hiérarchie elle-même, dont chacun reconnaît la justesse et la légitimité et où tous deux ont d'avance leur place fixée. »[69]

Pour être légitime, l'autorité doit être **instituée.** En voici *trois exemples* différents ; dans le premier, l'autorité est instituée temporairement par une règle au sein d'un groupe, dans le deuxième, l'autorité est cautionnée officiellement par le supérieur hiérarchique et dans le troisième, nous avons affaire à une situation où l'autorité est instituée par une loi de la République.

1. Quand un groupe d'enfants ou d'adolescents vit l'expérience d'un camp de vacances, il est fortement éducatif que les responsables invitent chaque participant à exister et à faire lui-même preuve d'autorité dans ses domaines de prédilection, autant que ses ressources personnelles et son statut dans le groupe l'y « autorisent ». Il s'agit non seulement d'inviter le participant à s'affirmer, mais aussi de « l'instituer », de nommer officiellement cette compétence et les responsabilités qui lui sont confiées, en conséquence : « Patrick est maintenant responsable des vélos ; c'est à lui que l'on doit s'adresser pour les emprunts et les réparations ».
2. Quand une personne entre en fonction, avec la mission d'exercer une autorité, les subordonnés se demandent, à juste titre, s'ils peuvent faire confiance à « ce nouveau » ou « cette nouvelle ». Ils ont besoin de tester et quelquefois de faire le deuil du prédécesseur. C'est au directeur de la structure d'installer le nouveau responsable dans sa fonction, en se portant caution de celui qu'il vient d'introduire. Ce faisant, il lui transmet de l'autorité.
3. L'autorité parentale, quant à elle, est « régie » par des textes de lois précis : « L'autorité parentale appartient aux père et mère pour protéger l'enfant dans sa sécurité, sa santé et sa moralité. Ils ont à son égard droit et devoir de garde, de surveillance et d'éducation. (…) Il (l'enfant) reste sous leur autorité jusqu'à sa majorité ou son émancipation »[70].

69. Article de Bernard Quelquejeu, « La nature du pouvoir selon Hanna Arendt », revue *Alternatives Non-Violentes*, n° 127, 2003.

70. Voir la loi du 4 juin 1970 qui abolit la notion de puissance paternelle au profit de l'autorité parentale ; art 371-2 du Code civil.

Le rôle d'un chef d'établissement dans la gestion des conflits

Cela concerne les établissements scolaires, les centres d'éducation spécialisée, les centres de loisirs et de vacances, etc.

C'est au chef d'établissement d'interpeller le garant de la loi pour qu'il exerce sa fonction, le cas échéant : porter plainte en Justice s'il y a agression physique grave, se constituer partie civile au nom de l'institution en cas d'agression contre un membre de son personnel, appeler la police si l'intervention des acteurs internes s'avère insuffisante.

Le chef d'établissement est garant de l'application des règles de l'institution. C'est à lui de les rappeler ; il peut déléguer cette tâche, si la délégation est explicite et le rend symboliquement présent. Il est responsable des sanctions qui sont posées dans son établissement : il doit s'assurer qu'elles sont légales, réglementaires, mais aussi éducatives.

Dans l'urgence de la crise, son efficacité sera renforcée s'il est capable de permettre une gestion contenue des expressions émotionnelles. Il s'assure qu'un professionnel de l'établissement intervient auprès des personnes qui transgressent les règles, que ce soit des usagers, des parents, des salariés. Il vérifie que quelqu'un se préoccupe d'accompagner la personne qui a subi une agression ou qui s'est trouvée en première ligne dans un conflit. Dans la durée, il établit des stratégies pour ne pas laisser les personnels seuls en cas de conflit face à ceux qui transgressent les règles, il aménagera des espaces d'expression et d'écoute pour les personnes.

Quand un professionnel manque d'autorité, l'intervention du supérieur hiérarchique est délicate. Le chef devrait autant que possible éviter de suppléer à cette personne en difficulté, pour ne pas la discréditer davantage, mais plutôt chercher à la réassurer dans son statut et remettre le contrevenant à sa place. Mais quand la difficulté est trop grande, il vaut mieux accepter de saisir une bouée de sauvetage pour ne pas s'enfoncer davantage !

Il est parfois plus facile, pour ne pas compliquer la suite des événements, que la personne en difficulté soit aidée par un collègue, en termes d'échanges de services et de réserver au chef d'établissement les cas d'une extrême gravité. J'ai parfois entendu en stage les regrets d'avoir appelé à l'aide un chef qui s'est emparé du problème et l'a réglé en dehors de l'adulte concerné, avec le sentiment de n'avoir reçu aucun soutien effectif. Dans ces cas, la gestion de la crise n'a souvent été suivie d'aucune confrontation, il n'y a eu ni excuses, ni même informations sur la suite donnée à l'affaire.

L'autorité est une force non-violente

Le directeur d'une institution est au service de ses membres pour garantir la direction, choisie souvent collectivement. Il est là pour donner du sens à l'expédition, c'est-à-dire de la cohérence avec le projet d'orientation, du sens, c'est-à-dire aussi du goût, le goût de contribuer à l'entreprise commune, le goût du travail bien fait. Il est « autorisé » par son statut à faire respecter le règlement. Son autorité est d'ailleurs bienvenue, quand il s'agit de rappeler une règle dont le bien-fondé fait consensus. Cette autorité-là renvoie à l'idée de garantie, de protection. « Tu sais que ceci est interdit, mais cela, oui, tu le peux ». Il est celui qui interdit, celui qui autorise, qui permet, qui donne des permissions, qui rend possible la vie du groupe et de chacun en son sein.

Il ne faut pas confondre être le supérieur hiérarchique et être supérieur. Diriger est un service rendu qui doit être payé - ou reconnu d'une autre façon -, mais qui ne donne pas droit à des privilèges extravagants. L'efficacité de l'autorité suppose à la fois la distinction claire des statuts et le respect mutuel entre personnes « équivalentes », c'est-à-dire différentes par leurs fonctions, mais « égales en valeur ». Il s'agit d'une part, de s'affirmer et d'être en mesure d'exiger le respect de l'autre et d'autre part, de respecter cet autre et de lui signifier ce respect.

L'autorité permet à la fois de conduire sa propre vie et de garantir la qualité du cadre de vie d'un groupe. C'est une manifestation de force dans la relation à l'autre et au groupe ; cette force est non-violente quand elle laisse aux autres la possibilité d'être forts aussi. L'autorité de l'éducateur permet d'offrir à l'enfant le cadre nécessaire à sa structuration. Malgré ou à l'occasion des conflits inévitables, issus du choc des personnalités et des différences, cette autorité génère un **sentiment de sécurité et de confiance.** Elle inspire le respect plus que la crainte ; la règle est posée, accompagnée d'une explication liée aux objectifs, projet et valeurs de l'institution. Cette autorité est garantie par une présence, une parole et si besoin par l'usage de la sanction, de la part de celui qui est officiellement autorisé à sanctionner. L'éducateur qui, en plus, donne à l'enfant l'occasion d'éprouver concrètement l'intérêt de la règle, l'aide à l'intégrer et à en devenir garant à son tour.

Quand on est directeur, on ne perd pas sa crédibilité en participant à des instances tierces, conseils de maison, rendez-vous de régulation, etc., qui diminuent l'arbitraire, donnent la parole et des responsabilités à chacun.

L'autorité trouve donc sa légitimité parce qu'elle est **instituée.** Mais elle trouve son efficacité dans la **compétence** et dans l'**exemplarité.** Elle est respectée autant qu'elle est **respectable et respectueuse.** L'autorité des maîtres et des chefs d'établissement doit manifester la capacité professionnelle à garantir la loi et les règles, tout en fournissant à chaque élève une prestation pédagogique de qualité. D'une façon générale, l'autorité des parents et des éducateurs est une **alchimie harmonieuse de fermeté et de bienveillance.** L'autorité acceptée est d'ailleurs économique en énergie, car elle demande moins de moyens de coercition et, de plus, elle s'avère efficace sur le long terme. Elle peut même favoriser le plaisir d'être ensemble.

Chapitre 19

Pauvre petit !

« J'aime la règle qui corrige l'émotion
J'aime l'émotion qui corrige la règle. »
Georges Braque

Bien des émotions peuvent perturber la tâche de l'éducateur

« J'ai peur de le frustrer. »

« Pauvre petit, j'ai tendance à lui trouver des excuses. »

« J'en ai peut-être rajouté trop ; elle souffre déjà assez ; comment doser notre exigence ? »

« On n'a pas le droit à l'erreur. »

« Je manque d'autorité quand je ne vais pas jusqu'au bout de mes exigences, quand je n'ai pas l'énergie, quand je suis épuisée, malade, quand je suis débordée par une montagne de soucis. »

« J'ai peur de déplaire, d'être jugé vieux jeu, de sembler incohérent, d'être perçu comme violent. »

« J'ai peur de ma colère et un jour, de lui rentrer dedans, alors je fuis… »

Témoignage

C'est plus difficile avec mon enfant qu'avec mes élèves !

Écoutons ce nouveau directeur d'école, également jeune papa :

À l'école, je suis parfois déstabilisé dans l'exercice de mon autorité, par exemple :

- Quand on touche à des points faibles : « Vous avez l'air bien jeune pour être directeur ». Cela « fait mouche » parce que, quelque part, j'en suis moi-même un peu convaincu.
- Quand je suis fatigué, je m'énerve plus facilement et les enfants le sentent. Attention, la fatigue, ce n'est pas la colère. Il m'est arrivé de m'appuyer très nettement sur la colère pour exercer mon autorité ; je me souviens du jour où un employé municipal tenta de traverser avec son camion la cour remplie d'élèves !

- Quand je maîtrise mal une situation et les règles qui la concernent.
- Quand les règles qui fondent cette autorité sont elles-mêmes un peu floues, comme le rapport avec les collègues dont je ne suis pas le supérieur hiérarchique, le rapport avec les personnels de service qui dépendent administrativement de la mairie…

Donc, tout n'est pas simple à l'école ! Malgré tout, le plus souvent, je me sens à l'aise, serein, en accord avec mes initiatives.

Par contre, exercer mon autorité me pose parfois problème, quand je suis seul, à la maison, avec Colin, mon fils de trois ans. Mon autorité se fissure parfois. J'hésite à le laisser faire telle ou telle chose et finalement c'est lui qui décide à ma place. Je ne souhaite pas tout décider pour lui, mais à partir du moment où il y a une question posée, avec comme réponses possibles : « oui », « non » ou « on négocie », j'aime bien rester acteur et rester père en l'occurrence.

Mais je constate souvent combien il est usant d'exercer son autorité. Après une dure journée de travail, la tentation de laisser faire me guette. C'est bien sûr plus simple quand on est deux adultes et d'accord pour agir ainsi. On s'aide, on se relaie, on se sent soi-même assuré de faire comme il faut, puisque l'autre est d'accord !

Je suis souvent sidéré de la différence entre l'école et la maison, en ce qui concerne l'exercice de mon autorité. 147 élèves et leurs parents sont plus faciles à gérer pour moi que mon Colinou… on croit rêver ! Mais tout réside peut-être dans le « ou » que j'ajoute à « Colin ».

Antoine, 28 ans

L'émotion et l'histoire personnelle de l'éducateur viennent parfois contrarier son projet éducatif. Pour évoluer, il lui faut d'abord reconnaître l'émotion qu'il ressent face à la transgression d'un enfant, puis face à la sanction qu'il doit poser. Il arrive que des adultes punissent par colère ou par désir de vengeance. Quand ils hésitent à sanctionner, c'est souvent par peur, défaitisme ou attendrissement, mais éduque-t-on ainsi ? Les réflexions que j'ai entendues montrent à quel point les sentiments et les souvenirs d'enfance interfèrent dans l'attitude des éducateurs en général. Cela peut d'ailleurs parfois les guider ou bien les perturber :

— *J'ai fait pire dans ma jeunesse.*

— *Cela m'énerve de retrouver chez mon enfant ce que j'ai combattu chez moi pendant tant d'années.*

— *Entre deux de mes enfants, c'est toujours le même que je supporte le moins ; objectivement, ce qu'il fait n'est pas pire, mais…*

Certaines mères peuvent avoir du mal à assumer la coéducation parentale, pourtant si bénéfique à l'enfant : « *Je souffre de la sanction infligée par son père à mon fils, même si elle est justifiée* » ; « *Je trouve son père dur, très dur, trop dur. Mais, en même temps, je reconnais n'avoir pas su ou pas pu mettre moi-même assez de limites quand il était jeune* ».

Exercice personnel

Dans quel état j'erre ?

Cet exercice a pour objectif de permettre aux adultes qui ont à sanctionner de reconnaître et d'exprimer les émotions qu'ils ressentent dans leur fonction d'éducateur et d'évoquer les épisodes de leur histoire personnelle auxquels elles font écho. C'est un exercice qui se fait seul, sans porter de jugement positif ou négatif sur soi-même, simplement en prenant le temps de laisser remonter ses souvenirs, en pensant à des cas précis.

1. Quelles sont les émotions que j'ai l'impression de vivre le plus souvent, dans mon métier d'éducateur, de parent… ?
2. Quelle est l'émotion qui peut le plus me perturber ?
3. Quelles sont en moi les manifestations physiques de cette émotion perturbatrice ?
4. Dans ce cas, qu'est-ce que je fais, habituellement ?
5. Qu'est-ce que j'aimerais savoir faire ?
6. Est-ce que mon entourage devine facilement mes émotions ?
7. Est-ce que j'exprime facilement à l'enfant mes émotions ?
8. Qu'est-ce que je ressens au moment de sanctionner un enfant ?
9. Qu'est-ce qui m'amène à crier ou à m'emporter ?
10. Existe-t-il une punition que je regrette d'avoir donnée ?
11. Dans quel cas est-ce que j'hésite à sanctionner ?
12. Quelle est ma réaction face à un enfant très en colère ?
13. Quelle est ma réaction face à un enfant qui a peur de moi ?
14. Quelle est ma réaction face à un enfant au visage fermé, imperméable ?
15. Quelle est ma réaction face à un enfant qui pleure ?
16. Le jour où je pense avoir bien géré une situation, comment ai-je fait ?

L'autorité tranquille

Nous admirons souvent les personnes qui s'affirment tranquillement. Elles entretiennent avec les autres des rapports fondés sur la confiance, plutôt que sur la domination ou le calcul qui trompe l'interlocuteur. Elles ne se laissent pas marcher sur les pieds, mais semblent exercer suffisamment de pouvoir sur leur propre vie pour n'avoir pas besoin de faire des abus de pouvoir sur la vie des autres. Elles sont à l'aise dans le face-à-face, elles restent vraies, ne dissimulent pas leurs sentiments, jouent cartes sur table. Si besoin, elles négocient sur la base d'objectifs précis et clairement affirmés. Elles recherchent des compromis sur la base d'un intérêt commun plutôt que sous la menace. Elles préfèrent agir sur leur environnement immédiat plutôt que d'imaginer d'hypothétiques solutions générales. Elles n'ont pas honte de faire appel à d'autres si besoin est. Elles semblent à l'aise dans leur corps et en sécurité intérieure. On ne ressent pas de divorce entre l'image qu'elles donnent et ce qu'elles sont profondément, ce qui leur permet d'être spontanément authentiques.

Cette autorité se construit et s'entretient

Les éléments de personnalité s'acquièrent sur le long terme, au fil des expériences, même difficiles, d'autant plus, comme le dit Albert Jacquart, que « Le progrès vient toujours d'un handicap surmonté ». Il est vrai que les prédispositions à l'autorité prennent leur source dans le berceau et dans les messages reçus dès les premières années. Mais des rencontres éducatives de qualité, un travail sur soi et sur ses émotions, une attention à l'équilibre et à l'hygiène de vie, de la formation personnelle et en équipe, tous ces éléments y contribuent aussi.

Peser dans une relation, cela commence par **prendre ses responsabilités,** s'investir, « se mettre soi dans la peau de son personnage », y consacrer de l'énergie. Il s'agit de ne plus dire « Cela va mal et c'est la faute de l'autre » ou « Je suis nulle, je n'y arriverai jamais », mais plutôt : « Quelle est ma responsabilité ? Quelle est ma fonction ? Quelle est ma compétence ? Quel est mon intérêt ? Quelles sont mes convictions ? Et qu'est-ce que tout cela m'autorise ? ». Il s'agit d'utiliser ses ressources personnelles et de se donner des permissions.

S'affirmer devant l'autre

Pour s'affirmer, avec calme et sérénité, il est utile d'avoir appris à gérer ses propres peurs. Comme le souligne Jean-Marie Muller[71], la peur est en chaque individu et il ne s'agit pas de la refouler en refusant de l'avouer. Il s'agit, au contraire, d'en prendre conscience, de s'efforcer de l'assumer,

71. Cf. Jean-Marie Muller, *De la non-violence en éducation,* 2002, publié et diffusé par l'UNESCO (Division de la qualité de l'éducation – Section d'éducation aux valeurs universelles – 7 place de Fontenoy 75352 PARIS 07 SP).

de l'apprivoiser et de la surmonter, tout en sachant que cet effort devra être sans cesse recommencé. La peur n'est pas honteuse, elle est simplement humaine. La peur est l'émotion qui nous signale un danger potentiel, déclenche notre instinct de survie et nous invite à nous protéger. La peur nous avertit en nous signalant que nous traversons une zone de perturbations : « Attention, danger ! » Elle nous invite à prendre nos dispositions pour faire face aux menaces qui peuvent peser sur nous. Mais, si je ne sais pas l'apprivoiser, la peur peut me piéger. La peur peut engendrer en l'homme, parfois à son insu, une anxiété, une angoisse, une souffrance qui le prédisposent à s'établir dans une attitude d'intolérance et d'hostilité vis-à-vis de l'autre. Un facteur irrationnel intervient alors dans le développement des rapports entre les hommes qui peut devenir prédominant. La peur peut être mauvaise conseillère, aussi bien lorsqu'elle nous invite à la soumission que lorsqu'elle nous incite à la violence. Dès l'enfance, le petit d'homme connaît de multiples peurs. L'éducation doit viser à lui apprendre à les reconnaître, à les nommer, les exprimer et les dépasser. La présence de l'adulte à ses côtés et son injonction, empreinte à la fois de fermeté et de douceur, « N'aie pas peur ! », peut déjà l'aider à le rassurer et à lui donner confiance. Mais cette injonction ne doit pas vouloir nier la peur de l'enfant. Elle doit lui signifier : « Tu as le droit d'avoir peur ; mais la peur ne doit pas t'empêcher d'être courageux et de prendre appui sur d'autres énergies qui sont également en toi. ».

Apprivoiser ses émotions

Les sensations physiques ou les évocations mentales provoquent des excitations cérébrales qui déclenchent un ébranlement passager, l'émotion[72]. Notre organisme réagit, pour s'adapter au message reçu et associé à des informations déjà stockées en mémoire. Les émotions exercent sur le corps une action régulatrice, leur rôle est d'aider l'organisme à se maintenir en vie. Les multiples expressions de notre visage, nos postures témoignent malgré nous de nos émotions : elles provoquent rougeurs ou pâleurs, hérissent nos poils, nous donnent des sueurs froides ou des bouffées de chaleur, nous assèchent la gorge et l'estomac, dilatent nos pupilles et font couler les larmes, contractent nos muscles, accélèrent notre rythme cardiaque, augmentent notre tension, nous font bégayer ou hurler… Les émotions filtrent notre perception du monde et influencent nos raisonnements.

Il y a les réactions immédiates de surprise, de peur ou de colère. Si l'émotion dure quelques heures, on parle d'humeur ou d'état d'âme. Le sentiment est une élaboration secondaire, mentalisée, dans l'histoire d'une relation : il

72. « é-motion » dérive du latin e-movere et signifie « mouvement vers l'extérieur ».

est nourri par les émotions. Les émotions ont une fonction d'indicateur, de signal et une fonction de stimulateur : la colère indique une contrariété et notre organisme réagit par une poussée d'adrénaline qui nourrit notre combativité. Les émotions sont utiles quand elles aident à comprendre ce qui se passe et à mettre en œuvre des choix. Mais elles ont une faculté à envahir et prendre le pilotage, si elles ne sont pas mises à distance. Elles sont alors perturbatrices et empêchent de prendre des décisions judicieuses ! Voilà pourquoi il importe de considérer quelques sentiments, émotions ou états psychologiques, venant parfois gêner l'exercice de l'autorité de l'éducateur :

L'apitoiement

Il y a quelques années, un de mes élèves de sixième fut surpris en train de racketter. Il risquait le passage en conseil de discipline. Voici ce que j'ai entendu de la part de collègues : « Vous savez, ce n'est pas facile pour lui à la maison, ne l'accablez pas ; n'ajoutons pas une sanction trop lourde aux problèmes de sa mère ; sa famille a déjà tellement de difficultés ! ». En effet, son aîné était en prison et son cadet à l'hôpital, suite à un accident de scooter sans casque…

Tant que la sanction est confondue avec une punition qui fait du tort à l'enfant, les adultes qui veulent son bien vont hésiter à sanctionner : c'est oublier que ce jeune a **besoin de la loi** pour se structurer, pour sortir de la toute-puissance qui « l'emprisonne » ; il est en effet sous « l'emprise » de ses désirs non canalisés. C'est aussi oublier la victime qui passait par là et qui paye pour d'autres, sans raison ! Que notre compassion nous incite à venir en aide à un contrevenant, c'est certainement une bonne chose, mais trop de pitié peut induire en erreur. Nous mettrons à distance cette pitié en ayant une image positive de la sanction, comme un service rendu à l'enfant lui-même, à sa famille et à ses victimes.

Le stress et la fatigue

– *On doit tout contrôler.*

– *Sans cesse sur le qui-vive, dans une logique de face-à-face, c'est épuisant.*

— *On ne peut être spontané.*

— *En fin de journée, on n'en peut plus.*

De façon préventive, chacun peut prendre soin de mieux dormir, prendre l'habitude de respirer profondément, de s'oxygéner pendant les pauses. Si on est débordé, on a peut-être à faire des choix, parfois difficiles, qui obligent à dire « non » dans certains domaines de la vie ou à renoncer à des bénéfices autres.

La peur du conflit ou de la réaction d'autrui

La peur d'entrer en conflit explique souvent des difficultés à s'affirmer.

— *Je n'ai pas su dire ce que je refuse, m'affirmer en désaccord.*

— *J'essaie de trouver des arrangements pour éviter l'affrontement.*

— *Je n'atteins pas mon objectif, du fait de ma timidité.*

— *Ce silence en face de moi,... j'ai vraiment l'impression qu'il me dit : « cause toujours, tu m'intéresses ».*

Si nous admettons les conflits du quotidien comme normaux et inévitables, nous pouvons les dédramatiser, nous exercer à les vivre sans violence systématique ou au moins en cherchant à en limiter le degré. Expérimentons qu'il est possible de vivre ensemble sans être d'accord et sans pour autant que le silence ou la soumission de l'un soit la condition de la coexistence. Pour cela nous avons toujours besoin d'apprendre à écouter et à parler.

— *Nous avons peur des plaintes des parents.*

— *J'ai peur des menaces reçues : maison, incendie, voiture, enfants...* En effet, lors d'un conflit, la partie adverse n'est pas nécessairement dans des dispositions bienveillantes. Il est important alors, de continuer d'appliquer ce que prévoient nos missions et les règlements et éventuellement de recourir aux responsables institutionnels et à la loi. Il est en même temps essentiel de parler et de se regrouper, car le silence et l'isolement font le jeu de ceux qui prodiguent des menaces.

Beaucoup de personnes avouent être très dépendantes du regard des autres :

— *J'ai peur d'être jugée, moi, à travers le comportement de mon fils ; ma réaction n'est pas la même sous le regard de témoins pas toujours neutres : ses enseignants, ses grands-parents, ses copains.*

— *Je n'assume pas la différence de mon enfant.*

— *Quand il m'a regardé, je me suis senti minable.*

On n'est jamais fier d'avoir peur. Pourtant, la peur est souvent l'autre face d'un désir louable de bien faire, du désir légitime de vivre. Nous pouvons agir sur notre corps et sur notre mental. Quand nous avons le trac, nous pouvons être attentifs à nous installer dans des positions physiques stables où nous nous sentons en assurance, en équilibre, des positions compatibles avec notre statut et les conventions du lieu, évidemment ! De nombreuses techniques de relaxation et de concentration permettent de s'exercer à mieux respirer.

Nous pouvons saisir au vol nos émotions pour les réintégrer dans notre scénario. En osant les dire, nous les mettons en scène, nous les apprivoisons et nous les dépassons : « Vous savez, j'ai un peu le trac devant vous », « Tout en ayant peur de ta réaction, j'ai choisi de te dire… ». Quand nous y parvenons, les gens, même en désaccord avec nous, sentent que nous sommes authentiques. N'hésitons pas à dire qui nous sommes et ce que nous sommes aptes à faire. Laissons nos convictions profondes nous guider. Regardons nos interlocuteurs dans les yeux, nommons-les individuellement quand c'est possible. Si nous avons à intervenir en public, continuons de parler à des personnes et non pas à une masse indistincte. Repérons un but commun, autour duquel focaliser l'énergie des participants. Responsabilisons-les face au problème à résoudre, à la question qui se pose. Passons du face-à-face au coude à coude de personnes qui réfléchissent ensemble, c'est nettement plus confortable.

La peur de l'accident

La peur signale le danger : elle déclenche notre vigilance et nous invite à mesurer le risque effectif, puis à nous protéger, nous défendre ; elle mobilise notre instinct de survie. Les montagnards, qui ont peur de se perdre ou de tomber, balisent… leur chemin !

La médiatisation de quelques accidents regrettables a sans doute amplifié cette peur. Cela doit nous mener à prendre toutes les précautions nécessaires, mais aussi à **hiérarchiser les risques.** Le risque d'un pantalon déchiré ou d'un rhume ne sont pas des risques de mort. Non seulement il n'y a pas d'éducation possible sans risque, mais il n'y a pas d'apprentissage efficace de la sécurité sans expérimentation réelle de la prise de risque.

Devant un danger, réel ou supposé, certains adultes ne parviennent pas à dire leurs peurs, mais ils « se font de la bile ou du mauvais sang ». Leur peur s'imprime au lieu de s'exprimer, elle les rend malades. Les gens qui ont peur n'ont pas besoin d'être secoués ou sermonnés par leur entourage, mais d'être remis en sécurité. Cherchons donc tout ce qui va pouvoir objectivement rassurer.

Il reste à chacun de déterminer la part de risque qu'il est prêt ou non à assumer pour lui-même et il n'appartient pas aux voisins d'en juger, ni de lui imposer plus qu'il n'en peut vivre sereinement.

Un chef d'établissement demanda un jour à une collègue d'animer des séquences sur le thème d'une campagne « la violence, parlons-en ! » avec les collégiens[73]. Cette collègue qui, d'habitude, s'engageait volontiers dans les activités périphériques du projet d'établissement refusa, ce qui déçut son chef d'établissement, car il comptait *a priori* sur elle. Elle ne se sentait pas capable d'assumer, par exemple, la confidence éventuelle d'une maltraitance. Elle craignait aussi des réactions d'incompréhension de certaines familles.

Un prof d'éducation physique, passionné d'activités de plein air, renonça en fin de carrière, fatigué, à pratiquer avec des mineurs les activités à risques qui firent pourtant le succès de sa carrière.

C'est se respecter soi-même que de refuser de faire à contre-cœur ce qu'on ne se sent pas prêt à assumer, d'autant plus quand cela n'est pas une obligation.

La surprise

L'étonnement nous invite à une ouverture curieuse face à ce qui est nouveau. Mais la surprise devant l'imprévu peut aussi arrêter nos élans. Quand nous sommes déjà en équilibre précaire, une question impromptue peut nous laisser sans voix. Nous risquons de ne pas réagir à temps, comme hébétés. Si nous appréhendons, aux deux sens du mot, tel ou tel groupe, essayons d'arriver en connaissant bien notre sujet, informés des préoccupations de nos interlocuteurs. Nous serons alors reconnus comme compétents, les auditeurs se sentiront reconnus dans leurs questions ; la relation pourra s'installer paisiblement. Si nous nous connaissons assez bien nous-mêmes, nous verrons arriver les « attrape-nigauds » qui ont tendance à nous atteindre et nous pourrons éviter de tomber dans les pièges qui nous guettent. Autorisons-nous aussi à répliquer calmement : « Votre question me surprend et je n'ai pas de réponse immédiate. J'y réfléchirai ».

Le manque d'assurance

– *J'ai peur de me tromper. J'ai peur de perdre sa confiance.*

– *Si je te donne cette sanction, qu'en penses-tu ?*

Écouter l'enfant ne veut pas dire tout discuter, tergiverser et se poser trente-six questions avant de poser un acte. À partir du moment où il a vérifié que l'enfant sait qu'il a tort, l'adulte doit prendre la responsabilité d'une

73. Actions mises en place dans certains collèges, sur la base du volontariat.

sanction. L'enfant essaiera de manipuler celui chez qui subsiste toujours un reste de culpabilité et la crainte d'être lui-même en tort ; il est une proie facile. La peur de dire « non », de commettre une injustice, amène certains adultes à reculer le moment d'intervenir, parfois au-delà de ce qu'ils sont eux-mêmes en état de supporter. Et soudain, ces adultes qui paraissaient très tolérants deviennent excessifs. La sanction risque d'être exagérée par rapport à l'erreur commise. L'enfant ne comprend plus et a alors le sentiment d'être persécuté. Le pédiatre Pierre Lassus estime que la violence envers les enfants est encore trop fréquente et que c'est le manque de fermeté, qui, souvent, y conduit : *« Je ne supporte plus d'aller dans les squares à Paris. Les parents hurlent après leurs enfants, les frappent pour un oui ou pour un non. Ce qui ne va pas sans une espèce d'hésitation perpétuelle sur la conduite qu'ils doivent tenir. C'est justement leur manque de fermeté qui conduit à la violence. L'enfant a besoin de se confronter à un « non » qui ne vient pas. Et quand il est enfin exprimé, c'est sous forme de baffe »*[74].

La colère

— *Moi, j'ai vraiment peur d'être violent, de blesser, alors je suis trop faible et dans certains cas je me fais manipuler.*

Il est important de se déconditionner de représentations traditionnelles du type : « Quand on est un homme, on ne pleure pas » ou « Les femmes ne doivent pas se mettre en colère ». La colère peut être utile pour manifester vigoureusement que ce qui se passe est insupportable, pour trouver l'énergie de réagir contre une injustice. Se laisser emporter par la colère est néfaste si nous devons prendre rapidement une décision importante. La colère non contenue peut nous rendre violents. Si l'autre devient pour nous la cause d'une trop forte émotion, nous aurons du mal à le respecter en tant que personne ou bien à nous respecter. Sous l'emprise de la colère, nous captons prioritairement les informations qui alimentent cette colère et nous avons tendance à « casser tout ce qui chatouille notre pouvoir ». Nous entendons mal les mots, nous devenons moins sensibles au raisonnement. Nous sommes davantage réceptifs au langage non verbal : grimaces agressives ou sourires, gestes, regards et ton de la voix…

Mais si nous retournons la colère contre nous-mêmes sans l'exprimer, elle percera notre estomac ! Apprenons à dire calmement notre émotion : « Je dois vous dire que votre désistement soudain m'a mise en colère… ». Si nous n'avons pu dire immédiatement ce que nous pensions à une personne ou un groupe, autorisons-nous à prendre le temps de la réflexion et éventuel-

---

74. In « Oui à l'autorité, non au pouvoir de la force », article de Dominique Fonlupt, paru dans l'hebdomadaire *La Vie*, n° 2621 du 23 novembre 1995.

lement à écrire. Nous pouvons aussi profiter, s'ils existent, des espaces de régulation, où les conditions d'écoute sont en général meilleures que dans le feu de l'action et garanties par des tiers.

Utiliser intelligemment sa colère, c'est trouver en elle l'énergie pour réagir et savoir la **transformer en mots et en actes cohérents** avec les valeurs que nous défendons, compréhensibles pour nos interlocuteurs et suffisamment réfléchis pour nous rapprocher concrètement des objectifs visés.

Le sentiment d'impuissance

– *Quand je me mets dans une situation d'impuissance où je ne vois plus que la violence pour m'en sortir, je passe alors de l'autorité à l'autoritarisme.*

J'ai souvent l'occasion d'entendre des parents, des enseignants, des animateurs exprimer leur sentiment d'impuissance. C'est important qu'ils trouvent un lieu et une oreille pour sortir de l'isolement. Mais si l'on fait trop « résonner » la plainte, au lieu de la « raisonner », elle amplifie et aggrave par là même la perception du problème. Il est une façon de trop parler de ce qui va mal qui le fait aller de mal en pis, qui alimente la noirceur. Il est des discours de généralités et de généralisations, des discours de fatalisme et de procès d'intention qui fabriquent plus de violence qu'ils n'en dénoncent. Des discours, par exemple, qui parlent des quartiers sensibles en oubliant ceux qui y vivent et qui justement, ont une grande « sensibilité » au regard qu'on porte sur eux. Des discours qui parlent d'élèves en « délicatesse » avec la scolarité et qui oublient que ceux-ci ont justement besoin de délicatesse.

Certaines salles des profs sont de véritables caisses de résonance. Il est une surenchère de violence qui consiste à continuer à se faire mal ensemble. Il ne s'agit pas de nier ce qui va mal. Mais il est des regards qui osent voir aussi, à côté, derrière ou même étrangement mêlés, du bon et du beau ; et qui vont décider d'y faire écho, de les mettre en lumière, de les mettre en mots, de les cultiver.

Sortir de l'impuissance, pour agir efficacement sur son environnement immédiat, suppose se donner des objectifs réalistes, de poser des exigences vivables, pour les autres et pour soi-même, afin d'éviter de se mettre dans des impasses et dans une logique d'échec.

Et quand, dans un cadre donné, on a tout essayé, en s'y mettant à plusieurs, en demandant l'aide d'un éclairage extérieur, le sentiment d'impuissance peut-être le signe qu'il est nécessaire d'agir sur le cadre lui-même ou de changer de cadre pour trouver une solution au problème qui se pose ; là encore, sortir de l'impuissance, c'est se demander : « qu'est-ce qui dépend de moi, de nous et que nous pouvons changer ? ».

La tristesse

La tristesse est le signe d'une perte, la perte de quelqu'un, la perte d'une relation de confiance, la perte d'un possible, la perte d'un pouvoir ou d'une illusion. La tristesse nous invite à un travail de deuil, à prendre du temps et du soin pour nous-mêmes, pendant que petit à petit, le temps aidant, nous acceptons de « faire avec la réalité ». Mais si nous nous installons durablement dans la tristesse, nous risquons d'oublier l'autre et de nous oublier nous-mêmes. Trop de tristesse peut rendre malade et à l'extrême mener à se laisser mourir.

Oser dire

– *Les autres ne comprennent pas qui je suis au fond.*

– *Je voudrais trouver la force, les mots, la reconnaissance, pour faire respecter mes droits, pour être obéi, pour me faire comprendre.*

De nombreuses personnes voudraient être entendues sans prendre le risque de parler. Pour ne pas rester dans le non-dit et les sous-entendus, il faut oser poser ses exigences et les expliquer, sans imaginer que l'interlocuteur va les deviner. Cela va sans dire, mais cela va mieux en le disant. Il est fréquent d'entendre quelqu'un reprocher à son conjoint de ne pas avoir anticipé sur ses envies. Et combien d'enseignants pensent que les élèves « devraient savoir que cela ne se fait pas ». Qui leur a dit ?

Nous restons souvent dans le non-dit parce que nous ne savons pas comment dire. Chacun a pourtant le droit d'avoir des besoins et de les exprimer. Au lieu de dire aux autres « vous devriez », « votre comportement est inadmissible », « vous ne comprenez rien », il est utile de s'exercer à formuler des demandes et à parler de soi plutôt que sur l'autre : *« J'ai besoin que tu m'écoutes ; j'ai besoin de consignes claires et qui ne changent pas d'un jour à l'autre ; je vous demande de me faire confiance pour ce projet ; j'aimerais recevoir quelques signes de reconnaissance, après tout le temps passé à ce travail ; je ne peux honorer mon contrat si le budget qui m'avait été alloué est diminué de moitié, je vous demande donc de renoncer ou de revoir ce budget à la hausse ».*

« Oser dire non », « peser son poids », « défendre son territoire », « j'ai le droit d'avoir besoin » : voici les titres de quelques exercices que nous proposons en stage, pour nous entraîner dans ce sens[75].

75. Ces exercices ont été mis au point par Agnès Delclaux, formatrice.

Exercice

Exercice de groupe

Défendre son territoire

Objectifs de cet exercice : il s'agit de prendre conscience du besoin d'avoir un espace à soi, puis de constater que la tension monte très vite quand on se sent envahi et que la violence menace. En repérant comment on a tendance à défendre son territoire, on apprend de fait à mieux le défendre.

Cet exercice se pratique par équipes de deux. L'un marque son territoire sur le sol avec une craie ou une corde. Il s'y installe, puis l'autre essaie de pénétrer dans le territoire ainsi délimité. Les observateurs regardent les stratégies de pénétration du territoire : par séduction, par force, en profitant du manque d'attention de l'autre, avec les stratégies de défense, par le corps, par les mots, l'attitude, le regard… Cet exercice déclenche souvent un échange fort et assez intime : « Dans la vie, qu'est-ce que je considère comme mon territoire ? Qu'est-ce que je veux préserver ? Contre quoi, contre qui ? À ce jour, quel est mon noyau vital, non négociable ? Quelle zone je refuse aux autres par principe, mais sans être trop affecté s'ils y pénètrent ? Qu'est-ce que j'accepte de lâcher, sans risque d'y perdre quelque chose d'essentiel pour moi ? De quelle façon ai-je tendance à défendre mon territoire ? Quel est le résultat le plus fréquent ? Qu'est-ce qui me met dans un sentiment de fragilité ? Au contraire, à quoi je résiste facilement ? »

Faut-il exprimer à l'enfant ses propres émotions ?

Le pire pour l'enfant est ce qui reste incompréhensible. C'est respecter l'enfant que lui expliquer une réaction trop vive. On est dans une relation à deux où l'on essaie ensemble de mettre en place quelque chose pour s'en sortir mieux. Mais chacun doit garder la responsabilité de ses propres émotions sans en culpabiliser l'autre, ce qui serait une sorte de chantage affectif. L'enfant n'est pas le thérapeute de l'adulte, celui-ci s'adressera ailleurs pour « poser ses paquets », surtout s'ils sont lourds.

Dans le dialogue qui s'établit avec l'enfant après un moment d'affrontement, l'adulte peut exprimer les émotions qu'a déclenchées en lui la transgression : « Je suis en colère parce que… » ; « Je me sens trahi(e) » ; « J'ai réagi très fort parce que je crois que cela m'a rappelé les disputes avec mon propre père, quand j'étais jeune ». Au moment de poser la sanction, il pourra lui faire part, mais avec discrétion, de son état d'âme : « Cela me fait mal au cœur de devoir t'imposer cette contrariété, mais… » ; « J'ai un peu peur d'être jugée comme la trouble-fête, mais il me semble indispensable de te rappeler que… ».

Ce n'est pas seulement la sanction qui donne du sens, mais aussi la qualité de la relation. L'enfant n'a pas besoin d'un adulte toujours fort et insensible, incapable d'erreur, mais de quelqu'un d'authentique et d'honnête qui tente d'être cohérent et qui reconnaît ses contradictions.

L'adulte qui respire, l'adulte qui fait le deuil de la perfection par rapport à la mission qu'il s'est assignée, l'adulte qui lâche prise par rapport à son propre désir de contrôle et de toute-puissance sur l'enfant, pour s'occuper aussi de lui-même et de son bonheur, sera un accompagnateur serein qui permettra à l'enfant de grandir.

Rentrée scolaire du prof, le trac de la première heure

Les enseignants débutants et les autres encore un peu, ont le trac de la première heure. Or, cette entrée en matière est capitale pour justement mettre les élèves en sécurité et affirmer son autorité. Il y a lieu de la préparer avec soin et puis de respirer ! La représentation que l'enseignant a des élèves et de leur potentiel, positive ou menaçante, induit chez l'adulte des attitudes qui lui seront renvoyées comme un boomerang.

Les premiers actes posés par l'enseignant, dès le premier bonjour, le choix d'un accueil personnalisé, la disposition des lieux, la délicatesse apportée aux demandes de renseignements confidentiels, – et seulement s'ils sont indispensables –, tout cet ensemble va induire la nature de la relation. L'expression d'un objectif clair, de règles du jeu explicites, concernant les comportements attendus comme les conditions matérielles de l'apprentissage, met le groupe en sécurité. L'enseignant peut expliquer sans se justifier, rester ferme, ne pas se laisser piéger ni par les élèves ni par leurs parents. L'exercice de l'autorité vient en amont de la question des sanctions, car il s'agit de ne pas laisser filer les situations, en réagissant dès les premières transgressions de petites règles.

Écouter et comprendre l'élève, ce n'est jamais « trop » l'écouter ! L'élève a le droit de se poser des questions, de ne pas aimer ce qu'on lui propose, de ne pas s'y intéresser. S'il est écouté et compris, il sera davantage disposé à respecter les règles et les autres. On peut demander à l'élève d'assumer sa part de responsabilité dans l'apprentissage. L'élève a des idées, des ressources, il sait déjà des choses. L'élève ordinaire respecte l'enseignant d'autant plus que celui-ci lui propose un produit pédagogique de qualité, ajusté à ses besoins et à ses possibilités, s'il prend soin de lui en faire une présentation attractive, s'il utilise une pédagogie participative et interactive, c'est-à-dire mettant en communication les élèves entre eux. La qualité de la relation pédagogique et le respect de l'autorité du maître dépendent du bien-être de l'enseignant comme celui de l'élève, de tous les élèves : respecter le corps et ses rythmes, prendre en compte les émotions de chacun, réduire les contraintes à l'indispensable, travailler à la qualité de la communication, tout cela concourt à créer une ambiance de travail et à atteindre plus sûrement l'objectif d'apprentissage.

Chapitre 20

Agir ensemble contre la violence

« Toute prise de conscience est une initiation,
c'est-à-dire un commencement,
une origine créatrice,
une recréation par l'ouverture de l'être au monde. »
André Virel

S'appuyer les uns sur les autres

Il y a beaucoup de réalités différentes dans ce chapitre, mais il est prioritairement consacré au système scolaire, car c'est un domaine où, semble-t-il, la notion d'équipe est à développer davantage. Dans le monde de l'animation ou de l'éducation spécialisée, la culture et les fonctionnements officiels intègrent beaucoup plus systématiquement le travail d'équipe. Où que l'on soit, il est flagrant de constater que les comportements personnels et les fonctionnements collectifs se renforcent mutuellement.

À l'école, il ne s'agit pas seulement de se concerter avec des collègues, mais de développer des partenariats et de partager les responsabilités entre tous les acteurs, élèves et parents compris.

Rien n'est simple pour des parents. Ils auraient intérêt à **partager avec d'autres parents** les difficultés qu'ils rencontrent auprès de leurs enfants et adolescents. Ces parents pensent trop souvent être les seuls à vivre cela douloureusement. *L'École des parents*, comme toutes les initiatives de quartier qui vont dans le sens d'un « parler et agir ensemble », ont une action extrêmement bénéfique.

D'une manière générale, pour se sortir de difficultés, il est utile de ne pas compter que sur ses forces propres, d'utiliser le fonctionnement existant et de **chercher des appuis,** ce qui n'est pas toujours dans notre culture personnelle !

« Je perds de fait mon autorité si je suis discréditée par des paroles ou des actes de mes collègues ».

Dans un tel cas, n'hésitons pas à appliquer tranquillement le contrat, la règle, la sanction prévue, mais sans en rajouter. Les sanctions, annoncées, légères mais appliquées, ont plus d'efficacité que les hurlements ou les cours de morale. Autorisons-nous également à **revendiquer que nos collègues fassent aussi leur part du travail,** pour n'être pas le seul ou la seule à devoir poser des contraintes et au minimum qu'ils respectent un devoir de réserve s'ils ne sont pas d'accord avec nos façons de faire. Notre autorité sera sauvegardée dans les moments difficiles, si nous avons assez de modestie pour appeler au secours des tierces personnes, quand nous sentons l'émotion monter plus que de raison et nous mettre en péril. Évidemment choisissons des collègues en qui nous avons confiance !

Je vous propose aussi cette citation de parents qui ne craignent pas de se faire aider : « En famille, pour aider notre adolescente à accepter une contrainte qui l'ennuie beaucoup, il ne nous semble pas dérisoire de nous appuyer sur l'expérience et l'autorité d'un autre adulte, un adulte que notre fille estime particulièrement, parce que c'est son parrain, son professeur d'éducation physique ou la tante qu'elle admire ! »

Il s'agit là d'appuis circonstanciels. D'une manière générale, rester seul devant la difficulté est stérile et fragilisant. Le travail d'équipe et la coopération donnent des occasions d'échanger et de se rassurer, tout en offrant la possibilité de trouver dans certains cas des **réponses collectives.** Quand des élèves sentent la solidarité entre leurs enseignants, quand des enfants sentent que leurs parents se soutiennent, quand les adolescents sentent que leurs animateurs font équipe, ils savent que c'est du solide ! Jean-Marie Petitclerc dit même que la violence des jeunes est proportionnelle à l'incohérence des adultes[76].

Tout ne dépend pas des efforts personnels, il y a des choix politiques à faire au niveau du système éducatif

En stage, je recueille régulièrement la souffrance d'enseignants, isolés, démunis par manque de formation sur les problèmes d'autorité, de relations, de violence. Il est scandaleux de parachuter de jeunes enseignants inexpérimentés dans les zones les plus sensibles, sans soutien particulier. Certains d'entre eux furent enfants uniques, sans aucune expérience de vie en collectivité (comme celle, par exemple, d'un centre de vacances pour adolescents), sans grande formation sur l'échec scolaire et souvent sans expérience de la chose (Un échec vécu, puis analysé et surmonté, peut aider à comprendre les blocages de certains jeunes).

76. Jean-Marie Petitclerc, *Si on parlait de la violence ?* Presses de La renaissance, 2002.

Des enseignants stagiaires me précisent les situations où ils se sentent manquer d'autorité : « Quand j'ai cette classe de terminale où certains élèves ont trois ans de moins que moi » ; « Quand je suis seul dans la cour, face à un groupe fort et anonyme » ; « Quand j'ai cours de latin, j'en ai fait un peu, mais je n'ai pas été formée en enseignement du latin ; je leur ai donné un travail trop difficile : la marche était trop haute, ils « ont jeté l'éponge » et se sont mis à chahuter ».

Se retrouvant finalement dans un autre métier que celui qu'ils avaient imaginé, ces jeunes professionnels ne sont pas forcément en mesure de poser des revendications. Il y a là un problème à traiter collectivement, en matière d'information, d'orientation, de critères de sélection et de formation, initiale et continue. Bien que des progrès soient faits dans les formations en ESPE[77] et dans les réseaux d'éducation prioritaire, notamment en termes de tutorat, de formations transversales sur ce qui est relatif au relationnel, la formation d'un grand nombre d'enseignants a souvent été limitée aux contenus et à la didactique de la matière qu'ils enseignent, agrémentés de quelques cours théoriques de psychologie.

Il est aujourd'hui indispensable de renforcer des formations hors champ disciplinaire : sur la gestion des conflits dans la classe, l'accueil des familles et des élèves en souffrance ou issus de la grande précarité, la gestion de ses émotions, le choix de sanctions éducatives et les fonctionnements qui permettent de construire un rapport à la loi plus mature. Si la tâche de l'enseignant n'a pas à se substituer à l'éducation parentale ou à la psychothérapie, celui-ci doit vivre, de fait, avec un groupe d'enfants ou de jeunes dont certains sont fragiles et sans repères suffisants. Il doit faire face à des agressions non négligeables, même si elles sont le plus souvent verbales. Il a également un devoir de vigilance, – entre autres pour d'éventuels signalements de maltraitance –.

La formation sur site des personnels d'un même établissement favorise la mise en œuvre d'un **fonctionnement d'équipe cohérent.** On remarque également que la mise en place d'**espaces de parole** et d'**analyse des pratiques** améliore les performances relationnelles et pédagogiques dans la durée et contribue à ne pas surajouter de la violence institutionnelle à la violence que les élèves importent dans l'école.

77. École supérieure de professorat et de l'éducation.

La concertation d'équipe

« Il est arrivé que des collègues, animateurs et directeurs de centres de loisirs, s'étonnent de mes choix pédagogiques, que des parents décrivent mon comportement comme violent, alors que je le pensais sincèrement éducatif. Si nous n'avions pas eu, à quelques-uns, l'expérience de l'analyse de pratique, je me serais sans doute campé dans mon point de vue, capable de me lancer dans une autojustification, pour me protéger. Mais j'étais intéressé à me laisser interroger par le point de vue des autres. Plusieurs fois, nos réflexions communes, toujours dans un esprit de bienveillance et de recherche commune, m'ont aidé et elles ont aidé des membres du groupe à prendre de la distance, à changer d'avis et à trouver des solutions à un problème éducatif, familial ou professionnel.

Se centrer sur l'intérêt de l'enfant, c'est accepter de réfléchir à plusieurs, c'est regarder aussi ce que l'on rejoue de sa propre histoire, dans ses réponses d'éducateur. Quand nous analysons des situations, il s'agit de nous donner ensemble des indicateurs pour nous permettre de dire dans quelle mesure notre objectif est atteint. Nous regardons, par exemple, selon quels critères observer que le degré de violence d'une situation a globalement augmenté ou baissé du fait de notre intervention et ceci à court, à moyen et à long terme. »

Clément, 39 ans, directeur d'un centre de loisirs

Travailler en équipe et se concerter

Si se faire aider par ses collègues, par quelqu'un d'extérieur ou si s'appuyer sur un travail collectif permet d'être plus fort, pourquoi se manifeste-t-il encore une si grande résistance au travail d'équipe en certains lieux ? En acceptant de sortir de l'isolement qui parfois leur donne l'impression d'être à l'abri du regard des autres, les éducateurs découvriront toute la **richesse** qu'ils peuvent tirer en **mutualisant les ressources.** Cela suppose, évidemment, de risquer l'expression de conflits internes et de dépasser les réactions malveillantes de personnes elles-mêmes sur le qui-vive. Le risque est moins grand si les rencontres de concertation sont régies par des règles relationnelles strictes, d'écoute respectueuse et sans jugement de chacun. Ces règles sont plus facilement garanties par la présence d'un animateur tiers, non impliqué émotionnellement dans les histoires évoquées.

Faire ensemble, c'est, en effet, **s'exposer au regard de pairs ;** c'est, à leur contact, reconnaître des erreurs et remettre en question ses habitudes. Pour accepter de perdre notre « indépendance pédagogique », il faut espérer en retour y gagner une amélioration tangible de nos conditions de travail et de notre sécurité intérieure. C'est donc dans les endroits où il est vraiment difficile d'agir seul qu'on accepte le mieux d'échanger ses expériences.

Travailler en équipe sur le terrain fait peur. Dans les séquences animées à deux ou à plusieurs, qu'il s'agisse d'un « itinéraire de découverte » dans les collèges, d'un stage d'entraînement sportif, un partage des responsabilités et des pouvoirs est possible, mais il suppose des règles de fonctionnement qui ont tout à gagner à être explicites ! Voici par exemple, le témoignage de deux coformateurs :

« Le stage est préparé ensemble. On se répartit les tâches, en tenant compte des spécialités et préférences de chacun, mais aussi de façon à ne pas trop renforcer ces spécialités. On se présente ensemble sur un pied d'égalité. Les coanimateurs prennent le temps de faire le point hors du groupe. Quand l'un anime, l'autre est à son service, prêt à répondre à une demande de renfort. Les deux sont attentifs à ne pas rivaliser. »

Toutes les précautions prises pour laisser à l'autre sa place auront valeur de témoignage plus efficace que bien des discours sur la solidarité. Les coanimateurs se soutiennent et se vérifient mutuellement. Cette harmonie est évidemment plus facilement réalisable si les partenaires ont pu se choisir. Mais ces quelques règles de conduite permettent de travailler avec toute personne qui n'a pas d'*a priori* négatif au départ.

Inviter les élèves à s'impliquer

L'efficacité du professeur, dans sa mission éducative comme dans sa mission d'enseignement, passe par sa capacité à réguler de façon positive les divers et inévitables conflits qui surgissent au sein de la classe, mais aussi avec les autres adultes, avec les parents, avec l'institution. Pour que les enfants et les adolescents exercent leur part de responsabilité, il faut leur permettre de s'impliquer dans la résolution de leurs conflits, leur offrir des espaces de parole et négociation, où ils pourront aussi faire entendre leur avis sur le cadre imposé par les adultes et peu à peu contribuer à l'élaboration de certaines règles de la vie collective.

Partenariat parents-enseignants-autres éducateurs

Tout ce qui a été dit dans cet ouvrage s'applique bien sûr aux enfants en grande difficulté relationnelle : la fonction structurante de la loi, des règles et des contrats, le choix de sanctions qui produisent du sens ; l'écoute attentive de leurs soucis, mais également la mise à jour et la sollicitation de leurs capacités réelles et chacun en a ! Mais avec ces personnes plus sensibles – c'est-à-dire qui vont davantage sentir les frustrations et les vexations –, les erreurs pardonnent moins. Il faudra aux adultes plus de compétences pour gérer les affrontements et s'affirmer dans la relation, pour apprivoiser leurs propres émotions, pour écouter et prendre en compte l'histoire de ces jeunes, tout en restant dans le cadre de leur mission professionnelle. Le travail d'équipe, au sein de l'établissement scolaire ou du foyer de placement spécialisé, mais aussi en lien avec les partenaires éducatifs extérieurs, devient indispensable pour mettre en œuvre des solutions immédiates qui agissent aussi sur le long terme.

Il est légitime que les enseignants souhaitent un partenariat constructif avec les parents de leurs élèves. Mais il peut arriver que la louable intention dépasse le cadre statutaire de l'enseignant ou produise un effet contraire à celui recherché. Il ne faut jamais oublier que lorsque un enseignant parle d'un « élève », le parent entend parler de son « enfant » et la relation glisse d'un rapport statutaire à un rapport affectif !

Qui est responsable de quoi ? De quoi chacun est-il garant ? Où ? Et, pour le dire plus crûment peut-être, qui est garant de la loi à l'école et à la maison ? Qui est « payé » pour transmettre les savoirs ? Que dit la loi, concernant la protection de l'enfant ou de l'élève, contre les mauvais traitements ? Et donc aussi, quels sont les autres partenaires et relais possibles ? Et de quoi est responsable l'élève lui-même ?

Je suis parent : Est-ce que je me représente l'aspect collectif, la gestion de la classe entière, dans le travail de l'enseignant ? Qu'est-ce que j'attends de l'enseignant ? Quelle est ma mission ? Quelle est celle du prof ? Que va-t-il se passer pour mon enfant si je discrédite l'enseignant à ses yeux ou au contraire, si je suis *a priori* d'accord avec la position de l'adulte enseignant ?

Je suis prof : Avant de mettre un avertissement, je mets un mot, mais à qui dois-je m'adresser ? Est-ce que je connais la situation familiale ? Qu'est-ce que j'attends du ou des parent(s) ? Est-ce que je peux anticiper les conséquences familiales de cet avertissement ? Est-ce que l'élève a conscience de ces conséquences ? À qui cet avertissement va-t-il être utile ? **Quel est l'objectif visé ?** L'enseignant qui prend la décision d'informer régulièrement les parents des faits ou plus sûrement des méfaits de leur enfant, affirme chercher à responsabiliser la famille et aussi « mettre la pression sur l'élève ». De fait, il s'agit la plupart du temps de l'apprentissage de la peur du gendarme. Mais quelle est sa responsabilité à lui, l'enseignant ?

Si la transgression est un message de la part de l'enfant et que ce message est adressé à l'école, quelles conditions doivent être requises pour une transmission aux parents ? De quel ordre est la question : pédagogique ? comportementale ? affective ? Pourquoi émerge-t-elle à l'école ? Qu'attend le jeune ? Pourquoi la sanction scolaire ne suffit-elle pas à clore l'histoire ?

Si l'objectif est le soutien à la parentalité, est-il efficace de renvoyer, à travers le carnet de liaison par exemple, une image seulement négative de l'enfant à ses parents ? Confirmer l'échec parental risque de se retourner contre l'enfant : reproches, abandon, culpabilisation plus grande… Est-il judicieux de passer par l'écrit avec toutes les familles ? Ce carnet est-il aussi rempli des progrès et aspects jugés positifs de leur enfant ? Nous avons chacun tendance à développer en nous ce que les autres nous renvoient, par leur regard sur nous. Alors, que risquons-nous à encourager, de fait, ce qui est bon chez l'enfant ?

Certains parents paraissent « résistants » au discours de l'école, pour se protéger, préserver une image d'eux-mêmes. Ils renvoient à leur tour la responsabilité de l'échec sur l'école, pour fuir la culpabilité et le sentiment d'impuissance.

Quelle est la motivation de l'enseignant qui va au-devant des parents ? Réparer l'enfant ? Faire la morale aux parents ? Exprimer implicitement son désarroi ou sa colère face à un élève qui nous « dé-narcissise » ? Imposer un modèle éducatif ? Résister à la prise en compte de la réalité en culpabilisant élèves et parents ? « Ah ! Si seulement ils étaient autrement, comme je serais un bon enseignant ! ».

Quelles peuvent être les conditions d'un partenariat parents-enseignants ?

Le partenariat suppose, pour s'exercer, une certaine égalité. Quelle est la parole de l'enfant ? des parents ? Où est-elle écoutée, entendue ? Si certains parents ont l'impression d'emblée de ne pas être bons ou que leur enfant n'est pas un bon, peuvent-ils avoir envie de venir à l'école, d'entendre, de collaborer ? L'expérience montre que si les parents sentent leur enfant heureux de venir à l'école, ils se sentent mieux eux-mêmes et viennent plus volontiers rencontrer les enseignants. Un dialogue peut alors doucement s'engager, des voies à explorer peuvent ensuite se dégager, mais il faut parfois du temps. N'oublions pas que les difficultés des enfants réveillent très souvent les souffrances anciennes des parents à l'école.

Une maman s'était promis de ne plus jamais aller à une réunion de parents d'élèves, après celle du début du CP, car elle n'y avait rien compris et c'était humiliant. Certains parents ne viennent pas à l'école, parce qu'ils s'y sentent perdus culturellement, exclus ou *a contrario*, parce qu'ils font une confiance « aveugle » à l'école, car dans leur pays d'origine, on laisse le maître faire son métier sans le déranger.

Mais encore...

Sur un plan psychologique, est-il bon pour l'enfant que ses parents sachent tout sur lui ? L'école a mission d'instruction, elle a aussi mission d'éducation du citoyen, c'est-à-dire qu'elle doit contribuer, aider, favoriser la « sortie » de l'enfant de sa famille. L'école a une fonction de « loi séparatrice » par rapport à la famille et sert, de fait, de tremplin pour entrer en société. En ce sens, elle doit éviter le « tout savoir » et le « tout faire savoir » sur l'enfant. C'est une des conditions pour que l'enfant puisse grandir, se développer et apprendre à être responsable de lui et de sa vie. Le renvoyer constamment, surtout s'il a fait une bêtise, sous le regard de ses parents, c'est le condamner à rester soumis à ceux-ci, puis par extension à toute figure parentale, c'est mettre des obstacles, des freins à son désir et besoin d'autonomie. Cela peut de fait conduire à une intégration du système de domination-soumission, au grand confort des adultes d'ailleurs, mais également à plus de révolte ou de souffrance. Derrière les « informations » aux parents se pose donc en profondeur et avec acuité la question : que signifie éduquer, sans « instrumentaliser » ni l'enfant ni les parents ? Comment permettre à l'enfant d'accéder progressivement à un pouvoir suffisant sur sa vie, ce qui lui retirera, qui plus est, l'envie de piétiner le pouvoir des autres ?

Des occasions positives pour faire connaissance

Il serait souhaitable de promouvoir des occasions de rencontre centrées sur d'autres préoccupations que les problèmes scolaires ou de comportement de leurs enfants et sans attendre les situations de crise. Certains ne comprennent pas toujours ce qui se passe à l'école. Ce travail d'explication devrait se faire de façon plus efficace et conviviale, dans les villages ou les quartiers, où des représentants des établissements scolaires pourraient se déplacer à la rencontre de petits effectifs, où les questions pourraient être réellement entendues. Les fêtes, expositions de travaux d'élèves, réunions autour de préoccupations communes – tabac, drogue, sida, orientation... –, sont autant d'occasions de faire ensemble, de s'apprivoiser mutuellement. Ils sont à soutenir. Quelles sont les situations où les parents peuvent exprimer leurs compétences, parfois grandes et complémentaires de celles des enseignants, devant leurs enfants et devant les autres adultes : partages de savoirs, aide à des travaux d'aménagements, échanges culturels... ? Les relations avec d'autres éducateurs (éducateurs sportifs, animateurs des centres sociaux), permettent de découvrir les différentes facettes et ressources d'un jeune, au-delà de ce qu'il en montre en famille ou au lycée.

Donner aux parents plus démunis des occasions de parole et des repères

Les parents qui semblent se désintéresser de leurs enfants et de leur réussite sociale et scolaire sont le plus souvent dans des stratégies de survie. Ils sont peut-être enfermés dans le cercle vicieux où s'entrecroisent difficulté, silence, culpabilité, angoisse, fuite... Parler est pour eux aussi vital qu'inimaginable ! Il serait souhaitable d'encourager des groupes de soutien mutuel, par le biais de propositions d'activités ou de rencontres techniques : ateliers de couture ou d'informatique ; réunions d'économie sociale et familiale. Les demandes d'aide y sont plus identifiables et plus avouables, elles peuvent s'exprimer dans une dynamique d'échanges réciproques de savoirs. Si les parents pouvaient y trouver des animateurs compétents en écoute active, en régulation des conflits, cela les aiderait à reconstruire des repères et une cohérence éducative, tenant compte des valeurs culturelles de leur environnement passé et actuel.

Afin de construire les liens entre l'école, la famille, le quartier, il est intéressant de mettre en place un maillage de personnes intervenant dès l'école maternelle et primaire sur le quartier : des assistants sociaux, mais aussi, comme il en existe dans certains quartiers, des adultes-relais qui pourraient surtout être des parents-relais, des aides-éducateurs. Le soutien financier des collectivités locales pourrait porter sur le fonctionnement, sur la mise à disposition de locaux judicieusement situés au cœur des parcours quotidiens et aussi sur la formation des intervenants.

La formation des parents d'élèves relève des fédérations. Il conviendrait d'encourager ces formations et d'y donner accès à des parents d'origines sociales diverses, afin de rendre effective et efficace la représentativité des parents dans les instances scolaires, de la maternelle au lycée.

Répondre aux transgressions et lutter contre la violence est un travail d'équipe

Les adolescents ont un grand besoin d'adultes référents, mais ceux-ci n'ont pas tous la même fonction. Personne ne peut tout faire à lui tout seul. En fonction de son statut, le pompier doit éteindre le feu, le juge doit juger, l'arbitre arbitrer, le psychologue écouter, le médiateur faciliter la communication, le médecin soigner, le surveillant ou le policier assurer la paix sociale, les éducateurs aider à grandir, les enseignants enseigner, les chefs diriger, les témoins témoigner, etc. Mais qui peut, au nom de son statut, abdiquer de sa citoyenneté ou de son humanité ? Les questions de secret professionnel, de signalement, d'obéissance aux instructions, d'application des règles, le fait de se cantonner à sa mission ou bien de choisir de « s'ingérer », doivent être balisées par des procédures précises. Elles restent néanmoins des questions de conscience. Les acteurs réalistes essaient plutôt de répondre aux questions : jusqu'où dire ou se taire, jusqu'où intervenir ou laisser faire ?

Il ne s'agit pas d'occulter les difficultés, souvent liées à des facteurs extérieurs qui rendent les situations plus complexes. Sur certains sites, il convient de tenir compte, plus qu'ailleurs, de causes multiples, à la fois sociales, économiques, urbaines, culturelles, familiales, telles que les concentrations de populations en situation de plus en plus précaire. Et il reste très difficile de trouver des solutions pour endiguer l'absentéisme et la déscolarisation de certains jeunes présentant des troubles graves du comportement.

Mais il faut souligner qu'un des facteurs de réussite dans la lutte contre la violence en milieu scolaire est sans doute la qualité des équipes de direction capables de mobiliser et de solidariser tout l'établissement autour des problèmes de violence, certes, mais aussi, en positif, autour d'un projet d'établissement qui « tienne la route ! ». Un autre facteur important est la stabilité des équipes professionnelles. Les établissements qui réussissent le mieux ont l'habitude du travail en équipe et d'une approche pragmatique des problèmes de violence. Ils ont amélioré la situation en construisant des relations avec les familles, les associations et le quartier. Ils font corps avec leur environnement, travaillent à l'élaboration de programmes locaux bien ciblés et construisent à partir des orientations nationales des stratégies d'établissement, dans une dynamique partenariale. Les conventions départementales entre l'Éducation nationale, la police, la gendarmerie et la Justice, associées aux contrats locaux de sécurité et à des conventions avec les Conseils généraux, ont permis, en de nombreux endroits, de développer et de mieux structurer les relations entre le milieu scolaire et tout son environnement.

Chapitre 21

Ça leur apprendra !

« L'expérience est comme la lanterne :
elle n'éclaire le chemin que de celui qui la porte. »
Roland Chesne

Exercice

Encore un petit exercice

Albane et Pierre

Dans cette halte-garderie, Pierre, 3 ans, veut monter sur un vélo. Albane, 4 ans, est plus rapide et s'approprie ledit vélo. Pierre se met à pleurer. Mélanie, 5 ans et grande sœur de Pierre, a tout vu. Elle va chercher 2 ou 3 copines pour l'aider à défendre son petit frère. Ensemble, elles se précipitent sur Albane qui se met à hurler. Vous êtes l'animatrice ou l'animateur et vous voulez régler cette histoire de la façon la plus juste possible…

Je vais lui donner une « bonne » leçon !

« Je vais lui donner une bonne leçon… », « ça leur apprendra ! » sont des phrases souvent prononcées comme de méchantes menaces ! Pourtant, dites sur un ton bienveillant et dans leur sens propre, nous pourrions les adopter : en effet, quelle leçon de choses, quelle leçon de vie, cet épisode « transgression – sanction » va-t-il être pour celui qui a commis l'acte répréhensible, mais aussi pour chacun des membres du groupe au sein duquel cet acte s'est déroulé ? Que vont-ils apprendre ? En quoi cela pourra-t-il donner l'envie de corriger les comportements et les fonctionnements, pour un mieux-être, particulier et général ?

Les sanctions efficaces sont d'abord des sanctions réalistes, c'est-à-dire qui prennent en compte les réalités individuelles et collectives. D'une famille à l'autre, d'une culture à l'autre, d'un établissement à l'autre, le même geste, la même parole, la même sanction prendront des significations très différentes. Une sanction est toujours un **élément d'un processus,** dans un contexte donné. Elle n'est pas à modéliser en tant que telle.

En synthèse

Critères d'efficacité d'une sanction

Si vous souhaitez analyser l'efficacité des sanctions ***que vous avez*** *posées, vous pourrez utiliser l'aide-mémoire suivant, qui synthétise tous les aspects évoqués dans ce livre, en s'attachant aux effets produits par l'événement transgression-sanction :*

La victime ou les victimes

- La transgression a-t-elle été nommée ?
- La victime se sent-elle reconnue ?
- Réparation du dommage ? Reconnaissance symbolique ?
- La victime a-t-elle renoncé à toute idée de vengeance ?
- Le lien détérioré par l'acte est-il rétabli ? amélioré ?

La règle

- Réaffirmation de la règle transgressée ? Compréhension de son sens ?
- A-t-on abouti à une amélioration de la règle ?
- Un nouveau contrat a-t-il été passé ?
- Le garant est-il réhabilité dans son autorité ?

Le sanctionné

- A-t-il pris conscience de l'acte ? du dommage ? de la règle ?
- A-t-il un sentiment de « justesse » de la sanction ?
- A-t-il intégré la règle ? Y a-t-il non-récidive, amendement définitif, amélioration ?
- Est-il entendu dans son intention ? Est-il reconnu, comme une personne distincte de son acte ?
- Après exécution de la sanction, est-il déculpabilisé ? apaisé ?
- Le lien détérioré par l'acte est-il rétabli ? amélioré ?

Le groupe

- A-t-il pris conscience de l'acte ? du dommage ? de la règle ?
- A-t-il un sentiment de « justesse » de la sanction ?
- Est-il responsabilisé ? devenu davantage garant de la loi ?
- A-t-il adapté son fonctionnement, cherché des solutions ?
- L'ex-contrevenant est-il réintégré dans le groupe ?
- Le groupe a-t-il pris le goût de la solidarité ? La situation a-t-elle été dédramatisée (humour…) ?

La transgression est la traduction d'un conflit

Celui qui provoque un conflit cherche à s'affirmer devant l'autre, à se faire reconnaître, parfois même à faire reconnaître ses droits. Provoquer un conflit, c'est sortir d'un non-dit, c'est résoudre un malaise physique ou psychologique. C'est une façon d'exprimer ses besoins, ses aspirations, ses intérêts, ses valeurs. Ce peut être aussi décharger les tensions accumulées. Le conflit permet aux souffrances de s'extérioriser.

Le conflit oblige à prendre acte de la différence de l'autre, d'une réalité qui ne correspond pas à ce qu'il croyait ou rêvait. Quand l'un s'affirme, l'autre perd ses illusions et se rend compte que quelqu'un existe, avec des besoins qu'il ne soupçonnait peut-être pas, avec l'envie d'avoir plus de place.

Le conflit est souvent inévitable, parfois utile, mais il paraît toujours inconfortable, fatigant, pénible, parfois douloureux. Le conflit n'est pas un mode harmonieux de communication entre les personnes et entre les groupes. Il ne peut être que temporaire et tend naturellement à sa régulation, sinon à sa résolution, que celle-ci soit brutale ou plus respectueuse des personnes et des règles. Si l'on peut s'inquiéter d'une relation qui ne connaît jamais de conflit, une relation qui ne serait que conflictuelle pose aussi question. Car alors, l'autre – cet autre en particulier ou tous les autres en général, – l'autre est perçu *a priori* comme menaçant, à tort ou à raison. Cette disposition témoigne d'une souffrance, d'une blessure ancienne que l'actualité ravive. Et entre des personnes qui souffrent trop, risquent d'intervenir des jeux un peu pervers, des manipulations, des chantages affectifs, des prises abusives de pouvoir. Un rapport dominant-dominé peut s'installer, se confirmer ou s'inverser. Le conflit détruit la vie s'il ne reste qu'un affrontement de forces.

Le conflit est une opportunité

Le mot « conflit » ou « crise », en chinois, a deux significations : « menace » ou « opportunité ».

Si l'agressivité est canalisée, si le respect de l'autre est de règle, si les protagonistes ont appris à déjouer les pièges de l'escalade mimétique, s'ils optent pour des comportements et des moyens d'action non-violents, le conflit peut être une source de progrès pour tout le monde.

Bien géré, le conflit peut être l'occasion de clarifier les statuts, les territoires, la place et le rôle de chacun ; de permettre le débat, la discussion, la négociation, une meilleure qualité de relation, une meilleure organisation collective. De nouveaux fonctionnements prendront davantage en compte les légitimes besoins des usagers, des personnels et de l'institution elle-même ; ils seront davantage formalisés, évitant ainsi les régulations sauvages. Tout cela n'est pas gagné d'avance, mais le conflit est le signe de la vie, de l'échange, de la confrontation, de la démocratie. Pour combattre la violence, il faut d'abord redonner au conflit la place et la signification qui sont les siennes.

En apprenant à gérer au quotidien les petits conflits, on peut espérer éviter quelques grosses crises, celles qui dégénèrent si facilement en violence, que ce soit en famille, dans la classe, à la maison des jeunes ou au club de foot. Pour cela, on peut multiplier les occasions de se parler, de se connaître, de réaliser des projets communs, afin d'augmenter les chances d'éviter les graves explosions de colère et de haine. Rien n'est jamais gagné d'avance, mais apprendre à réguler les conflits peut certainement participer à rendre une société plus sereine, plus mûre. Voilà une perspective qui peut motiver un grand nombre de ceux qui travaillent dans les métiers d'éducateurs, de parents, d'enseignants, d'animateurs, de formateurs, de travailleurs sociaux, de médiateurs, de policiers, de concierges d'immeubles, etc.

La sanction est tournée vers l'avenir

La sanction est une réponse à un être de parole : répondre, nous l'avons dit, c'est à la fois réagir de façon responsable, demander à l'auteur de répondre de ses actes et expliquer la mesure décidée. La réponse doit prendre en compte la globalité de la situation, confirmer le sens de la règle, être suffisamment bienveillante pour permette à chacun d'exprimer ce qu'il a ressenti, pensé, voulu ou non au moment de l'acte et où il en est maintenant. Répétons qu'écouter les enfants ne veut pas dire manquer de fermeté. Comprendre ne veut pas dire excuser. Offrons-leur l'espace qui rende possible une réflexion et une évolution…

La parole est indispensable mais insuffisante.

La sanction est le moyen par lequel l'enfant élabore sa culpabilité et s'en délivre, se réconcilie avec lui-même : c'est un coup d'arrêt dans la spirale « faire mal/se faire mal ». Quand on va mieux, a-t-on encore autant besoin de transgresser ?

Les éducateurs des siècles précédents ont eu le souci de justifier, de légitimer, mais aussi de rationaliser, de codifier, d'ajuster l'acte punitif, intimement lié pour eux à l'acte éducatif. En « sanctionnant », il est question d'aller plus loin dans la recherche de la justice. Pour « apprécier » une transgression, il convient de prendre le temps de mesurer l'implication de chacun dans l'affaire. Il faut ensuite se référer à l'échelle lisible et préétablie des sanctions, sachant qu'une application strictement égalitaire ne permet pas nécessairement d'être juste. Les sanctions doivent aussi rester raisonnables, sous peine d'être inapplicables ou inefficaces.

La sanction est tournée vers **l'avenir.** Le but est que chacun s'en sorte bien. Le sentiment d'avoir perdu la face incite à la vengeance plus qu'à la conversion. Chacun est invité à prendre ses distances, puis la bonne distance où la relation pourra se recharger de compréhension mutuelle. Une sanction efficace débouche sur un nouveau contrat, qui prend mieux en compte les besoins et qui fixe, pour une durée donnée, les engagements de chaque partie.

La sanction éducative ne prend du sens que dans une démarche globale

La sanction éducative ne tient qu'une petite place dans la panoplie d'outils qui visent à améliorer le vivre ensemble et à grandir. Cette démarche est sous-tendue par une **éthique** et un **projet de société.** Il n'y a pas d'éducation qui ne soit de fait politique. C'est jusque-là que les jeunes attendent de leurs aînés des réponses solides, à partir desquelles ils pourront bâtir les leurs.

Sanctionner c'est dénoncer des manquements, c'est aussi encourager les comportements positifs vis-à-vis du groupe. Apprendre à réguler les conflits de façon non-violente permet d'une part d'économiser les conséquences néfastes de la violence et de sa répression classique, d'autre part de saisir des occasions d'améliorer les relations et des fonctionnements qui tiennent mieux compte de chacun. Avoir l'occasion de coélaborer des règles, c'est faire l'apprentissage de la loi et en découvrir le sens. Signer un contrat, c'est être reconnu comme partenaire et acteur responsable.

Il n'est pas nécessaire d'attendre que des transgressions aient lieu pour s'habituer à accompagner toute action de son évaluation, à tirer la leçon des réussites comme des échecs. C'est s'inscrire dans un projet constructif et une dynamique de sanction positive. Connaître les dangers, mesurer les risques et apprivoiser sa peur pour dépasser ses limites et se conduire en être responsable, c'est intégrer le principe de réalité qui est la sanction naturelle des actes inconséquents. Cet apprentissage de la citoyenneté commence tôt. De nombreux éducateurs l'ont compris et s'emploient à l'accompagner le mieux possible[78].

---

78. Les enseignants, de la maternelle jusqu'au cycle 3 pourront utiliser pour le plus grand bien de leurs élèves, l'ouvrage pédagogique réalisé par Maryse Delobeau, Michel Llorca, Fabien Pujervie, Pierrick Vivien *Les mots à dessein, parcours civique,* Scéren CRDP Haute-Normandie, 2004. Il s'agit de 60 planches de BD sans texte, pour mettre des mots sur… « Vivre avec les autres », « Développer des compétences », « Gérer des conflits ». Elles sont accompagnées de fiches de préparation et d'un CDrom. Canopée, CRDP Haute-Normandie, 2 rue du Docteur Fleury, 76100 Mont-Saint-Aignan.

Pour terminer cet ouvrage, quelques « recettes »…

Lors des rencontres et des échanges sur ces sujets, de nombreuses personnes demandent des conseils et des réponses concrètes à leurs questionnements quotidiens. *« Que feriez-vous à ma place ? »*. Ce serait une erreur de rejeter ces demandes ! Existe-t-il d'ailleurs une autre méthode, pour inventer, que de commencer par imiter ? La demande de recettes immédiates est souvent le signe d'une inquiétude qui manifeste le désir réel de réussir dans sa mission d'éducateur. Une recette, à en croire le dictionnaire, est une « formulation ordonnée d'un savoir-faire spécifique éprouvé, en vue d'obtenir un résultat défini à l'avance ». Échanger des recettes serait donc une façon d'apprendre. Mais le demandeur ne doit pas devenir un consommateur non averti de produits soi-disant prêts à l'emploi ! Rappelons qu'une recette devra être adaptée aux produits locaux et saisonniers et tenir compte des habitudes. Les recettes ne sont toujours que des propositions. Il revient à chacun de choisir ce qu'il prend et ce qu'il laisse, en fonction de sa personnalité, de ses priorités et de son contexte. Souvent, des récits de vie, des témoignages d'expériences, sont plus efficaces pour dire à la fois l'accessibilité du changement et son caractère personnel et inimitable. En formation, quand un stagiaire demande « est-ce qu'il faut… ? », il cherche un modèle à suivre. Quand il demande « Est-ce bien de… ? », il cherche peut-être une approbation. Nous essayons de lui répondre : « Quel est votre objectif ? Pensez-vous que ce moyen est efficace pour l'atteindre ? Est-il cohérent avec votre projet, vos convictions ? Vous semble-t-il réaliste, étant donné les moyens dont vous disposez ? Sera-t-il compréhensible pour votre interlocuteur, que vous connaissez mieux que moi ? »

Des exemples en provenance d'un stage d'accompagnateurs de l'aide aux devoirs

1. **Face à l'enfant qui hurle à cause d'un autre enfant** (ou quand des enfants se bagarrent, bavardent trop fort dans la salle de travail)

suggestions…

Essayez de gérer cela dès le début, de réagir envers le premier qui crie. Avez-vous mis en place une règle explicite à ce sujet ? Vous pourriez aussi instituer trois lieues, pour mieux tenir compte des besoins de ces enfants : le « dehors » où l'on peut courir et crier ; le couloir, où l'on ne court pas ni ne crie pas et enfin la salle de travail où l'on chuchote, où l'on reste assis sauf pour des déplacements utilitaires.

2. Face à l'enfant qui arrive systématiquement 10 minutes avant la fin

suggestions…

Il y a non-respect d'une clause du contrat et l'aide aux devoirs n'est pas une obligation légale. L'enfant a-t-il envie de venir ? De toute façon, il ne profite pas de ce service ; après avoir tenté un dialogue avec l'enfant, il y a lieu d'avertir la famille, puis en cas de récidive, de décider une rupture officielle du contrat. On peut également tenter de gérer le retard d'une façon générale, en fermant la porte au bout de dix minutes. Dans certains cas, si l'on a l'accord et le soutien de ses parents, on pourra compter son temps de présence normale et indiquée au contrat, à partir de son arrivée et le libérer quand il aura travaillé une heure, comme les autres. Cela peut être efficace, mais demande à l'accompagnateur d'assumer la contrainte de faire une heure supplémentaire ; cela ne pourra se répéter.

3. Face à l'enfant qui injurie l'animateur

suggestions…

La sanction s'impose : ce pourrait être chercher la définition de l'injure dans le dictionnaire des synonymes, puis chercher d'autres qualificatifs qu'il aimerait entendre pour lui-même. Mais ces injures révèlent que l'animateur est en difficulté. Celui-ci devrait revoir avec ses collègues ses stratégies et profiter d'un recommencement, par exemple après les vacances, pour repartir sur d'autres bases. Un tiers serait peut-être utile pour restaurer chacun dans son statut.

4. Face à l'enfant qui refuse de retirer son « walkman » de ses oreilles pendant que l'animateur lui parle

suggestions…

Existe-t-il une règle à ce sujet ? On peut sans doute confisquer l'objet pendant la durée de la séance, en rassurant l'enfant sur le fait qu'on garde son appareil en sécurité et qu'on le lui rendra au moment de sortir. Si c'est fréquent, on peut vérifier avant d'entrer que tous les walkmans sont rangés au fond des sacs… On pourrait aussi réagir en disant à l'enfant : « Tu ne veux pas m'entendre, je ne te parle plus ; je ne peux plus t'aider. Dès que tu l'auras retiré, tu peux me demander quelque chose. Pour moi, c'est la condition à notre relation »

5. Face à l'enfant qui donne un coup de pied de colère dans le tibia de l'animateur

suggestions…

« Je te respecte et je n'accepte pas que tu me traites ainsi : tu sors te calmer. Je m'occupe maintenant des autres. Tu entreras quand ils seront à leur travail ; j'aurais le temps alors de traiter cette affaire avec toi. Nous chercherons une manière acceptable pour dire que tu es en colère : car taper est interdit ». Puis il faudra songer à demander réparation : excuses, service rendu à l'animateur…

6. Un objet a été volé à l'animateur

suggestions…

On peut proposer de le rendre par un copain intermédiaire, qui sert ainsi d'écran confidentiel, à un endroit dit, avant une heure dite. Sans trop y croire, l'animateur peut tenter malgré tout d'ajouter : « si en plus la personne qui m'a pris cela était capable de venir discrètement me l'avouer, je serais vraiment plein d'admiration pour son courage. En effet, je ne sais pas si j'aurais été capable de cela moi-même ! Et je serais alors assez heureux pour renouer ma confiance en elle… »

Et si cela ne revient pas ? « je ne prêterai plus mes stylos », ce qui est bien une sanction collective, une conséquence logique et non une punition infligée au groupe.

7. Face à l'enfant qui « tague » le mur de la salle

suggestions…

Connaît-on l'auteur ? Si oui, il aura d'abord à réparer, nettoyer, repeindre éventuellement : c'est l'apprentissage de sa responsabilité civile. On pourra lui demander de mettre en place un panneau de carton ou de bois sur lequel les enfants pourront faire, à la pause, un concours des plus beaux tags.

Évaluation du chemin parcouru

Pour éviter de se décourager, il est important de faire de temps en temps une évaluation du chemin parcouru, de mettre en valeur les éléments positifs rencontrés, afin de s'appliquer à soi-même la pédagogie de la réussite. Chacun peut adapter cet exercice à sa situation personnelle, puis répondre aux questions régulièrement, en se disant par exemple *« dans le mois écoulé »* :

1. Je cherche un conflit « bien géré », pour moi, avec les enfants ou les enfants entre eux.
2. Je cherche quel acte d'autonomie certains enfants ont posé. Comment ai-je accueilli ou favorisé cette autonomie ? Quel acte de résistance a été posé par tel ou tel enfant ? en ai-je posé moi-même ?
3. Comment ai-je partagé mon pouvoir ?
4. Je cherche une règle juste qui a fonctionné.
5. Je cherche un conflit qui a débouché sur une amélioration du fonctionnement commun, sur l'établissement ou l'évolution d'une règle.
6. Je cherche un exemple où l'enfant a transgressé la règle et je cherche les besoins qui ont été mis en évidence. Je prends les dispositions pour y répondre.
7. Je cherche une situation où j'ai réussi à inventer une sanction sensée, plutôt que d'infliger une punition habituelle.
8. Je cherche à quel moment je me suis senti(e) en cohérence avec mes projets éducatifs.
9. Être bien avec soi-même pour être bien dans la relation éducative : je cherche si j'ai pris du temps pour moi, pour mes loisirs, pour les enfants, pour mes relations personnelles, pour l'équipe de collègues.
10. Je cherche un effet positif obtenu : diminution du stress, diminution de l'épreuve de force dans la relation, de la fréquence des transgressions, capacité à manier l'humour, à faire preuve de créativité, harmonie ressentie…
11. Ce qui reste difficile ? Quelle part de moi-même dois-je encore faire évoluer ?

Bibliographie

Ouvrages

Auger Marie-Thérèse, Boucharlat Christiane, *Élèves « difficiles », profs en difficulté*, Chronique Sociale, 2004.

Bardet Marie, *Le Suicide*, Milan, 1996.

Blin Jean-François, *Classes difficiles, des outils pour prévenir et gérer les perturbations scolaires*, IUFM-Midi-Pyrénées, Delagrave, 2001.

Bonafé-Schmitt Jean-Pierre, *La médiation scolaire par les élèves*, ESF Éditeur, 2000.

Cailliot Nicolas, *Faire face aux violences du quotidien*, Vuibert, 2004.

Cario Robert, *Jeunes délinquants à la recherche d'une socialisation perdue*, L'Harmattan, 2000.

Clerc Olivier, *Le tigre et l'araignée, les deux visages de la violence*, Jouvence, 2004.

Coordination française pour l'éducation à la non-violence et à la paix, Roussel V. (dir), *100 questions-réponses pour éduquer à la non-violence,* Chronique sociale, 2011.

Cyrulnik Boris, Serron Claude, *La résilence ou comment renaître de sa souffrance ?* Fabert, 2009.

Cyrulnik Boris, *Un merveilleux malheur*, Odile Jacob, 2002.

Cyrulnik Boris, *Les Vilains Petits Canards*, Odile Jacob, 2004.

Debardieux Éric, *La Violence en milieu scolaire, 1. État des lieux*, ESF, 1996.

Debardieux Éric et al., *La Violence en milieu scolaire, 2. Le désordre des choses*, ESF, 1999.

Deboutte G., *Comment en finir avec les persécutions à l'école ?* Chronique Sociale, 1998.

Defrance Bernard, *Le plaisir d'enseigner*, Syros, 1997.

Defrance Bernard, *La Violence à l'école*, Syros, 2000.

Delobeau Maryse, Llorca Michel, Pujervie Fabien, Vivien Pierrick, *Des mots à dessein, parcours civique,* Scéren CRDP Haute-Normandie, 2004.

Derib, *No limits*, Le Lombard, 2008.

Diaz Babeth, Liatard-Dulac Brigitte, *Contre violence et mal-être, la médiation par les élèves*, Nathan, 1998.

Dolto Françoise, *Tout est langage*, Gallimard, 2002.

Dolto Françoise, Dolto-Tolitch Catherine, Percheminier Colette, *Paroles pour adolescents ou le complexe du homard*, Gallimard Jeunesse, 2007.

Dolto Catherine (dir.), *Dico ado. Les mots de la vie*, Gallimard Jeunesse, 2007.

Douard Olivier, Fiche Gisèle, *Les jeunes et leur rapport au droit*, L'Harmattan, 2002.

Dubreuil Bertrand, *Collèges en milieu populaire, ces mots qui veulent nous changer*, L'Harmattan, 2000.

Filliozat Isabelle, *L'Intelligence du cœur : confiance en soi, créativité, relations, autonomie*, Marabout, 2007.

Filliozat Isabelle, *Au cœur des émotions de l'enfant*, Marabout, 2007, rééd., 2013.

Girard René, *Le bouc émissaire*, LGF, 2006.

Guérin Véronique, *À quoi sert l'autorité*, Chronique Sociale, 2008, rééd., 2013.

Guillotte Alain, *Violence et éducation*, PUF, 1999.

Guilbert Danièle e*t si l'autorité, c'était la liberté ?* La Martinière, 2001.

Hirigoyen Marie-France, *Harcèlement moral, la violence perverse au quotidien*, Pocket, 2011.

Houssaye Jean, *Autorité ou éducation ?* ESF éditeur, 2007.

Imbert Francis, *Médiations, institutions et loi dans la classe*, ESF éditeurs, 2007.

Jacquard Albert, Manent Pierre, Renaut Alain, *Une éducation sans autorité ni sanction ?* Grasset, 2003.

Jeammet Philippe (dir.), *Adolescences, repères pour les parents et les professionnels*, Syros, 1997, La Découverte, 2012.

Joie Gilbert, *Gérer la violence en milieu scolaire, du diagnostic aux remédiations*, Chronique Sociale, 2001.

Laouénan Christine, *Non au racket !,* La Martinière Jeunesse, 2002.

Leluyer Françoise, Sauret Jean-Jacques, *Conflits et sanctions*, Magnard, 1997.

Longhi Gilbert, Mazoyer Didier, Vaillant Maryse, Vergez Marie-Dominique, *Face aux incivilités scolaires : quelles alternatives au tout sécuritaire ?* Syros, 2001.

Maccio Charles, *Exercer une responsabilité,* Chronique Sociale, 2001.

Marrou Henri-Irénée, *Histoire de l'éducation dans l'antiquité,* Seuil, 1965, rééd., 1981.

Maslow Abraham, *Vers une psychologie de l'être,* Fayard, 1989.

Meirieu Philippe, *Le choix d'éduquer*, ESF, 2012.

Meirieu Philippe, *L'école et les parents, la grande explication*, Pocket, 2001.

Meirieu Philippe, *Repères pour un monde sans repères*, Desclée de Brouwer, 2002.

Miller Alice, *C'est pour ton bien*, Aubier-Montaigne, 1985.

Muller Jean-Marie, *De la non-violence en éducation*, UNESCO, 2001.

Muller Jean-Marie, *Dictionnaire de la non-violence*, Le Relié, 2005, rééd., 2014.

Non-Violence Actualité, *Conflit, mettre hors-jeu la violence*, Chronique Sociale, 2010.

Nick Christophe, *Stop la violence*, Fayard, 1999.

Pain Jacques, *École, violence ou pédagogie ?* Matrice, 1997.

Papillon Xavier, Grosson Gilles, *Heures de vie de classe, Concevoir et animer*, Chronique Sociale, 2007.

Peretti (de) André, *Présence de Carl Rogers*, Érès, 1997.

Petitclerc Jean-Marie, *Le Jeune, l'éducateur et la loi*, Don Bosco, 2000, rééd., 2006.

Petitclerc Jean-Marie, *Les nouvelles délinquances des jeunes, violences urbaines et réponses éducatives*, Dunod, 2005.

Petitclerc Jean-Marie *et si on parlait de la violence ?* Presse de la renaissance, 2002.

Philibert C., Wiel G., *Faire de la classe un lieu de vie*, Chronique sociale, 2001.

Piaget Jean, *Le jugement moral chez l'enfant*, PUF, 1992.

Pierrelée Marie-Danielle, Jeanniot Marie-Christine, *L'insurgée : histoire d'un proviseur qui veut réconcilier l'école et les élèves*, Seuil, 2000.

Prairat Eirick, *Sanction et socialisation : idées, résultats et problèmes*, PUF, 2002.

Prairat Eirick, *La sanction : petites médiations à l'usage des éducateurs*, La Découverte, 2002.

Prairat Eirick, *La sanction en éducation*, PUF, 2011.

Prairat Eirick, *Questions de discipline à l'école et ailleurs*, Érès, 2003.

Raynal Françoise, Rieunet Alain, *Pédagogie : dictionnaire des concepts-clés*, ESF Éditeur, 2010.

Raynal Marie, *Éduquer ou punir, il faut choisir*, ESF éditeur, 2003.

Reboul Olivier, *La philosophie de l'éducation*, PUF, 1989, rééd., 2010.

Rey Caroline (dir.), *Les Adolescents face à la violence*, Syros, 2000.

Rogers Carl, *Le développement de la personne*, Dunod, 1968, rééd., 2005.

Rohart J.-Daniel, *Carl Rogers et l'action éducative*, Chronique sociale, 2013.

Salomé Jacques, *Passeurs de vies*, Pocket, 2003.

Sémelin Jacques, *La Non-Violence expliquée à mes filles*, Seuil, 2000.

Six Jean-François, *Dynamique de la médiation*, Desclée de Brouwer, 1997.

Steiner Claude, *Le conte chaud et doux des chaudoudoux*, InterEditions, 2009.

Thomazeau Anne-Marie, *Découvrez tous vos droits*, La Martinière Jeunesse, 2001.

Tomkiewicz Stanislas, Vivet Pascal et al., *Aimer mal, châtier bien : enquête sur les violences dans des institutions pour enfants et adolescents*, Seuil, 1991.

Vaillant Emmanuel, *Dire non à la violence*, Milan, 2011.

Vaillant François, *La non-violence, essai de morale fondamentale*, Éditions du Cerf, 1990.

Vaillant François, *La non-violence dans l'Évangile*, Les éditions ouvrières, 1991.

Vaillant Maryse, *L'adolescence au quotidien. De quelques principes utiles à l'usage des parents*, Pocket, 2003.

Vaillant Maryse, *La Réparation, de la délinquance à la découverte de la responsabilité*, Gallimard, 1999.

Vaillant Maryse, *Les Ados de 12 à 18 ans, les vraies bonnes questions auxquelles personne jamais ne répond*, Michel Lafont, 2001.

Vaillant Maryse, Laouénan Christine, *Les Violences au quotidien. Idées fausses et vraies questions*, La Martinière Jeunesse, 2002.

Vaillant Maryse, Laouénan Christine, *Quand les violences vous touchent*, La Martinière Jeunesse, 2010.

Vivet Pascal, *Les Enfants maltraités*, Milan, 1999, rééd., 2007.

Dossiers, ouvrages collectifs, rapports, articles

Construire la loi à l'école, écrits, paroles, lieux, rites et symboles, Université d'été, juillet 1997, Clermont-Ferrand, CRDP d'Auvergne.

Dix occasions de préférer la non-violence, jeu vidéo conçu par Non-Violence XXI, Fonds associatif pour une culture de non-violence au XXIe siècle. Site *www.nonviolence21.com.* Ce jeu vidéo, totalement gratuit, n'a pas fini de réjouir jeunes et toujours jeunes !

Éducation à la citoyenneté, Colloque en Seine-Daint-Denis, Les guides Magnard, 1998.

« Graines de violences », *Enfance et psys*, n° 11, Érès, 2000.

« Journal du droit des jeunes », *revue mensuelle d'action juridique et sociale, 16, passage Gatbois, 75012 Paris.*

« La Justice des mineurs », *Les guides de la justice,* février 2001, Ministère de la Justice, Service de l'information, 13 place Vendôme, 75001 Paris.

Fondation pour l'enfance, *La Résilience : le réalisme de l'espérance*, Érès, 2001. 17 rue Castagnary, 75015 Paris.

« La Sanction, approches plurielles », *Cahiers Alfred Binet,* n° 668, 2001.

Bernard Quelquejeu, « La nature du pouvoir selon Hannah Arendt », *revue Alternatives Non-Violentes,* n° 127, 2003.

Association Justice et Ville, *Le Guide des droits et des devoirs des jeunes de moins de 18 ans*, Milan presse.

Le guide juridique du chef d'établissement, édité par le ministère de l'Éducation.

Les appréciations scolaires : des mots pour les écrire, petit guide à l'usage des enseignants, CRDP de Franche-Comté, Lycée Le Grand Chênois, BP 226, 25204 Montbéliard Cedex

Les 200 mots-clés de la Justice, Les guides de la justice, octobre 1995, ministère de la Justice, Service de l'information, 13 place Vendôme, 75001 Paris.

Les punitions et les sanctions à l'école, contribution pour les CEMEA (Centres d'entraînement aux Méthodes Éducatives Actives) de Maurice Mazalto, proviseur de lycée, janvier 2001.

« Lois, règles, consignes », revue des CEMEA *Vers l'Éducation Nouvelle n° 495,* juin 2000. (dont article *« Intégrer les principes du droit dans les pratiques éducatives »*, par P. Lebailly.

Manuel lycéen contre la violence, « Les correspondants lycéens contre la violence », c/o Association nationale des délégués des élèves, 62 Bd de Strasbourg, 75010 Paris.

Phosphore, revue pour les lycéens, Bayard-Jeunesse.

Quitte ta violence pour te battre, exposition de photos ; dossier pédagogique *« À fond la vie !... pour en finir avec la violence »* accompagnant la bande dessinée : Dérib, *No limits,* Le Lombard, 2000. Association pour la vie, 24 rue A. Briand, BP 26, 59392 Wattrelos cedex.

Souffrances et violences à l'adolescence. Qu'en penser ? Que faire ? ESF, 2000.

Violence et champ social, Conseil Supérieur du Travail Social, Éditions ENSP, 2002, av du Prof. Léon Bernard, CS74312, 35043 Rennes cedex.

Textes officiels

Loi d'Orientation sur l'Éducation du 10 juillet 1989.

Convention internationale des droits de l'enfant du 20 novembre 1989, adoptée sous l'égide de l'ONU et ratifiée par la France, publiée au BOEN (Bulletin officiel de l'éducation Nationale) n° 37 du 17 octobre 1996.

Code de l'éducation : articles L.911-4 : responsabilité civile d'un établissement public d'éducation.

Code Junior par Dominique Chagnollaud, chez Dalloz.

Loi du 29 juillet 1998, loi d'orientation relative à la lutte contre les exclusions.

Circulaire n° 91-052 du 6 mars 1991 sur les droits et obligations des élèves des lycées et collèges (RLR 551-2).

Circulaire n° 2000-105 du 11 juillet 2000 sur l'organisation des procédures disciplinaires dans les collèges, les lycées et les EREA.

Circulaire n° 2000-106 du 11 juillet 2000 sur le règlement intérieur dans les EPLE.

Article 12-1, ordonnance du 2 février 1945. Loi du 4 janvier 1993 : mesures pénales envers les mineurs.

Article 371-1 du code civil, Loi du 4 juin 1970 et Loi n° 2002-305 du 4 mars 2002 : autorité parentale.

Article 227-17 du code pénal : désigne comme un délit le fait de compromettre la santé, la sécurité, la moralité, l'éducation de l'enfant.

Circulaire du Garde des Sceaux, 13 juillet 1998 : orientations de la politique d'aide aux victimes.

Loi du 15 juin 2000 : présomption et les droits des victimes.

Revues spécialisées

Alternatives Non-Violentes, revue trimestrielle, Centre 308, 82 rue Jeanne d'Arc, 76000 Rouen (catalogue gratuit sur demande) anv.revue@wanadoo.fr

Non-Violence Actualité, revue bimensuelle BP 241, 45202 Montargis cedex (catalogue gratuit sur demande) nonviolence.actualite@wanadoo.fr

IFMAN

Institut de recherche et de Formation du Mouvement pour une Alternative Non-violente

Ce livre s'inscrit dans le cadre de la réflexion menée par l'IFMAN de Normandie. Cet institut conduit un travail de recherche-action sur la régulation non-violente des conflits et propose des formations.

L'IFMAN intervient partout en France, sur sites, pour des interventions de quatre à six jours, au titre de la formation professionnelle continue, à la demande d'établissements scolaires, d'instituts éducatifs, d'associations d'éducation populaire, de collectivités publiques. Les formations de l'IFMAN sont relatives à la régulation non-violente des conflits ; chacune s'adapte aux besoins du commanditaire dans le respect de ses spécificités.

Théorie et pratique sont liées en permanence. L'expérimentation, à partir d'exercices mettant en jeu le verbal et le non-verbal, invite à l'implication personnelle.

Exemples de formations sur sites

Enseignants et situations conflictuelles
Animateurs d'adolescents et prévention des violences
Agent d'accueil et agressivité de l'usager
Maltraitance et violence
Écoute active et relation d'aide

L'IFMAN propose également au cours de l'année et chaque été des formations ouvertes à tous. Comme les processus émotionnels prennent souvent une place prépondérante dans les situations conflictuelles, les formations partent toutes de l'expérience de chacun(e) et lient sans cesse les connaissances théoriques, le savoir-faire et le savoir-être.

Exemples de formations

Faire face aux conflits
Intervenir dans l'urgence
Paroles et sanctions qui donnent sens à la loi

Catalogue gratuit sur simple demande

IFMAN Normandie, 26 rue alfred Kastler, 76130 Mont-Saint-Aignan
Tel. 02 35 32 73 10 - normandie@ifman.fr

L'IFMAN-Normandie intervient en réseau avec les IFMAN des autres régions, regroupés au sein de l'ANIFMAN.

IFMAN Nord Pas-de-Calais : 23 rue Gosselet, 59000 Lille	03.20.95.91.46	ifman.npdc@online.fr
IFMAN Bretagne : 19, rue Pablo Neruda, 35700 Rennes	02.99.49.76.03	ifman.b@wanadoo.fr
IFMAN Rhône-Loire : 20 rue de l'Ancienne gare, 69200 Vénissieux	09.71.33.35.48	ifman.rl@wanadoo.fr
IFMAN Sud-Ouest : 15 avenue Taraye, 12000 Rodez	05.65.44.54.68	ifman.so@wanadoo.fr
IFMAN Méditerranée : 4, avenue de Saint-Bonnet, 04350 Malijai	04.86.89.22.86	ifman.med@no-log.org
IFMAN Lorraine : 2, rue des Feyen, 54000 Nancy	03.55.10.25.07	ifman.lorraine@laposte.net

Chez le même éditeur

208 p.
L'essentiel

Une classe qui coopère

Christian Staquet

Comment organiser les apprentissages pour que les élèves apprennent et s'apprennent les uns des autres en coopérant dans le travail ?
La pédagogie coopérative implique les partenaires autour d'un objectif de travail ou d'apprentissage pour des échanges et des intelligences collectives. Elle donne aux élèves des outils de progression, de responsabilisation et de compréhension de leurs apprentissages en équipe.
Apprendre à travailler avec les autres, c'est apprendre sur soi et grandir avec les autres. Il y a, dans cette approche active, interactive et basée sur le respect de chaque personne, une vraie manière de (re)motiver le travail scolaire en le reliant à la vie sociale du groupe, aux richesses de chacun, aux interactions entre pairs et, indirectement, aux interactions extra scolaires de l'élève.
Apprendre à travailler avec les autres, dans des tâches qui ne sont pas spécialement nos points forts, mais avec le soutien des coéquipiers, est une étape très importante vers l'approche polyvalente de la vie et de la réussite des objectifs.
Une décolonisation des habitudes de dépendances réciproques avec les élèves est nécessaire. Il est du ressort de l'adulte de ne plus proposer ou induire un modèle unique pour des stratégies de travail ou des pratiques d'apprentissages. Le défi de l'école est d'apprendre à apprendre, d'apprendre à se construire et d'apprendre à vivre ensemble. La coopération participe à des relations pacifiques, responsables et enrichissantes, des plus évoluées et des plus démocratiques.

144 p.
L'essentiel

Conflit, mettre hors-jeu la violence

Collectif Non violence actualité

Quand on évoque le mot «conflit», on imagine facilement des situations de violence : agressions, situations sociales tendues ou même guerres entre pays...
Il y a souvent confusion entre violence et conflit. Pourtant, le conflit fait partie de la vie. C'est le résultat de la confrontation des besoins, des intérêts ou des valeurs. L'image souvent négative que nous en avons nous conduit à en avoir peur et nous cherchons à le fuir.
Il est vrai que certaines situations mettent en jeu de puissants rapports de forces, notamment dans les luttes pour la défense des droits humains ou pour le développement de relations plus justes.
Conflit, mettre hors-jeu la violence décrit ce qu'est l'approche non-violente du conflit. Apprendre à écouter, à exprimer ses sentiments, à négocier, à être médiateur... telles sont quelques-unes des aptitudes nécessaires. L'objectif est qu'au-delà de leur opposition et hors de tout débordement de violence les protagonistes puissent être capables de chercher ensemble une solution.
L'enjeu est de faire évoluer sensiblement les rapports humains et sociaux vers davantage de justice en mettant hors-jeu la violence.
Ce livre comprend, à partir de nombreuses expériences, des analyses, des repères pour changer l'approche du conflit et sa résolution.
Cet ouvrage s'adresse aux personnes concernées par les conflits dans leur vie personnelle ou professionnelle. Il répond également aux préoccupations des particuliers et organismes qui cherchent comment prévenir la violence individuelle et sociale et éduquer à la résolution non-violente des conflits.

Chez le même éditeur

180 p.
L'essentiel

Gérer la violence en milieu scolaire

Gilbert Joie

Après des constats relatifs à l'environnement du système éducatif et à des comportements agressifs divers et répétés, les possibilités d'action face à la violence en milieu scolaire sont présentées et analysées pour être utilisées si nécessaire, avec précision, opportunité et raison. Comme toute communauté, l'école ne peut faire l'économie des sanctions, aussi est-il primordial d'avoir une vision globale et la plus juste possible de ce concept par rapport aux règlements, aux processus pédagogiques, aux modifications comportementales attendues, aux projets d'établissement et à la lutte contre la délinquance scolaire. Faisant référence de façon permanente aux textes officiels, qui régissent la société scolaire et l'acte éducatif, les sanctions sont ici envisagées par rapport aux objectifs de progrès quel que soit l'élève auquel l'adulte s'adresse.
Toutes les personnes intervenant dans le système éducatif (personnel de direction, enseignants, personnel administratif et de service, intervenants extérieurs), pourront trouver dans cet ouvrage des réponses face au développement des actes de violence scolaire, et les possibilités pour s'opposer à cet état de fait dans l'enceinte d'un établissement d'enseignement. Il décrit avec précision les diverses remédiations possibles.

160 p.
L'essentiel

Le livre du Moi – Développer une image positive de soi

Christian Staquet

Cet ouvrage est constitué de questions, d'interpellations, d'invitations à choisir et à s'exprimer, de phrases ouvertes à terminer. Volontairement, il ne propose ni réponse précise, ni clé de lecture ou d'analyse, ni catégorisation de vos traits de caractère. Ce livre est conçu pour stimuler votre pensée et votre regard sur vous-même, pour développer une image positive de soi, pour vous donner des sujets de conversation, voire de discussion avec qui vous aurez envie de partager. Les réponses resteront ouvertes, donc vous appartiendront pleinement. Le lecteur est donc invité à occuper cet espace, à envahir complètement ce livre pour le faire sien, avec ses réponses personnelles, ses hésitations, ses cases blanches.
Pour son usage personnel, le Livre du Moi devient comme un journal intime, de réflexions et de réflections de soi.
Se donner l'occasion de parler de soi peut faire partie d'une qualité de vie qui fait plaisir, comble des besoins fondamentaux ayant un rapport avec «exister», «être accepté et reconnu» ou «prendre sa place». Se parler de soi réciproquement rapproche de l'autre, crée de l'intimité, enlève des idées fausses et débloque des inhibitions quand l'autre a pu entendre des mots importants ou que les différences ne sont pas aussi éloignantes.
Utilisés lors des animations, les thèmes et les réflexions sur soi découlant des activités de ce livre permettent à des membres d'une équipe de se connaître, de briser la glace pour former un groupe coopérant, de développer de la cohésion par la reconnaissance des différences de chacun.
Le Livre du Moi fait partie des outils pour une éducation à la relation en classe.

Chez le même éditeur

224 p.
L'essentiel

À quoi sert l'autorité – S'affirmer, respecter, coopérer

Véronique Guérin

L'évolution de la société a profondément modifié les rapports éducatifs. Parents, enseignants et éducateurs sont parfois seuls et démunis face aux comportements des enfants et adolescents d'aujourd'hui et ont envie de baisser les bras. Pourtant, entre l'autoritarisme, qui mène à la soumission et à la révolte, et la permissivité, qui mène au laxisme et à la perte de repères, il existe une troisième voie éducative, une autorité qui développe chez l'enfant et l'adolescent la connaissance de lui-même, le respect d'autrui et l'aptitude à coopérer.
À travers de nombreuses expériences de terrain, cet ouvrage propose un cadre conceptuel et des techniques pratiques destinés à changer son regard sur l'autorité afin de prévenir la violence et d'aider les enfants et adolescents à s'affirmer sans agresser. Les difficultés actuelles prennent alors un autre sens : elles deviennent les éléments d'une mutation passionnante où chacun est invité à sortir de l'ignorance, de la peur et du rapport de forces pour exercer une autorité fondée sur la connaissance et le respect de soi et de l'autre.

144 p.
L'essentiel

L'éducation psycho-sociale à l'école

École, changer de cap

Apprendre à vivre c'est d'abord apprendre la compréhension humaine. Comment comprendre les autres êtres humains à la fois si semblables et si différents de soi ?
Cette culture de compréhension, nécessite un travail très profond d'éducation auquel les éducateurs ne sont pas formés. Nous en sommes, comme je le dis souvent, à la préhistoire de l'esprit humain et nous avons besoin de beaucoup évoluer. Nous ne pouvons pas éliminer en nous toutes les pulsions de peur irrationnelle, d'agressivité, mais nous pouvons apprendre à en comprendre les causes et les effets, travailler à les élucider, les maîtriser. Nous humaniser. Nous disposons pour ce faire des sagesses anciennes mais aussi d'éclairages et d'outils nouveaux. Les contributions à cet ouvrage en témoignent.
Extrait de la contribution d'Edgar Morin
La reconnaissance de l'importance de l'estime de soi ou du rôle des émotions dans l'apprentissage ; les études et pratiques concernant la prévention de la violence ; les outils de connaissance de soi et d'écoute de l'autre ; l'attention portée aux besoins fondamentaux de l'être humain : sécurité, amour, estime, justice ; l'ouverture à la complexité, toutes ces notions, parmi d'autres, permettent d'ouvrir la voie à cette éducation psycho-sociale qui concerne aussi bien la formation des enseignants que celle des élèves. Et dépasse même le cadre scolaire pour une éducation tout le long de la vie.
Cet ouvrage permet de cerner les enjeux, les contenus et les modalités de sa mise en oeuvre au sein de l'École.

www.chroniquesociale.com